高等教育政策与管理研究丛书

主编：陈学飞　副主编：李春萍

四　编
第 **4** 册

广东省高等学校院系调整研究（1949~1954）

张文敬 著

花木兰文化事业有限公司

国家图书馆出版品预行编目资料

广东省高等学校院系调整研究（1949～1954）／张文敬 著 --
初版 -- 花木兰文化事业有限公司，2022〔民111〕
目 4+236 面；19×26 公分
（高等教育政策与管理研究丛书　四编　第4册）
ISBN 978-986-518-938-9（精装）
1.CST：教育改革 2.CST：高等教育 3.CST：广东省
526.08　　　　　　　　　　　　　　　　111009782

ISBN-978-986-518-938-9

9 789865 189389

高等教育政策与管理研究丛书
四编　第四册　　　　　ISBN：978-986-518-938-9

广东省高等学校院系调整研究（1949～1954）

作　　者　张文敬
主　　编　陈学飞
副 主 编　李春萍
总 编 辑　杜洁祥
副总编辑　杨嘉乐
编辑主任　许郁翎
编　　辑　张雅淋、潘玟静、刘子瑄　美术编辑　陈逸婷
出　　版　花木兰文化事业有限公司
发 行 人　高小娟
联络地址　台湾235 新北市中和区中安街七二号十三楼
　　　　　电话：02-2923-1455／传真：02-2923-1452
网　　址　http://www.huamulan.tw 信箱 service@huamulans.com
印　　刷　普罗文化出版广告事业
初　　版　2022年9月
定　　价　四编5册（精装）新台币10,000元　　　版权所有 请勿翻印

广东省高等学校院系调整研究（1949～1954）

张文敬　著

作者简介

张文敬，女，1989 年 11 月出生于河南许昌。2012 年起就读于华南师范大学教育科学学院教育史专业，师从袁征教授和黄明喜教授，2020 年获得教育学博士学位。目前主要学术兴趣是中国传统文化和教育、中国现代教育。

提　要

　　20 世纪 50 年代初是中国现代高等教育在经历晚清、民国之后，寻找新的前进和发展方向的关键时期。以毛泽东为首的中共中央领导人选择以苏联模式为蓝本进行国家建设，力图尽快实现国家工业化。表现在高等教育上，便是无条件、全方位学习苏联高等教育模式，对大陆范围内的高等学校进行"院系调整"。新政府要求重组和削减综合大学，集中力量筹建高等专门学院，实现"批量化"专业人才的培养，直接投入对应的社会生产部门，进而促进国家经济的发展。这场由社会政治制度的根本转变和社会转型造成的高等教育改革浪潮，促使从旧中国脱胎而来的所有高校在办学定位、科类设置和空间布局方面都经历了前所未有的变革，并对此后中国高等教育的发展产生了深远的影响，是 20 世纪 50 年代高等教育改革的一次勇敢尝试。

序　言

　　这是一套比较特殊的丛书，主要选择在高等教育领域年轻作者的著作。这不仅是因为青年是我们的未来，也是因为未来的大师可能会从他们之中生成。丛书的主题所以确定为高等教育政策与管理，是因为政策与管理对高等教育的正向或负向发展具有重要、甚至是决定性的意义。公共政策是执政党、政府系统有目的的产出，是对教育领域社会价值的权威性分配。中国不仅是高等教育大国，更是独特的教育政策大国和强国，执政党和政府年复一年，持续不断的以条列、规章、通知、意见、讲话、决议等等形式来规范高等院校的行为。高等教育管理很大程度上则是政治系统产出政策的执行。包括宏观的管理系统，如党的教育工作委员会及各级政府的教育行政部门；微观管理系统，如高等学校内部的各党政管理机构及其作为。

　　这些政策和管理行为，不仅影响到公众对高等教育的权利和选择，影响到教师、学生的表现和前途，以及学科、学校的发展变化，从长远来看，还关乎国家和民族的兴盛或衰败。

　　尽管高等教育政策和管理现象自从有了大学即已产生，但将其作为对象的学术研究却到 19 世纪和 20 世纪中叶才在美国率先出现。中国的现代大学产生于 19 世纪后半叶，但对高等教育政策和管理的研究迟至 20 世纪 80 年代才发端。虽然近些年学术研究已有不少进展，但研究队伍还狭小分散，应然性研究、解释性研究较多，真实的高等教育政策和管理状况的研究偏少，理论也大多搬用国外的著述。恰如美国学者柯伯斯在回顾美国教育政策研究的状况时所言："问题是与政策相关的基础研究太少。最为主要的是对教育政策进行更多的基础研究……如果不深化我们对政策过程的认识，提高和改进教育效果是无捷径可走的。仅仅对政策过程的认识程度不深这一弱点，就使我们远远缺乏那种可以对新政策一些变化做出英明预见的能力，缺乏那种自信地对某个建议付诸实施将会有何种成果做出预料的能力，缺乏对政策过程进行及时调整修正的能力"。（斯图亚特.S.纳格尔.政策研究百科全书，北京：科学技术文献出版社，1990:458）这里所言的基础研究，主要是指对于高等教育政策和管理实然状态的研究，探究其发生、发展、变化的过程、结果、原因、机理等等。

编辑本丛书的一个期望就是，凡是入选的著作，都能够在探索高等教育政策和管理的事实真相方面有新的发现，在探究方法方面较为严格规范，在理论分析和建构方面在前人的基础上有所创新。尽管这些著作大都聚焦于政策和管理过程中的某个问题，研究的结果可能只具有"局部"的、"片面"的深刻性，但只要方向正确，持续努力，总可以"积跬步以至千里,积小流以成江海"，逐步建构、丰富本领域的科学理论，为认识、理解、改善政策和管理过程提供有价值的视角和工具，成为相关领域学者、政策制定者、教育管理人员的良师和益友。

主编 陈学飞

目

次

绪 论

一、选题缘由

20 世纪 50 年代初是中国现代高等教育在经历晚清、民国之后，寻找新的前进和发展方向的关键时期。以毛泽东为首的中共中央领导人选择以苏联模式为蓝本进行国家建设，力图尽快实现国家工业化。表现在高等教育上，便是无条件、全方位复制苏联高等教育模式，对大陆范围内的高等学校进行改造。新政府要求重组和削减综合大学，集中力量筹建高等专门学院，实现"批量化"专业人才的培养，直接投入对应的社会生产部门，进而促进国家经济的发展。这场高等教育的社会主义改造对此后中国高等教育的发展产生了深远的影响，是 50 年代高等教育改革的一次勇敢尝试。

1949 年 10 月，广东省人民政府实现对城市的接管后，立刻着手重建城市政权，以实现社会改造的理想。广东省曾是国民党政权的扎根盘踞之地，也是中国资本主义比较发达之地。首府广州公、私立高等学校较多，知识分子聚集，思想纷繁复杂。广东省政府文教厅在接管了省内大部分高等学校之后，迅速执行中央政府的指示，对省内高等学校及系科进行拆分和重组。自1949 年新政府接管广东省至 1954 年中山大学语言学系迁出，短短五年的时间里，历经晚清、民国几代人努力建立起来的现代高等教育体制被彻底扭转，取而代之的是政府统一管理下的一所综合大学、四所专门学院并立的高等教育基本格局。在"全盘苏化"的高等教育体制构建过程中，广东省的私立高等学校被全部撤销，综合大学重组成只具备文理科的大学，专门学院按照社会生产部门设置专业，地质学、哲学、社会学、人类学、财经、政法等具有良

—1—

好发展基础的文理基础学科被迁出或直接撤销。与北京、上海及武汉等大行政区中心城市相比，广东省及首府广州市的高等教育付出极为惨痛的代价，并极大限制了此后的发展规模和水平。

本文之所以选取政权初期广东省高等学校的院系调整作为研究对象，主要基于四点缘由：首先，目前学界对于五十年代初期高等学校院系调整的基本认识及对中国现代高等教育影响的研究尚不充分，有待进一步深入。第二，本研究力图对院系调整的基础及理念进行追根溯源，从时代背景、经验借鉴等角度分析和诠释院系调整的政策主张和实践特色，追溯中国现代高等教育在五十年代初发生转向的思想根源及影响。第三，本研究希望通过"广东省高等学校的院系调整"这一具有典型意义的地方个案研究，讨论当前学术界在认识和评价这次高等教育改革时可能存在的误差和不足。第四，本研究试图整理广东省高等学校院系调整的基本史实，并以此为基讨论五十年代初期政府的高等教育政策。

基于以上考虑，本文把广东省的高等学校置于 1949-1954 年中国政权转换、社会改造的背景中，考察广东省"院系调整"政策的制定、颁布与执行过程，追述政府以政权力量推动的高等学校的各项改革，比较院系调整前后高等教育在学科、专业结构及高等教育理念等层面的异同和变动，揭示五十年代院系调整对中国现代高等教育所产生的根本性影响。

二、研究边界

（一）相关概念界定

1. 本文反复出现的中国现代高等教育、院系调整、专门学院等概念，详细界定如下：

1901 年，晚清政府颁布"兴学诏"，要求各地仿照日本高等教育制度和内容，建立新式大学堂和现代高等学校系统，开启了中国高等教育的现代化发展之路。[1]本文所论述的中国现代高等教育，泛指一切借鉴域外、与工业化社会生产相适应的现代高等教育制度体系。

"院系调整"一词在 1949 年以前的高等教育文献中就出现了，又称"院系之整理"，指的是在高等学校内部进行的院系的归并、裁撤以及对缺乏中心

1　袁征：《孔子·蔡元培·西南联大——中国现代教育的发展和转折》，北京：人民日报出版社，2007 年，第 133、136 页。

目标的院系加以具体的规定。校级的改组、合并和增设以及一些院系的增设统归为"大专院校的整顿"。[2]1949年以后，院系调整的概念有所拓展。1952年、1953年，教育部文件中将院校增设、院系合并、重组以及专业设置、专业调整也纳入院系调整的范畴。在进行以"院系"调整为主的专业改革过程中，教育部同步推行了教学改革、课程改革等以适应专业化的人才培养需要。现在人们所说的"院系调整"特指中国在20世纪50年代初期学习苏联高等教育模式，建立专门院系为主的高等教育体制以及20世纪90年代开始的新一轮高等学校合并、新建、扩招等层面的改革。在本研究中，"院系调整"指的是20世纪50年代初期，在中国全面学习苏联的浪潮中，中国高等教育仿照苏联高等教育模式进行的高等学校体制改革，包括旧有的高等学校、学院和系科进行拆分、合并和裁撤，专门学院新设、综合大学重组和专业设置改革。

"学院"一词清末时从西方引入中国之后在百余年来的发展历程中经历了数次变化。它源自西方大学的学院制，专指大学的二级单位。在中国50年代初期的院系调整中，国家通过把不同院校的二级学院和相关系科进行拆分、合并、撤销或新设，重新建立起具有新的组织结构的大学或学院。其间，国家把独立设置工农商医等高等专门学校都称为学院，而大学仅设置文理各系、专业，并取消源自西方的学院建制。[3]本文所讲的"专门学院"特指院系调整时期作为院校类型的学院。

"学科"一词在教育领域或科学领域是一个高频词汇。《现代汉语词典》对"学科"有两种解释：一是按照学问的性质而划分的门类。比如自然科学中的物理、化学；社会科学中的历史学、经济学等。二是指学校教学的科目。如语文、数学、英语、地理、生物等。[4]学问的门类又可称为"知识门类"，换言之学科的逻辑起点在"知识"，知识发展到一定程度形成专门的知识体系，这一专门的知识体系具有了独特的概念体系、表达方式和研究方法之后则可称为一门学科。[5]知识源于现实世界人对科学概念、符号及思想的主观反应，

2　彭克宏：《社会科学大词典》，北京：中国国际广播出版社，1989年。

3　来茂德：《独立学院：中国高等教育发展的新探索——以浙江大学的两个独立学院为案例》，杭州：浙江大学出版社，2004年，第2-20页。

4　中国社会科学院语言研究所词典编辑室：《现代汉语词典》，北京：商务印书馆，1973年，第1166页。

5　美华勒斯坦等著，刘健芝等编译：《学科·知识·权力》，北京：生活·读书·新知三联书店，1999年，第13-14页。

根据难易程度和理论抽象程度可以分为基础知识和高深知识。高深知识通常指那些指高度专门化的、高层次的知识领域，处于已知与未知领域交界的边缘位置，只有经过具备较高研究水平或接受过专门训练的人的探索才能被发现。学科发展的核心在于知识的发现和创新，基本动因在于科学追求真理的内在逻辑。

从古希腊的"哲学"到现代自然科学、社会科学、人文科学及工程技术科学，人类将浩如烟海的知识按照一定的标准划分为不同的学科，使之相互区别。科学的不断深化使学科分类和层次不断增加，学科与学科之间又因知识的天然联系而相互独立、彼此渗透，促进了综合性学科、交叉学科的大量兴起。因而，学科分类的多样性和差异性，能够深刻地反映出科学发展的程度和知识水平。从历史发展的角度来看，高等学校是围绕学科组织起来的，这决定了高等学校是研究高深学问和知识创新的重要场所。对学科性质的认识程度、选择或偏重决定了大学的基本职能，主宰了高等教育活动的基本方向。

"专业"一词在《西方教育辞典》中对应的是英文单词 profession，"指有声望的职业，一般来说，从事专业的人员不仅报酬丰厚，而且需要具有系统知识体系的长期学术（academic）的训练，在日常工作中能行使自由的抉择，认识活动的伦理准则，服务于社会，在实践专业时能继续学习并发展专业等等。"[6]这里对专业的解释实际上专指受过长期学术训练的，有严格从业标准的医生、律师、建筑师等专门职业。

《高等教育辞典》则将专业分为广义和狭义两种。"广义指专门职业，尤指需要经过高等专门化教育后的方能从事的复杂劳动的职业。最初指律师、医生、教师，后推广的各种学术性或职业性行业。狭义指高等学校专业，即高等学校培养高级专门人才的基本教育单位。"[7]广义的对"专业"的解释与profession 所指类似，狭义的则可以"特指"培养社会特点职业所需专门人才的基本教学单位，[8]或者"大学里的与社会上的专门职业相对应的专门领域"。

---

6 英德·朗特里编，陈建平等译：《西方教育词典》，上海：上海译文出版社，1988年，第 248 页。

7 朱九思、姚启和主编：《高等教育辞典》，武汉：湖北教育出版社，1993 年，第 330页。

8 周川：《专业散论》，《高等教育研究》，1992 年第 1 期。

[9]因此，专业是以"职业"为逻辑起点。中国的高等学校原来只有院、系，不设专业。作为基本教学单位而言的"专业"设置是从 1952 年开始的，即"有计划地按照专业培养人才"。1953 年，高等学校开始普遍设置专业，并在此基础上着手进行专业类型调整。[10]

学科与专业的区别首先在于逻辑起点不同。学科以"知识"为起点。高等学校的学科主要是以不同的研究方法和研究对象划分的，例如物理、历史和生物。与之对应，高等学校是先有学校（院），再按照知识的分类以及研究方法和研究对象划分学系。学校里所讲的专业则是根据社会分工需要而划分的培养人才的基本单位。院系调整时期，高等学校先按照生产部门和生产过程设置专业，然后将性质相近的专业合并为系。有的专业还要进一步细分为"专门化"或"组"。从历史发展的眼光看，高等学校专业的设置应以学科的性质和特点为基础，强调课程组合对学生素质和能力的培养，并突破与社会分工、生产部门对应的传统模式。

本文如此界定中国现代高等教育、院系调整、学院、学科和专业之间的关系，中国现代高等教育指与中国传统教育相区别的教育，包含中国从外国引进的，与现代工业化生产相适应的高等教育理念、制度体系及方法。院系调整是新政权对中国现代高等教育发展发起的一次改革。政府通过对高等学校、学系和学科的调整及专业的设置和调整，实现了中国高等教育在理念、制度体系等层面的"专业化"，改变了中国现代高等教育的基本走向。专门学院和专业是高等教育"苏联模式"的基本特色。

2. 广东

广东是一个横向地域设定。"广东"一词源于公元 862 年唐懿宗设岭南道-岭南东道，东道治广州，西道治广西，始称广东。"粤"作为广东简称，最原始的意义指代华南百越，隋唐以后专指岭南地区，或称"南粤"。[11]广东地处中国大陆南端沿海，位于南岭以南，南海之滨。

民国时期，广东政局混乱，政区调整频繁。1925 年，设广州、北江、东

9 胡建华：《现代中国大学制度的原点：五十年代初期的大学改革》，南京：南京师范大学出版社，2001 年，第 178 页。
10 《中国教育年鉴》编辑部：《中国教育年鉴（1948-1981）》，上海：大百科全书出版社，1984 年，第 239 页。
11 广东省地方史志编纂委员会：《广东省志·地名志》，广州：广东省人民出版社，1991 年，第 8-34 页。

江、西江、南路和海南 6 个行政区，辖 94 县；1932 年，设绥靖委员公署，全省划分东、西、南、北、中五个区，统管军事行政；1936 年，广东政区设广州市和 9 个行政督察区，辖汕头市、97 县和安化、南山、梅箓 3 个管理局。后因抗战，设立东江、西江、南路、琼崖 4 个行署，分辖原 9 个行政督察区；1940 年撤行署，设珠江、潮汕及海南行政区等 10 个行政区。[12]1949 年广东新政权建立，根据全国大行政区域划分，[13]广东省隶属中南区，设置潮汕、兴梅、东江、珠江、西江、粤中、南路、琼崖 8 个专区及北江临时行政委员会。[14]中南区首府设在湖北省武汉市，华南分局首府设在广东省广州市。1952 年，广东根据地理位置将全省划分为粤东、粤中、粤西、粤北和海南 5 个行政区，另设海南黎族苗族自治州。[15]1953 年，大行政区建制取消，中南区撤销，广东省隶属中央人民政府直辖。从近代以来广东行政区划的历史沿革可以看出，广东辖区范围长期相对稳定，形成统一的"南粤"文化氛围相对容易。同时，广东因近代以来划为较早的对外通商口岸，毗邻港澳，较早接受西方现代文化"冲击"，是近代中国"南来之风"的发源地。[16]地缘的特殊性既为广东高等教育的发展带来极为有利的条件，却也相对容易形成浓厚的地方传统。本文所述的广东以 1949-1954 年所辖行政区域为准，包括海南。

（二）研究分期

本研究的纵向时间设定 1949 年至 1954 年，以 1949 年新政府对中山大学的接管为起点，以 1954 年中山大学语言学系的迁出为止。为呈现院系调整的历史动因和时代背景及与院系调整前后高等教育状况作比较，本文第二章及

---

12 广东省地方史志编纂委员会：《广东省志·地名志》，广州：广东省人民出版社，1991 年，第 8-34 页。

13 大行政区是共和国初期的最高一级地方政权机构。1949 年中央人民政府成立后，正式确定在省级以上设立大行政区，并设立大行政区军政委员会作为过渡性的地方政权机关。当时，全国被划分为东北、华北、华东、中南、西南、西北 6 个大行政区，其中中南区包括河南、湖北、湖南、江西、广东和广西六省。中南区首府设在湖北省武汉市，华南分局设在广东省广州市。范晓春：《中国大行政区研究：1949-1954 年》，北京：中共中央党校，2007 年。

14 广东省地方史志编纂委员会：《广东省志·地名志》，广州：广东省人民出版社，1991 年，第 8-34 页。

15 广东省地方史志编纂委员会：《广东省志·地名志》，广州：广东省人民出版社，1991 年，第 8-34 页。

16 广东省地方史志编纂委员会：《广东省志·地名志》，广州：广东省人民出版社，1991 年，第 8-34 页。

其他各章亦有呈现和回溯 1949 年以前中国高等教育的相关概况。

（三）一点说明

1944 年 4 月，《解放日报》发表的社论曾指出"旧教育制度因为要学外国，留学就成了它的灵魂，国内一切几乎都是留学的预备性质，处处以外国为模型，所以它的基础不是立在脚上，而是立在头上的。"[17]即明确将源自于西方资本主义国家的教育、清末以后实行的"新教育"作为批判对象，称之为"旧教育"。为了表达的方便，本论文在行文的过程中，一般采用 50 年代初期高等学校院系调整中所用的称谓。如把新政权建立后继续留用的原高等学校的教师称为"旧教员"，把国民政府时期的教育政策、理论、方法等统称为"旧教育"，等等。借用这些称谓，只是行文的需要，并不代表作者对清末新政时期、国民政府时期教育政策、教育法律法规、教育制度及教师的价值判断。

三、研究现状

20 世纪 80 年代以来，院系调整对中国现代高等教育发展的影响逐渐显现出来，开始吸引教育界的研究者以不同视角对其进行研究。整体而言，八十年代至九十年代末，研究者多以全国性院系调整为研究对象；2000 年以后，研究者的研究对象的选择则多集中于华北、华东等地方高等学校的院系调整，视角逐渐"下移"。对研究对象的选择而言，有关中南区、西北区、西南区的研究略显薄弱；相比上海、北京、武汉等大行政区中心城市的高等学校院系调整研究，非大行政区中心城市的高等学校院系调整研究也需要深入。

（一）文献综述

就著作类型而言，不同历史时期出版的教育通史类著作及专题性著作对院系调整多有提及。但因著作的性质，不可能面面俱到，多简要陈述和评价。20 世纪 80 年代主要有：毛礼锐、沈灌群主编的《中国教育通史》（第六卷）（济南：山东教育出版社出版，1989 年 3 月），《新中国的新教育》（董渭川著，北京：中华书局，1951 年 9 月）、《中国高等教育结构研究》（郝克明、汪永铨著，北京：人民教育出版社，1987 年 7 月）、《中国高等教育史》（熊明安

---

17 《根据地普通教育问题》，《解放日报》，1944 年 4 月 7 日。

著，重庆：重庆出版社，1983 年）等。这些著述以不同的篇幅对新中国成立初期的院系调整进行了描述，交代了一个大致情况。关于地方院系调整则着墨甚少。

除了教育书籍、教育通史，中央教育科学出版社编的《中华人民共和国教育大事记 1949-1982》（教育科学出版社，1983 年版）、张健主编的《中国教育年鉴（1949-1981）》（中国大百科出版社，1984 年版）、张东昌编的《中华人民共和国重要教育文献汇编》（1949-1975）（海南出版社，1998 年版）、中共中央文献研究室编的《建国以来重要文献选编》（中央文献出版社）、高等教育部办公厅编的《高等教育文献法令汇编（1949-1952）》（1958 年 2 月）、中华人民共和国教育部计划财务司编的《中国教育成就统计资料（1949-1983）》（人民教育出版社，1984 年 6 月第 1 版）、刘光主编的《新中国高等教育大事记（1949-1987）》（长春：东北师范大学出版社，1990 年 12 月）等资料汇编汇集和保存了大量关于五十年代院系调整的政策文本与实施规定，为研究者了解当时政府的高等教育政策提供了一手材料。

90 年代以来，新一轮高等教育改革开始，对五十年代初期院系调整的研究，开始进一步深入，除通史类著作外，国内还翻译出版了一些国外研究者的相关著作。国内通史类著作有董宝良主编的《中国近现代高等教育史》（武汉：华中科技大学出版社，2007 年）、曲士培的《中国大学教育发展史》（北京：北京大学出版社，2006 年）等。这些著作对 50 年代的院系调整进行了概括性的论述，对院系调整均持一种辨证态度进行评价和分析。

国外通史类以（日）大塚丰著、黄福涛译著的《现代中国高等教育的形成》（北京：北京师范大学出版社，1998 年 11 月）、加拿大学者许美德所著的《中国大学：1895-1995，一个文化冲突的世纪》（北京：教育科学出版社，1999 年 11 月）代表，为国外学者了解五十年代初中国高等教育改造的概况打开了一扇窗。日本学者大塚丰在书中叙述了五十年代初期中国高等教育的变革，研究认为"50 年代中国高等教育的改革只是社会变革中的一部分，是从中共建立全国政权之前在东北等新解放区的教育改革的延续，不完全是受苏联模式的影响"。并且，"经过院系调整，中国高等学校的地域分布不合理状况得到极大改善"。[18]后者则对 1952 年大陆高等学校在苏联模式指导下的院系

---

18 [日]大塚丰：《现代中国高等教育的形成》，黄福涛译，北京：北京师范大学出版社，1998 年。

调整，结论是院系调整把各个大学弄得支离破碎，各个系重新划分组合，割断了各大学与建国前的历史联系。[19]这两本著作各有千秋，可以作为了解 50 年代的院系调整的大背景及调整后高校的整体状况的有效工具，但受限于研究视角、研究者的文化背景、研究理论及立场，研究结论有很大的出入。

国内专题性的著作以胡建华所著《现代中国大学制度的原点：50 年代初期的大学改革》（南京：南京师范大学出版社，2001 年 9 月）为代表。书中，作者全面叙述了现代中国大学制度的形成过程，并对 50 年代初大学改革的理念与体制改革以及教学制度改革进行了详细的考察。作者分别以华东地区、中国人民大学和哈尔滨工业大学的改革为例详细叙述了院系调整的过程和以课程改革为中心的教学制度改革。此外，作者援引了高等教育部和教育部保存的重要档案，在史料发掘上有重大突破。

就学术论文而言，关于五十年代院系调整的期刊论文浩瀚如海，相比通史类著作而言，对院系调整的研究视角和观点更加灵活、多样。这类文章大致可以分为三类：

第一类：对院系调整的整体性研究。1980 年代以来，教育界开始对教育"以俄为师"的反思和批判，学术论文成果逐渐丰富。80 年代以院系调整为主题的学术论文较少，主要有：邱雁、杨新《解放初院系调整大事记（1949-1953）》（《辽宁高等教育研究》，1982 年第 4 期）、苏渭昌《五十年代的院系调整》（《高等教育学报》，1989 年第 4 期）等。这极少数的专门论文，主要从历史学或教育史的角度宏观陈述院系调整的概况、影响，并作出批判性反思。邱雁（苏渭昌）的主要观点是这次调整基本改变了院系设置上的重文轻理现象，开始适合国家工业化建设的需要；提高了办学效益，加快了高等教育事业的发展；高校布局渐趋合理的同时文科被砍过多；少数地区、少数综合大学的师资被削弱；私立院校被公立院校取缔，既挫伤了部分仁人志士办学的积极性，也增加了国家的负担。[20]张俊洪老师所撰《建国后教育实行"以俄为师"的历史教训》（《教育评论》，1989 年第 1 期）一文分析了建国初期以俄为师的必然性，主要观点是以俄为师进行院系调整给中国高等教育带来了诸多

19　[加]许美德：《中国大学：1895-1995，一个文化冲突的世纪》，北京：教育科学出版社，1999 年。

20　邱雁、杨新：《解放初院系调整大事记（1949-1953）》，《辽宁高等教育研究》，1982年第 4 期；苏渭昌：《五十年代的院系调整》，《高等教育学报》，1989 年第 4 期。

隐患。[21]江沛、王宏学的《1950 年代高校院系调整述评》，《当代中国史研究》，1998 年第 3 期；90 年代以后，王璞的《50 年代院系调整的得失分析》（《建材高教理论与实践》，2001 年第 1 期）、张德芹的《新中国成立以来两次院系调整的比较研究》（南京师范大学 2008 年硕士论文），陈冰的《新中国成立后两次高等学校院系调整及其哲学分析》（《高等农业教育》，2005 年 11 月）等论文通过对两次调整的比较研究，找出其不同点与今后的借鉴点。江沛、王洪学的《50 年代高校院系调整述评》（《当代中国史研究》，1998 年第 3 期），李琦《建国初期全国高等学校院系调整述评》（《党的文献》，2002 年第 6 期）等，这些文章把历年来学者对第一次院系调整的研究进行了脉络梳理与整合，对院系调整研究提供了一个宏观上的整体认知。李杨《五十年代的院系调整与社会变迁——院系调整研究之一》（《开放时代》，2004 年第 5 期）和董美英、董龙祥《对中国 20 世纪 50 年代院系调整的异域审视》（《河北师范大学学报（教育科学版）》，2008 年，第 10 卷第 8 期）从全新的视角重新审视建国初期的院系调整，前者从社会变迁的角度对此次院系调整进行了重新解读，[22]后者则从国外知名学者对此次院系调整的评价方面，与国内学者的认识进行了对比，从而使国内外学者对此次调整的观点呈现在读者面前。[23]王云峰、吴晓蓉的《反思我国 20 世纪 50 年代高校院系调整》（《长春工业大学学报（高教研究版），2009 年 3 月，第 30 卷第 1 期》），吴丽娜、余娟的《建国初期学习苏联教育经验的回顾和反思》（《中山大学研究生学刊（社会科学版）》，2011 年，第 32 卷第 4 期）等文论，从评价、反思及影响方面对院系调整进行了分析研究。吴全华老师撰写的《意正心诚中的激越与褊狭——1950 年代我国教育以俄为师解析》（《现代教育论丛》，2014 年第 6 期）、《我国教育改革发展须祛除的苏联模式》（《教育现代化》，2015 年第 2 期），陈述了苏联模式对中国高等教育的影响，指出中国高等教育改革的重点仍在"残留教育现实中的苏联印记"。[24]

---

21 张俊洪：《建国后教育实行"以俄为师"的历史教训》，《教育评论》，1989 年第 1 期。

22 李杨：《五十年代的院系调整与社会变迁——院系调整研究之一》，《开放时代》，2004 年第 5 期。

23 董美英、董龙祥：《对中国 20 世纪 50 年代院系调整的异域审视》，《河北师范大学学报（教育科学版）》，2008 年第 8 期。

24 吴全华：《意正心诚中的激越与褊狭——1950 年代我国教育以俄为师解析》，《现第二类：对院系调整的区域性研究和个案研究。从地域空间分布上看，院系调整涉及到建国初期六大行政区的所有高等学校，这些高等学校又多分散于各区的行政管理中心城市。这些城市，或是早期开放的通商口岸，亦或是地区行政中心，经济较为发达，有相对内地较好的高等教育资源，并存在相当数量的私立高等学校。这影响了后来研究者对研究对象的择取，形成对全国性院系调整，或对某一行政区、某一省份、某一城市、某一高等学校、某一系科的调整进行研究的倾向。如：朱轸的《1952 年江苏高校院系调整简况》（《江苏高教》，1989 年第 1 期）、赵存存、柳春元《五十年代初山西高等教育的"院系调整"及其影响》（《高等教育研究》，2002 年第 3 期）、郑刚、余子侠《20 世纪 50 年代湖北省高校院系调整及其影响》（《高等教育研究》，2005 年 6 月）、王红岩《20 世纪 50 年代院系调整中的浙江大学》（《丽水学院》，2007 年，第 29 卷第 3 期），向东、侯德础的《20 世纪 50 年代四川院系调整及其影响》（《高等教育研究》，2009 年第 4 期）、李芳《建国后教会大学的改造与调整：以齐鲁大学为例》（山东大学 2011 年硕士论文），王红岩《20 世纪 50 年代高等教育改革中私立大学命运探析》（《西北工业大学学报（社会科学版）》（2003 年，第 23 卷第 2 期）、孙平《略谈 50 年代厦门大学的院系调整》（《黑河学刊》，2010 年第 8 期）等等多选择重点综合大学、教会大学等作为研究对象，陈述院系调整过程中这些学校的变迁过程及对地区的影响，作出利弊分析。譬如：马建立的《50 年代我国大学院系调整综述》（《上海工程技术大学教育研究》，2008 年第 4 期）一文认为院系调整是收回国家教育主权的需要，当时教会阻碍学校的进步和发展，所以国家决定将教会大学的改造纳入院系调整中。[25]赵存存、柳春元《五十年代初山西高等教育的"院系调整"及其影响》（《高等教育研究》，2002 年第 3 期）论述解放初山西的教育情况和山西高校的院系调整，指出这次院系调整削弱了山西省教育水平，导致山西高等教育长期落后。[26]

从研究区域上看，六大行政区中以华北区、华东区院系调整为对象的研

代教育论丛》，2014 年第 6 期；《我国教育改革发展须祛除的苏联模式》，《教育现代化》，2015 年第 2 期。

25 马建立：《50 年代我国大学院系调整综述》，《上海工程技术大学教育研究》，2008 年第 4 期。

26 赵存存、柳春元：《五十年代初山西高等教育的"院系调整"及其影响》，《高等教育研究》，2002 年第 3 期。

究成果相对较多，行政中心城市及省会城市的院系调整是考察的重点。关注北京、上海、武汉等大城市与东部及北方省份较多，对中小城市和南方省份的研究较少。随着史料的进一步发掘和研究视野的拓宽，对中南区、西南区和西北区的院系调整研究还有待进一步深入。

第三类：院系调整的相关研究。2010年前后，政府主导创建"一流大学、一流学科"，高等教育改革的呼声愈烈。继而，又一次引发对五十年代以来高等教育改革的关注。五十年代的院系调整，也因其本身对建国以来高等教育造成的根本性影响，再次引发学界的热烈讨论。相比较之前的研究成果，对院系调整的批判更加深入，理论视角呈现多元化。

在以大学组织结构变迁、高等教育学科结构和学科制度、高等教育层次和科类结构、中国现代教育批判研究、高等学校设置变迁、区域高等教育结构、私立大学政策变迁等为主题的研究中，对院系调整有不同视角的陈述。如何光全的《1949-1981年中国教育批判研究》（西南大学博士论文，2010年6月）、郑利霞的《我国高等教育布局结构及其逻辑研究》（华中科技大学博士论文，2009年5月）、闫亚林的《高等教育层次和科类研究》（华东师范大学博士论文，2005年4月）、黄启兵的《我国高校设置变迁的制度分析》（南京师范大学博士论文，2006年5月）、张烨的《重读五十年代的院系调整——基于教育政策借鉴理论的视角》（《华东师范大学学报（教育科学版）》，2007年1月，第25卷第1期）、李学丽的《中国大学模式移植研究——历史的视角》（山东师范大学博士论文，2014年6月）等等，这些论文多选择高等教育理论、组织论、制度变迁论及教育政策借鉴理论、大学移植模式论、高等教育分流理论等为视角，审视近代以来中国高等教育史的相关问题。在院系调整问题的研究上，广度和深度方面取得了不同程度的进展。但整体显现宏观论述较多而中观、微观研究较少；静态制度文本研究多，而动态迁校合并过程研究较少。

（二）主要观点和研究结论

1. 院系调整的历史背景及动因

对于历史背景和动因，学者们的观点基本一致。意识形态转变、恢复和发展国民经济、发展工业、高等学校科类结构繁杂、高等学校地域分布不均等不合理因素是叙述的起点。

首先，新中国初建，巩固政权、恢复经济是当时政府工作的重心之一。

大规模的经济建设以及国防建设，急需大批的专业人才，适合经济发展的工科教育体系及专门院校的设立迫在眉睫。譬如：胡建华的《现代中国大学制度的原点：50 年代初期的大学改革》（南京：南京师范大学出版社，2001年），王久长的《50 年代院系调整的得与失》（《辽宁高等教育研究》，1995 年第 2 期）、董孟怀的《百年教育回眸》（中国经济出版社，2000 年）等持此种观点。

其次，新政府选择以苏联为首的社会主义阵营，从而面临资本主义的包围和敌对。朝鲜战争的爆发，进一步加剧国内对资本主义的敌对情绪，彻底清除欧美在中国的影响、建设社会主义成为理所应当的事情。院系调整则是"以俄为师"在高等教育领域内的反映。如江沛、王洪学的《50 年代高校院系调整述评》（《当代中国史研究》，1998 年第 3 期）[27]等文献持此种观点。李琦的《建国初期高校院系调整述评》（《党的文献》，2002 年第 6 期）、毛礼锐、沈灌群著的《中国教育通史》（第六卷）（山东教育出版社，1995 年版，第 83 页）、李杨的《五十年代的院系调整与社会变迁——院系调整研究之一》（《开放时代》，2004 年第 5 期）等著作或论文指出：旧有高等学校结构不合理的状况需要改善，尤其是地域分布不均及院系设置庞杂等因素也是政府决定进行院系调整的原因。高等学校在地域分布上，多集中于沿海和中心城市，内地和边远地区极少。在科系结构上，文、法、商科发达，实用学科则相对虚弱，不能满足国家建设需求。公、私立高等学校办学性质混乱，造成人力、财力的严重浪费。而且，旧有高等学校的办学理念和方法不符合新中国的教育体制。

最后，还有一种观点认为五十年代的院系调整是在多种因素的影响下进行的。张宝昆在《对五十年代我国高等教育改革的反思》（《云南教育学院学报》，1988 年第 3 期）一文中指出：苏联高等教育的专门化人才培养模式的成功，民国以来移植的欧美教育体制、老解放区高等教育强调政治思想教育、巩固中共在高等学校的统治地位等，皆是进行院系调整的原因。

整体来看，对院系调整的背景和历史动因的解释多停留在中共外交政策以及国内经济和工业发展水平等客观因素上面。其中，最主要的观点就是 50 年代初期，政府选择了"一边倒"的外交方针，加之朝鲜战争爆发，中美关系

---

27 江沛、王洪学：《50 年代高校院系调整述评》，《当代中国史研究》，1998 年第 3 期。

恶化，高等教育自身存在资源分配不均、资源浪费等问题，所以只能选择苏联高等教育模式参照进行改革。从其他角度，尤其是从教育学理论或社会改造为视角进行原因解释的较少。

2. 对院系调整的过程的叙述

已有研究对院系调整的实施过程的叙述呈现出阶段性特征。整体来看，研究者普遍认为这次高等学校的院系调整工作，从 1951 年 10 月开始，1952 年大规模展开，1953 年继续深化，1954 年基本完成。不同阶段，中央政务院颁布有不同阶段的调整计划、目标要求。

1950 年 6 月 1 日至 9 日，教育部在北京召开第一次全国高等教育会议，提出高等教育要适应国家建设需要，尤其是经济建设的需要。以此为导向，中国人民大学[28]和哈尔滨工业大学[29]作为突出发展文科、工科的试点院校建立和发展起来。同时，政府开始着手制定和实施全国性院系调整政策。这两个学校的办学经验，教学计划和规章制度，成了当时各高等学校学习苏联的范例。1951 年，全国性院系调整的进行主要以京津沪为主，在加强师资培养的要求下，广东的主要任务在于独立师范学院的筹建。

1952 年，全国范围内实施以专业设置改革为主的跨区调整，以华北、东北、华东为中心，设立独立专门学院，并将私立高校、教会学校进行拆分和合并。每个大区仅保留数量极少的综合大学，工科、师范等院系剥离出来，合并为单科性或多科性的专门学院。同一时期，广东高等学校的调整主要集

---

28 1949 年 12 月 16 日，政务院第 11 次会议做出《关于成立中国人民大学的决定》，规定接受苏联先进的建设经验，并聘请苏联教授，有计划、有步骤地培养新国家的各种建设干部，并规定"大学本科暂设：1. 经济系，2. 计划经济系，3. 财政信用借贷系，4. 贸易系，5. 合作社系，6. 工厂管理系，7. 法律系，8. 外交系，学习年限为 4 年。"胡建华著：《现代中国大学制度的原点：五十年代初期的大学改革》，南京：南京师范大学出版社，2001 年，第 15-153 页。

29 1951 年 4 月，中共中央批准教育部《关于哈尔滨工业大学改进计划的报告》。其中规定哈尔滨工业大学"仿效苏联工业大学的办法，培养重工业部门的工程师和国内大学理工科的师资"。1952 年，哈尔滨工业大学制定《哈尔滨工业大学校章》，规定哈尔滨大学原设的东方经济系、铁路管理、货物运输系、采矿冶金系、化学工程系、航空系等改建为机械工程系、电机工程系、土木建筑系 3 个专业，主要为机械和电机制造、发电输电及建筑等重工业部门和工科院校培养工程师和教师。在苏联专业的直接指导下，采用苏联高等学校的经验、计划、课程和教材。胡建华著：《现代中国大学制度的原点：五十年代初期的大学改革》，南京：南京师范大学出版社，2001 年，第 162-169 页。

中于省内系科调整与迁并，新设专门学院、撤销私立高等学校。

1953 年，院系调整以中南区为重点，重组综合大学，增设高等专门院校。广东省则开始进行以武汉为中心的区内专业设置调整。华北、东北、华东主要进行个别专业上局部调整。1954 年，全国性院系调整基本完成。广东省继续进行个别专业的调整，"一综四专"格局定型。现有研究对院系调整过程的叙述，基本遵从以年为单位的"四阶段说"或"三阶段说"。后者多因地区调整时间差将 1953 年到 1954 年视为一个阶段。

综上，对院系调整过程的研究，多表现在陈述政府颁布的方针、决定或指示，以及院系调整的事实结果，多是静态结果的呈现，造成院系调整过程中"人的失踪"。学校的管理结构发生了什么样的变化？高等学校的教师和学生对院系调整的态度如何？又是如何参与调整的？……由此，以往的研究对于院系调整的动态过程的论述稍有不足。

3. 对院系调整的评价、反思研究

对于院系调整的评价，学术界彼此差异较大，可分为积极和消极两面。

其中，认为院系调整的积极方面主要有以下几点：

第一种观点认为：院系调整满足了国家经济建设的需要。

通过院系调整建立起来完善的工科教育体系，培养了大量适应经济建设和工业建设需要的专门人才。此种说法，少见有研究从教育经济学的视角进行论述。

第二种观点认为：通过院系调整，高等学校的不合理成分得以改造。

院系调整后，国家可以统一分配全国高等学校资源、统一招生入学、统一毕业分配，使用统一的教学大纲，实现统一管理，构建起社会主义的高等教育体系。使我国高校布局不平衡的局面得到一定的缓和，促进了内地高等教育的发展和经济文化建设。高等学校类型多样，科类层次、专业结构更加合理，改变了过去学非所用，重文法轻理工的局面。私立学校全部收归国有，结束高校性质不一、管理混乱的局面。王云峰、吴晓蓉撰写的《反思我国 20 世纪 50 年代高校院系调整》（《长春工业大学学报（高教研究版）》，2009 年 3 月，第 30 卷第 1 期）、吴丽娜、余娟所撰《建国初期学习苏联教育经验的回顾和反思》（《中山大学研究生学刊（社会科学版）》，2011 年，第 32 卷第 4 期）、江沛、王洪学：《50 年代高校院系调整述评》（《当代中国史研究》，1998 年第 3 期）、焦金波、李宝玉的《建国初期我国高等教育院系调整的得与失》

（《南都学坛》，第 20 卷第 2 期）等文章对此有所分析。

其次，在肯定院系调整的成果同时，许多研究者也强调此次调整存在的弊端和埋下的隐患，有研究者从结果上否定了这次调整。譬如：王红岩在《20 世纪 50 年代高度教育改革中私立大学命运探析》（《西北工业大学学报》（社科版），2003 年第 6 期）以及巫春华《略论我国 50 年代的院系调整》（《中国高教研究》，2001 年第 4 期）、熊明安、张金福的《1949 年至 1965 年我国普通高度教育课程改革述评》（《高等教育研究》，1978 年第 2 期）等。主要的观点归纳如下：

院系调整是对苏联教育模式的机械照搬。对各地区高等学校来说，"一刀切"的做法忽视了地区差异和院校的具体情况。院校设置上，理工科分家，文法科严重削弱；专业设置上，完全否定民国以来欧美式的"通才"教育，转变为苏联"专才"教育，专业划分过细，知识面狭窄；私立学校全部变为公立，并被拆分至撤销，增加政府财政负担，挫伤民间办学的积极性；高等学校纳入国家统一管理，失去自主权。对于学生来说，工科类院校学生多注重实践，忽视理论；文科类学生则更关注理论。许多历史悠久的综合大学被分割瓦解，从而丧失了大学精神。

（三）对研究文献的反思

就已查阅到的资料而言，目前学术界对 50 年代初期中国高等学校院系调整的研究存在以下特征和不足。

1. 已有相关研究文献的特征

第一，从不同研究者所关注研究对象的研究范围来看，研究者在院系调整相关研究中所关注的研究对象不同，或者说是研究选题存在较大差异。80 年代末至 21 世纪初，研究者多以全国性院系调整为选题，或在高等教育改革、教育史研究中将其视作高等教育发展的一次事件、一个阶段。2000 年以来，研究者的选择则多集中于地方高等学校的院系调整，视角逐渐"下移"。

第二，就研究视角而言，学者对 50 年代初期院系调整的研究所采取的研究视角是不同的。不同的学者分别从历史学、教育学、模式移植、教育分流等角度来研究院系调整问题，在广度和深度方面取得了不同程度的进展。

第三，就高等学校院系、学科、专业设置的对比研究而言，学者进行对比的时间跨度随着时间的推移而发生变化，从以 50 年内变化的对比，逐渐将视野扩展到百年内。

2. 已有相关研究文献的不足

第一，纵观学者对 50 年代初高等学校院系调整的研究成果可知，研究文献及与主题相关的研究文献虽然比较多，但研究更多限制在宏观层面上对高等院系调整政策、结果的梳理归纳。换言之，相关文献基本是从国家制度和政策层面来论述高等学校院系调整的原因、结果、影响，多以价值叙述取代事实的陈述。尤其是在社会政治、经济、文化的背景之下引发改革的原因尚未做出更深入和透彻分析，用实证方法对高等学校院系调整的影响做出合理、严谨分析的研究则更少。从研究假设上看，现有的研究大多隐含了"院系调整前中国的高等教育结构处于非正常化、非优化的状态，需要做出调整"的价值取向和预设，并大多是基于经验性的论断。截至目前，并没有研究者提出有关高等教育结构合理性的完整测量指标。在衡量标准缺失的前提下，依据主观的经验和感觉得出高等教育结构合理或不合理的结论，其本身的"合理性"就是值得商榷的。

第二，缺乏批判性反思。1949 年大陆新政权的建立是中国现代高等教育发展的转折点。作为政权转型、社会转型的产物，50 年代的高等学校本身就是进行意识形态、政治、经济、文化等社会改造的重要场所。"培养适应经济发展、工业发展、全心全意为人民服务的专门人才和干部"这一带有强烈时代感话语，在很大程度上成为政府介入高等学校、以经济发展需求取代高等学校自身发展需求的借口。本质上，政府更关心的是高等教育的外显意义而非内在逻辑。现有研究者几乎一致性地提出高等教育要适应社会、政治、经济的发展，培养更多"专业化"的人才。科学研究需要真正从高等教育发展的内在逻辑上考虑，对政治、经济保持适度的疏离和清醒，促使人们对当前高等教育所普遍认同的价值取向进行反思。

作为专业的研究者，我们不仅需要从实践和概念出发对其进行反思和批判，挖掘新的史料，还需要借助教育学理论、哲学、政治学或社会学的理论范式对院系调整这一高等教育改革对社会意识形态、政治、经济、文化等方面的改造进行解构和释析，深入探究院系调整的思想、理论、实践渊源及所引起的高等教育理念或结构的变化，或许这类反思和批判不能为高等教育改革提供一种明确具体的思路，但它意在揭示高等教育改革过程中可能引发的问题和矛盾，因而同样能够促进高等教育改革的进行。

四、主要史料与研究方法

本研究力图在史料的挖掘和利用上，以及研究方法方面，有所突破和提升。

（一）史料的搜集与整理

首先是档案资料的运用。目前，广东省高等学校院系调整相关的史料非常丰富，但分散于档案资料、报刊资料、文件资料汇编、教育通史、大学校史、口述史等各类史料之中，极为分散。尤其是广东省内部分高等学校档案馆藏档案，受行政力量影响，难于面世。这也是本研究的难点之一。

本文为了在完整、系统的史料基础上开展研究，进行的史料搜集和整理成果主要有：一、搜集和整理了一批尚未被研究者利用的广东省高等学校院系调整实密切相关的史料。从广东省档案馆、广东省立中山图书馆、中山大学图书馆、华南师范大学档案馆、华南理工大学档案馆、华中科技大学档案馆等档案、图书管理机构查阅和获取了一批有关中南区和广东省院系调整的政策指示、工作总结、呈文批示等一手史料。档案资料卷帙浩繁，必将存在大量无用的信息。幸运的是，收集到的一部分档案史料价值较高。二、查阅和收集了 1949-1955 年《南方日报》、《广州日报》、《广东教育与文化》、《人民中大》、《中大周报》、《华南理工学院》、《华南师范学院》等党报、机关报中有关高等学校院系调整的新闻、评论及有关广东省高等教育状况的史料。这些一手的报刊杂志、校报校刊囊括了院系调整前后，能够帮助笔者重构一些重要场景和信息。三、从五十年代初期的教育期刊杂志、图书以及相关人物的日记、回忆录、口述史中找寻有关五十年代初期广东省高等学校院系调整的史料。陈序经校长、刘节教授、梁方仲等院系调整的直接经历者的传记、日记等，虽然涉及院系调整的内容吉光片羽，从中也不难发现奥妙。口述史资料而言。由于院系调整发生在五十年代初期，1949 年代以前的相关校友多已谢世。后来真正参与院系调整或被调整的新一代学人经过思想改造等政治运动之后，在当时已经无精力对院系调整提出意见或看法，只是顺应政府的政策主张而参与其中。多数学生亦是对政府主导的改革毫无异议，即便对分配就业有意见和个人的考虑，最终也在思想改造之后主动服从安排。考虑到目前已经能够明确大多利益相关者的态度，笔者最终放弃了使用口述史的努力。

通过对这些资料相互对比印证，为真实展现五十年代初期广东省高等学校院系调整的改革及五十年代初期广东省高等教育面貌提供更为可信的史料成果。

（二）研究方法

以研究内容和目的为出发点，本研究所采用的技术手段主要有文献分析法、历史比较研究法，个案分析法。

第一，文献分析法。作为教育史研究的重要方法之一，文献分析法有利于了解研究对象的历史和现状，把握研究对象的整体概貌，从而透过现象分析事物的本质和规律。就文献的重要程度而言，本研究将收集到的文献分为不同的类别：原始性档案文献、研究性参考文献和次要的相关文献。笔者在广东省档案馆、广州市档案馆、华南师范大学图书馆、华南师范大学档案馆、中山大学图书馆、湖北省档案馆及其查阅了一批一手资料、纸本文献及丰富的电子文献。这为本研究提供了扎实的史料基础和史论支撑。

第二，历史比较研究。比较研究法是对两个或两个以上的事物进行历史考察，求同存异，探求本质的一种研究方法。本研究拟以在时间为轴的纵向比较、以空间为轴的横向比较、动态数字变化和静态同类比较、异类比较中，通过比较院系调整前后广州高等学校的基本情况、以中山大学为代表的公立大学和以私立岭南为代表的私立大学及以综合性大学和专门学院的办学情况、院系调整过程情况，力图揭示不同调整阶段广东省高等教育发展的独有特征，以及不同类型的高等学校的调整特色；以广州与中南区中心城市武汉的对比，明了广东高等教育的尴尬地位；呈现广东省高等学校院系调整的经过、特征、经验和教训。通过比较分析，试图揭示五十年代院系调整时期广东省高等教育的独特性和典型性。

第三，个案研究法。就形式而言，本文采取个案研究的方法。宏大的历史叙事容易缺乏对历史细节的考察，甚至造成认知上的偏差。个案研究的注重过程和细节，适合对历史、研究对象的深描，进行全方位的剖析。当然，个案研究并不代表着完全拘泥于个案本身。为了更加立体和深入地揭示五十年代初广东高等学校改造的过程及其特征，本文从院系调整的两个阶段分别选择典型高等学校作为个案研究，揭示它们的调整过程和结果以及各类不同高等学校的调整特点。这几所高等学校分别是（国立）中山大学，（私立）岭南大学，华南师范学院，华南工学院等。中山大学作为知名公立综合大学，岭南大学作为 1949 年以后继续办学的私立大学，华南师范学院及华南工学院作为院系调整过程中新创立的专门学院，均为院系调整时期广东省重要的高等学校。这可以确保较为充分地体现五十年代初期广东省高等教育发展的历史阶段特征。

五、研究意义

"院系调整"是中国现代高等教育史上的一个重要事件。它发生在新政权初期，受政治、经济、文化及意识形态等多重因素综合影响，能集中反映教育改革与经济、政治、文化及社会改造之间的复杂联系。它所涉及的问题是多形式、多层次的，对中国此后的高等教育改革所产生的影响也是重大而深刻的。

其一，从研究对象的地域属性来看，本研究属于地方史研究。目前，学界对于建国初期院系调整的研究集中于华北、华东地区及北京、上海等城市，区域性研究相对仍旧较少，将注意力聚焦于广东的研究更是屈指可数。本文旨在厘清 50 年代初期，通过院系调整实现的广东高等教育结构的调整过程和结果，分析其深刻影响，探索这一时期高等教育发展的具体特点及影响高等教育变迁的主要因素，为当前地方高等教育改革提供经验，亦可以丰富和拓展广东省地方史研究。再者，按照建国初期大行政区域的划分，广州因其地缘、人文、政治等方面的独特性，并非整个中南区的中心。对广东高等学校院系调整的研究，不仅有助于认识地方高等教育发展的特点，亦可折射全国大范围院系调整时期非大行政区中心城市高等教育状况的侧影，可以为探讨地方高等教育发展中的共性问题提供一个思路或个案。

其二，对 50 年代初期高等学校院系调整的研究，有助于人们了解中国在这段历史时期的教育改革状况，同时，也可以以一种新的视角揭示 50 年代以来中国高等教育改革的复杂性和曲折性。

其三，对新政权初期的高等教育改革进行研究，能够为人们在政权转换及社会转型时期正确认识和开展高等教育改革提供经验和教育。50 年代初期的院系调整对此后中国高等教育的走向产生了深刻的影响。深入分析改革的经验和教训，不仅是教育史研究的应有之意，而且为现实教育改革提供经验借鉴。当下的高等教育改革不是空中楼阁，而是从历史的延续和发展变化中而来。对于 50 年代初期院系调整的历史考察，有助于我们认识、理解当前诸多社会问题、教育问题及与教育改革之间的关系，从而正确处理当前教育改革中的遇到的一些问题。

六、研究创新

本论文的创新之处表现在两个方面：

一是研究内容。新政权以来，广东省高等教育的发展差强人意，学界关注度较低，研究成果相对较为缺乏和零散，仅有少数学术论文和资料性文献、史书、资料汇编、文史资料汇编等文献中相关主题涉及到广东高等教育。本文通过对这一时期广东省高等学校院系调整进行系统研究，细致梳理相关史料，再现这段历史时期广东省高等教育的发展概况，有助于形成对中国近现代高等教育发展更为全面、立体的认知，故而在研究内容上有所创新。

二是史料利用。通过对新政权初期广东地方报纸和学术期刊、杂志、广东省文教厅、广东省地方文史资料，以及院系调整时期广东省各高等学校校报、校刊等较多一手资料进行挖掘，并将之与官报等资料相互印证，从而为新政权初期高等教育发展的历史研究提供更为可信的史料成果。

无论如何，对于当下的高等教育研究者来说，从七十多年前的高等教育改革历史对比和联想当今的现实；或者，从当下的现实反思七十多年前的高等教育改革的历史，都会有助于在高等教育改革的迫切需求形势下保持清醒的头脑。

第一章　基础与理念：政府对高等教育的决策

中国有"政教合一"的传统，教育历来被视为政权建设的重要组成部分，人们对学校性质的认识不是很清晰。1949年，中国共产党在内战中取得胜利，开始了在大陆全面建设政权的新时期。新政府乘着革命的成功之势，发起"抗美援朝"、"土地改革"、"三反五反"等一连串全国性的政治、经济、文化运动，旨在按照新的意识形态，实现对中国的社会主义改造。高等教育难以置身事外。

本章结合历史及时代背景，从1949年前后中国高等教育的基本状况及广东省高等教育的基本状况入手，考察广东省高等学校进行院系调整的现实基础；分析五十年代初期有关高等教育会议的议题和决策，解读院系调整的基本理念；以凯洛夫《教育学》的引介和对杜威教育思想的批判为突破口，考察苏联高等教育经验的根本影响，透视高等教育改革的基本格调；陈述接管时期广东省高等学校的基本状况，呈现广东高等教育改革的复杂性和特殊性。本章的意义在于明晰中国现代高等教育在探索自身发展的路径与方法过程中，面对各式各样现代化教育理论与经验模式，最终何以坚定选择"苏联模式"的思想根源。

第一节　现实基础：20世纪50年代初期高等教育状况

二战结束后，苏联与西方在意识形态和军备竞争方面的冲突导致国际上的政治气候更加严峻，"冷战"升级。在经历了弥久的战乱蹂躏之后，如何稳定政治局势，迅速恢复国家经济成为中国新政府亟待解决的问题。中国新政府对苏联在短时间内实现军事、工业的现代化十分倾心，又一贯认同用马克思主义诠释和建构中国社会的现代化改造之路，这促使中苏领导人之间的关系越来越密切。1950 年 2 月，继毛泽东、周恩来为期两个月的访苏旅程后，中苏缔结了《中苏友好同盟互助条约》。为显示合作的诚意，苏联随即派遣大量的专家顾问到中国，指导中国政治、经济、教育等一系列国计民生的恢复和发展。

现成的苏联模式为中国提供了国家组织形式、面向城市的发展战略、现代的军事技术和特定领域的政策和方法。[1]在政府的大力宣传下，各个生产建设部门皆以苏联为榜样，向苏联"老大哥"学习成为社会主流。教育部门学习苏联经验始终走在前列。当时认为，苏联对改革教育和建立社会主义教育有丰富的经验，理论方法和制度已经相当成熟。重要的是，苏联工业化的高度发展和军事力量的强大都离不开专门化的高等人才培养模式。中国要改造旧教育和建设新教育，苏联模式是不二之选。

苏联专家阿尔辛节夫认为中国高等教育所遇到的任务，和苏联在十月革命后所遇到的任务在原则上是相同的。[2]在苏联，为了扩大苏维埃共产主义意识形态的影响和稳固政权，理论家不断宣传国内外资本主义敌对势力的黑暗和虚妄。阿尔辛杰夫所讲的"十月革命后所遇到的任务"是指苏维埃政权初创时，在面临国内外资本主义的包围、攻击和封锁的恶劣情况下，改善沙皇俄国落后的经济、教育状况。中国的新政府正沉浸在重建大陆政权的焦灼状态，并没有认真考察高等教育在经历晚清、民国之后的现代化发展程度。

据中央人民政府教育部 1949 年的统计，至中华人民共和国成立前，大陆共有普通高等学校 205 所。其中综合大学有 49 所，工业院校 28 所，农业院校 18 所，医药院校 22 所，师范院校 12 所、语文院校 11 所、财经院校 11 所、政法院校 7 所、艺术院校 18 所，体育院校 2 所，其他院校 27 所，林业院校为 0。除综合大学外，工业院校所占的比重最大。在这 205 所高等学校中，公

---

1 [美]R·麦克法夸尔费正清编：《剑桥中华人民共和国史：革命中国的兴起（1949-1965 年）》（上卷）》，北京：中国社会科学出版社，2007 年版，第 57 页。

2 [苏联]A·Π·阿尔辛节夫：《从苏联高等教育的经验略谈几个问题——1950 年 6 月 8 日在第一次全国高等教育会议上的发言》，《人民教育》，1950 年第 1 期，第 25-27 页。

立高校 124 所，占总数的 60.5%；私立高校 81 所，占总数的 39.5%。[3]

表 1-1-1：1947-1951 年中国分类高等学校数量表[4]

学校类别	年份	合计	综合大学	工业院校	农业院校	林业院校	医药院校	师范院校	语文院校	财经院校	政法院校	体育院校	艺术院校	其他院校
数量	1947	207	55	18	18	-	23	22	4	10		5	15	37
	1949	205	49	28	18	-	22	12	11	11	7	2	18	27
	1950	193	50	27	17	-	26	12	6	12	3	2	18	20
	1951	205	47	36	15		27	30	8	19	1	1	18	4

资料来源：中华人民共和国教育部计划财务司编：《中国教育成就统计资料（1949-1983）》，北京：人民教育出版社，1984 年，第 51 页。

从学生数量来看，1949 年在校学生数共计 116504 人。其中，工科学生数占总数的 26%，农科占 8.4%，林科占 0.5%，文科占 10.2%；理科占 6.0%，财经科占 16.6%，政法科占 6.3%。[5]相比较而言，工科学生数量为各学科学生数量之最，财经科、医科、师范其次。如表 1-1-2 所示，从 1949 年全国普通高等学校的招生数和毕业生及比重看，结果同样如此。

表 1-1-2：1949 年全国普通高等学校分科学生数量及比重[6]

	分科	合计	工科	农科	林科	医科	师范	文科	理科	财经	政法	体育	艺术
招生	数量	116,504	30,320	9,820	541	15,234	12,039	11,829	6,984	19,362	7,338	282	2,755
	比重	100	35.4	6.9	0.7	12.4	11.3	9.8	6.0	15.4	1.0	0.2	0.9
毕业生	数量	21,353	4,752	1,718	92	1,314	1,890	2,521	1,584	3,137	4,015	80	250
	比重	100	22.2	8.0	0.4	6.2	8.9	11.8	7.4	14.7	18.8	0.4	1.2

资料来源：中华人民共和国教育部计划财务司编：《中国教育成就统计资料（1949-1983）》，北京：人民教育出版社，1984 年，第 76-88 页。

---

3 中华人民共和国教育部计划财务司编：《中国教育成就统计资料（1949-1983）》，北京：人民教育出版社，1984 年，第 51 页。

4 中华人民共和国教育部计划财务司编：《中国教育成就统计资料（1949-1983）》，北京：人民教育出版社，1984 年，第 51 页。

5 中华人民共和国教育部计划财务司编：《中国教育成就统计资料（1949-1983）》，北京：人民教育出版社，1984 年，第 52、62 页。

6 中华人民共和国教育部计划财务司编：《中国教育成就统计资料（1949-1983）》，北京：人民教育出版社，1984 年，第 51 页。

其次，按层次划分，至 1949 年底，全国普通高等学校的本科学生数达 93917 人，占学生总数的 90.7%，专科学生数为 22587 人，占 9.3%。[7]在研究生的培养中，工科共有 87 人，占总数量的 36%。[8]各个学科的本、专科人数相比，除政法科的本、专科层次学生数量相当，体育、艺术类专科学生数高于本科学生数之外，其他学科的本科学生数均远远高于专科学生数。（如表 1-1-3 所示）

表 1-1-3：1949 年全国普通高等学校本、专科学生数量表[9]

分科	合计	工科	农科	林科	医科	师范	文科	理科	财经	政法	体育	艺术
数量	116,504	30,320	9,820	541	15,234	12,039	11,829	6,984	19,362	7,338	282	2,755
比重	100	26	8.4	0.5	13.1	10.3	10.2	6.0	16.6	6.3	0.2	2.4
本科	93,917	23,118	7,607	421	12,525	10,087	8,979	6,877	16,405	6,693		1,214
专科	22,587	7,202	2,213	120	2,709	1,961	2,850	107	2,957	645	282	1,541

资料来源：中华人民共和国教育部计划财务司编：《中国教育成就统计资料（1949-1983）》，北京：人民教育出版社，1984 年，第 56、63 页。

就财经、文法等学科的情况而言，1949 年，中国高等学校中文科有（包括财经、师范、外语）336 个系，43230 名学生；法科有 281 个系，7338 名学生。这些系科分立于各国立、私立和教会办的大学中文、法学院。例如，国立北京大学、清华大学设有文学院和法学院，国立南开大学设有文学院和财经学院，燕京大学、辅仁大学、岭南大学、津沽大学等私立大学设有文学院、商学院、教育学院等等。[10]换言之，至 1949 年，中国高等学校已经初步具备了社会学、人类学、法学、政治学等现代高等教育学科门类，只是中国哲学、社会学、人类学、外交等学系设置及学生数量相较其他文科系较为缺乏。（如表 1-1-4 所示）

---

7 刘英杰：《中国教育大事典（1949-1990）》（下），杭州：浙江教育出版社，1988 年，第 50-63 页。

8 中华人民共和国教育部计划财务司编：《中国教育成就统计资料（1949-1983）》，北京：人民教育出版社，1984 年，第 116 页。

9 中华人民共和国教育部计划财务司编：《中国教育成就统计资料（1949-1983）》，北京：人民教育出版社，1984 年，第 56-63 页。

10 胡建华：《现代中国大学制度的原点：50 年代初期的大学改革》，南京：南京师范大学出版社，第 46-47 页。

表 1-1-4：1949 年文科系别学生数

系科名称	系科数	学生数	系科名称	系科数	学生数
中文系	61	3,445	人类学系	3	5
史学系	37	1,609	图书馆学系	3	122
哲学系	10	189	神学系	3	115
政治系	27	1,487	外交系	2	98
经济系	50	6,006	少数民族系	1	48
政治经济系	6	607	蒙、藏文系	4	60
法学系	29	4,589	家政系	5	110

资料来源：胡建华著，《现代中国大学制度的原点：50 年代初期的大学改革》，南京：南京师范大学出版社，2001 年，第 46 页。

就高等教育地域布局而言，沿海及省会城市的高等学校数量多，内陆尤其是西北、西南地区的高等学校数量极少。从大行政区来看，高等学校主要集中在华东、西南、中南和华北四个大行政区，华东区的高校最多。四川、上海、湖北等省市共有高校 145 所，占当时全国高校总数的 65.9%。从城市来看，上海拥有的高校数量最多，占全国高校总数的 17.6%，北京、重庆、武汉等 10 座城市共有高校 127 所，占全国高校总数的 62%。[11]

长久以来，学界在 20 世纪 50 年代初期高等学校院系调整问题的研究上，不仅长期存在着工科院系及学生的数量少于文科的说法，还往往认为工科学生数量不能满足当时国家经济和工业发展需求，却忽略具体数据的比较和分析。对"改革后高等教育'满足了'国家经济和工业的发展"亦缺乏相关经济学理论模型的论证。实际上，经过晚清及民国的发展，中国高等工业院校、农业院校的数量远远高于财经、政法等其他类型学校的数量。无论是在校生还是毕业生，工科、财经科的学生数远较政法等文科的学生多。从数量的绝对值上看，工科的实力相比较其他学科而言，更具发展的优势和实力，文科、理科及哲学、社会学、人类学等基础学科和学系的力量则相对较为薄弱。然而，即便存在不足，这些迹象也足以表明，当时中国高等教育的发展水平，已远远超越苏维埃政权初期的俄国。如若继续发展，应当考虑如何使工科更强，使政法、文科、理科等学科能够齐头并进，使高等学校在地域分

---

11 《1949 年全国高等学校一览表》，刘英杰：《中国教育大事典：1949-1990 年》（下），杭州：浙江教育出版社，1993 年，第 1115-1118 页。

布上更加合理。政府要求高等学校全方位学习苏联教育体制，为工业发展和军事国防事业培养专门人才和干部，强调高等教育要为国家经济建设服务，却始终没有考虑当时高等教育发展的现实状况。

第二节　教育独立意识的延续：第一次高教会议的共识与分歧

中国近现代高等教育的创办多受民族主义思潮的驱使，或直接诞生于政治运动，随国运浮沉。晚清、北洋政府至国民政府，每一次时代动荡，甚至政府内部的权力派系之争，均会波及高等教育体制、高等学校生态，甚至决定高等学校的成败兴衰。1949 年以后，按照新政府指定的改革路线，摧毁旧教育，建立新的社会主义性质的教育成为高等教育建设的主要内容。正是第一次全国高等教育会议的召开，拟定了 50 年代中国高等教育改革的基本框架和内容，决定了此后中国高等教育发展的基本走向。

教育部对第一次全国高等教育会议的准备工作着手较早。1950 年 1 月 31 日，《人民教育》刊发了关于《第一次全国高等教育会议即在京举行》的通知。[12]3 月下旬，教育部分派调查组到东北及京津各种类型的高等学校进行典型调查，并成立高等学校课程改革委员会。委员会负责起草文、法、理、工、农各学院相关学系和专修科的课程草案及高等学校各类制度规章 12 种，编选高等教育参考资料 12 种（主要是苏联高等教育方面的法规和经验及小组调查报告）。[13]其中，关于高等学校的方针任务、组织规程、领导关系、课程改革的原则等重大问题，都预先在教育部内部会议上进行了反复讨论，并收到提案 254 件。[14]

时任教育部高等教育司副司长的张宗麟在《人民教育》同期发表《迎接第一次全国高等教育会议》一文。张宗麟认为，国民党政府留下的高等学校是"杂乱"、"陈腐"的，必须要做彻底改造。创建新型正规大学和改造旧大学

---

12 《第一次全国高等教育会议即将在京举行》，《人民教育》，1950 年 1 月 31 日，第 16 页。

13 何东昌主编：《第一次全国高等教育会议的报告》（1950 年 7 月 17 日），《中华人民共和国重要教育文献（1949-1975）》，海口：海南出版社，1998 年，第 41 页。

14 何东昌主编：《第一次全国高等教育会议的报告》（1950 年 7 月 17 日），《中华人民共和国重要教育文献（1949-1975）》，海口：海南出版社，1998 年，第 41 页。

是当时高等教育的主要任务，新型大学必须以培养专门人才为主。在他看来，许多教育工作者对共同纲领中文化教育政策的了解仅仅是抽象的，甚至是歪曲的，对于"教育是政治斗争的武器"，"教育应该服务于政治"等原则不大能够接受，也不大甘心接受，因此才对高等教育的改革抱着"观望"、"应付"的态度。[15]张宗麟解放前曾在延安大学任教育系主任，后任华北区教育部部长，他的看法基本可以代表当时的中央人民政府教育部。这从侧面说明"许多教育工作者"对即将到来的高等教育改革的基本态度。

1950年5月，《人民教育》发刊词中写道："我们从各级教育，特别是高等教育，许多原有的课程上，许多旧教育的论著上，以及今天新区一些教育工作者在思想上对新教育的怀疑态度，不易接受马列主义、毛泽东思想等方面，都看到了它的反映。这一新思想体系甚至也影响到老解放区某些教育工作者，以致使他们在某些具体教育事实上保有旧教育的观点。全国教育工作者必须学习马列主义、毛泽东思想，必须用建立在马列主义、毛泽东思想基础上的新教育思想体系取代旧教育思想体系，这就必须从各方面拆毁这个顽固堡垒。"[16]这一发刊词明显是为即将招开的全国高等教育会议以及推行改造旧高等教育的方针铺垫。

经过前期的酝酿和动员，1950年5月30日，各大行政区高等教育部、高等学校的代表齐聚北京。准备会议上，东北区、华东区、西南区、华北区的教育部部长邹鲁风、吴有训、唐守愚和张宗麟分别汇报了本区的高等教育情况，并由时任教育部副部长的钱俊瑞宣讲了大会的精神和要解决的问题。[17]教育专家江隆基、成仿吾、北京农大及哈尔滨医大代表等一起探望了各区教育部或学校代表。这不仅使中央领导层了解到各大行政区高等教育的情况、亟待解决的问题，也使他们正面了解到各区代表对于改造旧教育方针的态度。

1950年6月1日，会议正式召开，并拉开一系列高等教育政策兴革的历史大幕。出席会议的有各大行政区教育部或文教部的负责人及全国各主要高等学校的负责人，有中央人民政府各部门、会、院、署、行的代表，亦有高等

15　张宗麟：《迎接第一次全国高等教育会议》，《人民教育》，1950年1月31日，第22页。

16　《发刊词》，《人民教育》，1950年5月，第1卷第2期，第1页。

17　杨君辰：《立此存照（四）——第一次全国高等教育会议》，出版物不详，1980年7月8日，第61页。

教育方面的专家学者及教育部司长级以上干部，共 185 人，连同到会旁听的一共 300 余人。会上，教育部部长马叙伦致开幕词，并有政务院董必武、副总理郭沫若、黄炎培，马寅初、文教委员会副主任陆定一、张奚若、钱俊瑞、薛暮桥等中共中央政务院、文教委员会、财经委员会委员的负责人分别发表一番讲话。

马叙伦在北京大学作了多年教授，是无党派知识分子。在开幕词中，他对中国高等教育的实际情况作了简要介绍和分析，指出当前中国高等学校在地域分布上极不均衡，质量也不够高。而且，工农子弟很少能够进入高等学校接受正规教育也是一个很严重的问题。[18]对于如何改善现状，提高高等教育质量，马叙伦着重说明了《共同纲领》中的文教政策。他强调在当前情况下，高等教育要为经济建设服务，配合工业、农业和国防建设的需要，密切联系实际，[19]要用科学的观点和方法进行关于历史、经济、政治和国际事务以及关于哲学、文学艺术的研究工作。[20]

在此基础上，马叙伦宣读了今后整顿和加强高等教育的具体工作方针。其一，强调高等教育要配合国家经济、政治、文化、国防的建设需要；其二，培养各生产建设部门所需的工农出身的知识分子；其三，实现中央对高等教育的统一和集中领导，初步地调整全国高等学校或某些院，逐步走向计划划；其四，有步骤地改造与培养高等学校的师资，编辑高等学校教材。[21]这四项具体方针恰好对应了会议的四个议题，分别是：高等教育的方向与任务、如何培养国家建设急需的人才、院系调整及课程和教学改革。值得注意的是，民国以来引起知识分子广泛讨论和共鸣的大学自治、学术自由、教育独立等都不在讨论范围。

来自各大生产建设部门的代表们相继发言，疾呼本部门对于专门人才和建设干部的急缺，提出要建立专门学校培养专门人才和干部。教育部聘请苏联专家阿尔辛杰夫及福民作为中国高等教育改革的顾问。专家在会上就苏联

---

18 马叙伦：《第一次全国高等教育会议开幕词》，《人民教育》，第 1 卷第 3 期，第 11 页。

19 马叙伦：《第一次全国高等教育会议开幕词》，《人民教育》，第 1 卷第 3 期，第 11 页。

20 马叙伦：《第一次全国高等教育会议开幕词》，《人民教育》，第 1 卷第 3 期，第 12-13 页。

21 马叙伦：《第一次全国高等教育会议开幕词》，《人民教育》，第 1 卷第 3 期，第 12-13 页。

的高等教育办学经验，尤其是综合大学与单科大学的关系做出介绍，并向与会代表分发了介绍苏联高等教育的文件和资料。

苏联专家福民对苏联的高等教育改革历程进行了详细介绍。他说，在苏联，许多庞大而复杂的高等学校都按照生产部门的业务进行划分，将旧有的某些系划分出来成为几个独立学院。比如列宁格勒交通学院原有铁道、航空、水运、汽车公路四个系，改革中仅保留铁道方面的专业，成为铁道学院，其余三系则独立出去，成立专门的水运学院、航空学院、汽车公路学院。后来，每个独立出去的学院在学生人数上都有了很大的发展，尤其是铁道学院，学校的学生增加了数倍。

苏联大学方面（综合大学）的调整也是一样。医科及其他与综合大学无关的学科及学系独立合并，成立独立的医学院、法学院、财经学院等专门性的单科学院。原来的学校（综合大学）只留下自然科学和人文科学相关的学系，基本任务是培养科学研究人员和教师。调整后，大学的数目比较少，整个苏联只有 33 所：莫斯科 1 所，列宁格勒 1 所，再在各加盟共和国首都及一些大城市各设 1 所。

在苏联，多科性的工学院也比较少，只有 20 所左右。这些学校里头大致可分设 8 个系。剩下的学校都是按照生产部门设立起来的，如造船、机车制造、建筑、采矿、冶金、地质及纺织等等，都是单科性的独立学院。[22]

苏联专家细致地介绍了苏联独立学院、综合大学的院系调整方法和院系设置，举例说明了单科性工业学校和多科性工业学校所开设学系的不同之处。这其中，综合大学的数量少之又少，整个苏联只有 33 所，且仅分布在莫斯科、列宁格勒及其他加盟共和国的首都。多科性的工学院全国只有 20 所左右，其余都是按生产部门而设的单科性学院。而且，大部分单科性学院与具体的社会生产部门对口。

总之，经过历次改革，苏联各类学校的比重发生了很大变化。其中，专门学校，尤其是工学院、农学院以及师范学院的数量增幅巨大。第一个五年计划（1928-1932 年）开始时，全苏联的工学院仅有 26 所，农学院仅有 30 所，到 1940 年，工学院就有 165 所，农学院也有 85 所，师范学院增加了 15 倍。[23]到 1951 年全苏联的高等学校共有 887 所，在校生 135 万人。1952 年，

22 福民：《苏联的高等教育改革》，《人民教育》，1952 年 9 月，第 12 页。
23 福民：《苏联的高等教育改革》，《人民教育》，1952 年 9 月，第 11-12 页。

全苏联学校数目超过 900 所，学生人数达 141 万人。仅莫斯科一市就有 13 万左右高等学校学生，已多于英国或法国。[24]

苏联高等学校的改革并不仅仅是简单把一所高等学校分立为几所学院，同一城市、同一区域内各校性质相同的专业也会被合并，目的在于使同一专业的教学工作不相重复。譬如，莫斯科有三所铁路运输学院：莫斯科铁路运输土木工程学院设有机械系、铁路运行组织系、桥梁涵洞系等；莫斯科铁路运输电机机械学院设有机械系、动力系、电器运输系等；莫斯科运输经济学院设有计划经济系、商业系、财务会计系、铁路材料供应系等。从这三个铁路运输学院中可以看出第一个学院偏重于土木方面，第二个学院偏重于机械方面，第三个学院偏重于经济方面，他们各有业务重点而不相重复。[25]

从本质上看，苏联的高等教育体系以社会主义工业化为核心目标，服务于军事、工业和经济建设。它不仅追求学校数量的增多，尤其是专门学院和工学院的数量，还追求学生数量的极速增长。这种教育体制，为苏联培养了大批专业技术人员。他们在苏联 1928 年至 1950 年的四个"五年计划"的完成及卫国战争的胜利中发挥了重要的作用。但是，随着历史的发展，这种高度集权、镶嵌于社会生产部门之中的高等教育体制与苏联计划经济体制一样，也曾不断暴露弊端。苏联专家却并没有提到。

让领导层没料到的是，会议上的四个议题，并没有获得教育界尤其是具有留学欧美背景的知识分子的一致认同。他们认同当前高等教育发展存在的问题和面临的困境，但并不认为按照苏联高等教育经验进行院系调整是合理的。他们从理论上和实际上对这些议题进行讨论，提出了不同的意见。

如若根据苏联模式进行调整，便是将综合大学的内部结构进行重组，将文、理、法、农、工、商、医等多综合大学的学科独立出来办理专门学校。一些学者认为，大学的任务在于培养程度比较高的通才。"从原则上说，大学校没有在短时期里培植一般专门职业人才的责任。"[26]"既然是大学，在原则上就必须维持大学的水准。所谓大学的水准，就是要给与青年以这样的教育或者知识，既不仅是为了现在，而且为了将来；不仅为了应用，而且为了创

---

24 福民：《苏联的高等教育改革》，《人民教育》，1952 年 9 月，第 11-12 页。

25 福民：《苏联的高等教育改革》，《人民教育》，1952 年 9 月，第 11-12 页。

26 高名凯：《谈高等教育的改革问题》，《光明日报》，1950 年 6 月 6 日。

造"。[27]

其次，对于将全国各地的高等学校"一刀切"、全盘模仿苏联高等教育模式的教育改革方式，也有专家提出了不同的看法。"我国各地文化发展的阶段各异，所以各地的各个大学的内容也可以各异。各个大学本身的发展阶段不同，则各个大学的内容也可以各异。"[28]

另一个现实问题是，由于长时间的战争，学校一直处于动荡状态。内战结束后，师生们都急切期望有安定的环境。如果学校大规模地合并、停办，必定会带来新的不安定因素。

这些异议，即便从今天看来也是有合理的成分，在当时却并没有对政策的制定和改革的进程产生什么影响。中国的高等学校主要集中在沿海或大城市，内战时期仍然处在国民政府的管控之下。国民党政权败离大陆，大部分教职员工仍然停留在原来的岗位上。这些有识之士在过去接受的主要是西式教育，希冀建立自由民主的新社会。留下来，多的是对国民政府独裁和腐败的不满，对中共社会主义理想的"同情"，以及壮志报国的民族主义澎湃激情。他们希望充分利用自己所学为国家建设做出贡献，但并不赞同对高等教育进行"全盘苏化"的改革。

1950年6月8日下午，也就是会议的最后一天，中央人民政府主席毛泽东来到会场，慰问参与会议的专家和学者。出人意料的是，专家学者们的不同意见被上升到了"阶级"高度。钱俊瑞在会议总结上讲："不容否认，我们全体教育工作者的思想观点现在还是极不一致的，他们代表着各种不同阶级、阶层的不同立场和观点。"[29]他狠狠地批评"顽固不化"的教授们，再次表示坚决推进高等教育向苏联模式改革的决心。周恩来也发表了讲话。他的说法同钱俊瑞的报告相比较为温和，目的却没有太大区别，强调"在教育改革方面，首先应该团结所有的教育工作者，再有步骤有计划谨慎地改革。"[30]由于大批知识分子的反对和抵制，这次本利于高等教育改革的会议并没有取得如领导层预期的结果。

---

27 翦伯赞：《大学与专科的任务不同》，《文汇报》，1950年6月6日。

28 钱伟长：《高等学校院系调整的及格原则问题》，《新建设》，1950年，第2卷第8期，第14-15页。

29 陈远：《燕京大学（1919-1952）》，杭州：浙江人民出版社，2013年，第377页。

30 周恩来：《在第一次全国高等教育会议上的讲话》，《周恩来教育文选》，北京：北京教育科学出版，1984年，第5-12页。

会议期间，教育部牵头相继成立了人文委员会、法律委员会、科学委员会和工程委员会。人文委员会内部又分为汉语、外语、哲学、历史和教育等几个分委员会；法律委员会分为政治、经济、法律和社会学等分委员会；科学和工程委员会下面也设有类似的分委员会。[31]这些委员会主要在院系调整过程中对教学和课程的改革发挥作用。

这是新政权建立后教育部召开的第一次全国性高等教育会议，代表们有不同的意见是正常的讨论。他们只是反对这种高等教育改革的方式，并没有反对哪个阶级。讨论就应该允许有不同的意见和见解。更何况，大多数代表是某一学校、某一学科领域的专家、学者，对于本学科和学校的发展有比其他人更深入的了解，也有权参与决定学校朝哪个方向发展的讨论。然而，从当时的情况看，领导层早已将这些教授们发表异见的行为定位于阶级矛盾。这是一个不好的先例，更为后来轰轰烈烈的高校教师思想改造运动埋下伏笔。

既然教育改革势在必行，使"许多教育工作者"从"观望、应付"的态度发生转变而"趋向于一致"，[32]顺利推进对旧教育改造，将是这次会议或会议后一段时期内要完成的任务。尽管后来仍有知识分子对钱俊瑞提出激烈批评，但在 1950 年 7、8 月间，中央政务院和教育部仍旧颁布了《第一次全国高等教育会议的报告》、《政务院关于高等学校领导关系问题的决定》、《高等学校暂行规程》、《私立高等学校管理办法》、《教育部关于实施高等学校课程管理的决定》等涉及到高等学校多个层面改革的文件，要求 9 月开学就着手实行。教授们的不同意见，没有任何体现。

第三节　对苏联教育经验的汲取

新教育制度的建立需要新的教育理论与之同行。[33]新政府急于确立起崭新的教育原则和政策，以区别于过去的教育。同时，新政府对苏联高等教育

---

31 毛礼锐、沈灌群：《中国教育通史》，济南：山东教育出版社，1988 年，第 60-66页。

32 张宗麟：《迎接第一次全国高等教育会议，《人民教育》，1950 年 1 月 31 日，第 22页。

33 储朝晖：《中国教育六十年纪事与启思：1949-2009》，太原：山西教育出版社，2013年，第 49 页。

制度在短时期内迅速培养出大批量的专门人才十分羡慕，又因苏联高等教育体制是当时世界上唯一以唯物论诠释和建构起来的现代化教育体系，因而苏联的高等教育体制成为新政府拟定高等教育发展模式的经验范本。教育领域全面学习苏联经验，主要表现在对苏联教育理论的引入和对以杜威为代表的资产阶级教育思想的批判。本节主要考察"凯洛夫教育学"的引介及对杜威教育思想的批判，并以此分析新中国高等教育汲取苏联经验的视角和特点。

一、凯洛夫《教育学》的引介

中国共产党是依据马克思主义理论建立起来的政党，对马克思主义的一贯认同驱使新政府对以唯物论阐释的苏联教育理论推崇备至。《人民教育》从1950 年创刊开始，每期都开专栏介绍苏联教育理论或改革经验。1950 年 5 月，《人民教育》第一卷第 4 期"苏联教育理论的状况和动向"这一专题共发表了 4 篇文章，分别是：《冈察洛夫教授〈教育学原理〉一书讨论》（作者 Ｈ ·Ａ ·开洛夫）、《我所犯的错误之本质与其原因》（作者 Ｈ · Ｋ · 冈察洛夫）、《拥护布尔什维克的批评与自我批评——Ｈ · Ｋ · 冈察洛夫教授〈教育学原理〉一书讨论总结》（苏联杂志《苏维埃教育学》的社论）、《苏联教育界讨论冈察洛夫教育学原理一书经过》。前三篇文章均是转载苏联教育界的权威杂志《苏维埃教育学》1950 年第三期的原文。

1950 年 1 月 5 日至 7 日，苏联教育界在莫斯科举行了一次盛大会议，专门讨论冈察洛夫所著《教育学原理》一书，目的在于用"布尔什维克的批评与自我批评"的方法对其进行批判。会议期间，共有 48 人对冈察洛夫的著作进行了批评。苏联教育界普遍认为冈察洛夫的《教育学原理》没有把"学校在社会主义社会中的作用、美学教育、体育、教师、集体、青年团和少先队组织等包括在内"，没有"充分明确地阐明苏维埃教育学是如何在马列主义学说之坚固基础上发展起来的"，[34]也即没有运用阶级斗争理论去评价资产阶级教育思想，没有运用马克思主义理论阐释、凸显苏联教育经验的优越性。[35]

---

34 《苏联教育界讨论冈察洛夫〈教育学原理〉一书经过》，《人民教育》，1950 年 4 月，第 21-22 页。转引自：印希译，《苏维埃教育学》，1950 年第 3 期。

35 《苏联教育理论的状况和动向》，《人民教育》，1950 年，第 1 卷第 1 期，第 18 页；冈察洛夫《我所犯的错误的之本质与其原因》，《人民教育》，1950 年 4 月，第 24 页。

与冈察洛夫不同，凯洛夫的《教育学》以"教育工具说"为基本认识，以"目的-任务-原则-方法"为基本逻辑，组织"总论"、"教学论"、"德育论"和"学校行政管理"这四项基本内容，主要观点是"教育应该为无产阶级服务，教育是阶级斗争的工具"；[36] "教育是有目的、有计划地实现青年一代的造就，使他们积极参加共产主义社会的建设和积极捍卫这个苏维埃国家。"[37]因为以"教育的阶级性"为基础，凯洛夫的《教育学》在苏联备受推崇。

从形态上说，凯洛夫的《教育学》是一种教育理论，特别是教育社会学的理论。它以教育作为主要对象和题目，以马克思主义为指导，以教育与社会关系为基础进行理论构建。这种理论有个一贯的特色，就是以教育的社会效应为核心或主题。这个社会效应，又经常与马克思主义所提倡的无产阶级的革命事业和批判精神联系在一起加以衡量。它以唯物论建构理论，要求无产阶级教育起到革命的作用，并以唯物史观为指导进行社会革命，"根本推翻从来的制度与组织"。[38]其次，就是把教育促进经济与社会发展看作主要目的，注重教育的工具价值，主张发挥教育的经济功能、政治功能和社会改造功能。

当时，苏联教育界还展开了一场关于教育基本问题的争论，强调教育的本质是阶级性，并将苏联的教育理论被分为资产阶级服务和为无产阶级服务两类。其中，资产阶级的教育思想和理论被进行了彻底的批判。这一场批判运动的目的非常明确：为斯大林意识形态统领的教育理论扫清障碍。这种批判的观点和方法为中国 50 年代初的教育批判提供了重要的理论根据和方法经验。

1950 年 12 月和 1951 年 10 月，苏联凯洛夫所著的《教育学》中文译本（1948 年版）上、下两册先后在北京出版，成为师范院校教育学课程的教材，成为中国教育学的理论模板。[39]为了使中国的教育工作者迅速掌握苏联教育理论，将凯洛夫《教育学》理论普及到基层，教育部先后聘请大批苏联专

---

36 青士：《学习凯洛夫〈教育学〉第一章后的一些体会》，《人民教育》，第 3 卷第 4 期，1951 年 1 月，第 60-62 页。

37 凯洛夫：《教育学》，北京：人民教育出版社，1953 年。

38 雷通群：《西洋教育通史》，长沙：岳麓出版社，2007 年，第 429 页。

39 陈侠：《凯洛夫〈教育学〉中译本第二次修订述要》，《人民教育》，1953 年 3 月，第 55 页。

家来华到高等师范院校讲授苏联教育学和教育理论。各地教育行政部门、学校还请学者、专家举办了各类讲座和学习班，来讲解苏联的教育理论，力图使凯洛夫《教育学》联系起中国的教育实际，成为中国各级各类学校教育实践的唯一"真理"。凯洛夫《教育学》进入中国的同时，相继有其他苏联教育学教科书或报刊被翻译成中文出版。例如《学前教育学》、《教育学初级读本》、《教育学讲稿》，以及其他介绍苏联教育家的论著，印数达到130万册左右。[40]

此外，政府大力支持与苏联和东欧国家互相派遣留学生。从1950年下半年起，中国同波兰、捷克斯洛伐克、罗马尼亚、匈牙利、保加利亚开始互派留学生。1951年8月，首批留学生375人到苏联留学，到1953年共派出留学生1321人。[41]1949年，在苏联专家的指导下，中国人民大学和哈尔滨工学院先行建立起来，作为学习苏联高等教育模式的试点。国内其他高等学校也相继聘请了一批苏联的学者作为指导学校改革的专家。

好运并没有持续很久。1953年3月5日，斯大林去世，苏联集体领导层内部出现权力斗争，并开始了一场以斯大林阶级斗争观点为主题的理论批判。与此同时，以阶级理论为指导的凯洛夫《教育学》也受到严厉批判。此后，苏联教育理论研究的指导思想发生了巨大的变化，并产生了丰富的教育理论。而直到五十年代中期，中苏关系发生变化，凯洛夫的《教育学》在中国始终没有被教育理论界所抛弃，甚至极少有负面的介绍。

50年代初期中国的高等教育制度建设实践，主要内容是摧毁旧教育、建立"全盘苏化"的新教育。来自苏联的共产主义理论和教育理论资源，从阶级斗争和革命夺取政权的理论出发，注重教育的社会改造功能，强调教育在政治动员、军事组织等方面的功利价值；强调教育面向工农群众，普及和扩大教育；强调教育的阶级性，以革命的态度对"旧教育"进行改造；强调教育的实用性，提倡教育与生产劳动相结合。这与中共长久以来的教育理念一脉相承，并成为中国批判资产阶级教育思想的有力工具。

在中国，凯洛夫《教育学》被奉为教育界的"圣经"，与之相对的教育家赫尔巴特、杜威等人的教育理论随即被认为是发展无产阶级教育的"障碍"。

---

40 毛礼锐、沈灌群：《中国教育通史》（第6卷），济南：山东教育出版社，1988年，第97页。

41 《中国教育报》，1998年10月31日。

于是，在凯洛夫《教育学》进入中国的同时，也发生了一场批判资产阶级教育思想的运动。

二、批判杜威教育思想

1950 年 6 月 25 日，就在新政府决定改造旧教育的同时，朝鲜人民军越过"三八线"向南进军，朝鲜战争爆发。10 月，中国参战。为动员群众支持战争，政府发起声势浩大的抗美援朝运动。各地积极宣传"抗美援朝、保家卫国"，全国上下形成同仇敌忾的反美氛围。结合抗美援朝运动，教育界顺势而为，在全国范围展开对以杜威、赫尔巴特等为代表的欧美资产阶级教育理论和思想的批判。

20 世纪上半叶，尤其是"新文化运动"时期，杜威的哲学、教育思想伴随着他来华演讲，对中国的哲学和教育改造产生了巨大作用。在美国，杜威的《民主主义与教育》被视作柏拉图的《共和国》和卢梭的《爱弥儿》以后的第一部教育经典。

杜威深受达尔文进化论的影响，否定亚里士多德的"发展是从潜能性转变为现实性的过程"。在亚里士多德那里，个体的发展正如橡树一般。一枚橡树种子从一开始究就有可以生长为一棵橡树的潜能。橡树种子成长为橡树的过程，就是潜能实现的过程，这个过程就是"发展"。根据这种学说，个体的发展就有一定的方向，发展的目标就是预先规定好的。橡树种子只能发展为橡树，不可能生长为其他东西。物种规定了个体的发展具有目的性。[42]

根据达尔文的进化论，物种本身却是发生了变化的。橡树的祖先可能在过去某个时期不是橡树，它的后代在未来的某个时期经过"无数次变异"可能会变成橡树以外的树木。因此，个体的变化可以决定物种的变化，物种不能规定个体的发展方向，而应以个体的方向为方向。对于个体来说，它的发展或生长又是无方向、无目标的。[43]

杜威认同达尔文所讲，并据此提出"儿童是第一义的，社会是第二义的。不是社会规定儿童的发展方向，而是儿童决定社会的发展方向。社会不应该规定儿童将来变成这样、那样，相反，儿童的教育和发展方向将会决定社会

---

42 曹孚：《杜威批判引论》，《人民教育》，1951 年，第 1 卷第 6 期。
43 曹孚：《杜威批判引论》，《人民教育》，1951 年，第 1 卷第 6 期。

发展的方向。转而，教育不应该有社会决定或承认决定的目的"。[44]

　　基于社会与儿童的这种关系，杜威认为在社会改造时期，社会制度和经济结构的确需要改造，但是人们不应该规定社会朝哪个方向而改造，或改造成什么样子，也不能替儿童强制规定未来社会改造的方向与目标，而是要通过"学校即社会"，学校和社会合一，以各种教育实践活动，帮助学生获得一种未来民主社会生存的知识和经验，并以此促进民主社会的实现。进而，他否定了以观念、知识的教授灌输为特征的传统教育方法。

　　杜威在中国居留讲学期间，尤其主张中国在建立新教育制度的过程中，打破传统，密切学校教育与实际生活的联系，彻底革新传统学校教育的内容和方法，使教育的内容和方法与"民主社会生活"保持一致。这种民主主义教育观和社会观在 1920 年代的中国影响甚大。它促使中国思想界和教育界对传统社会、国家发展模式存在的缺陷有更加清晰的认识，对原有的国家观、文化观、教育观产生动摇。尤其在新文化运动时期，为教育界对传统的批判提供了有力的武器，使许多知识分子怀抱民主主义社会理想与教育理想从事教育实践，主张发展学生特异个性、发展民权和科学精神、扩张人民的共同利益和共同兴趣，培养民主社会的公民，促进民主主义社会理想的实现。

　　杜威在中国的演讲，指明了科学方法、实验态度、知识分子的自由以及渐进式改革的重要性。杜威最著名的中国门徒胡适，提倡创造性和批判精神，作为引领文化-知识变革的先锋；杜威的另一个有影响的学生陶行知，运用老师的理论于大众教育，构想了一套"生活教育"理论。名声响亮的梁漱溟，以揭示儒家思想的恒久价值并使之与中国现代化结合为己任，探索中国出路，提出"乡村教育"。[45]杜威于 1952 年 6 月去世，曾深受他思想想影响的知识分子、特别是那些留美归国的学者大有人在，他们的教育思想和理论均开始遭到批判。

　　1950 年，曹孚在《人民教育》上相继发表《杜威批判引论》上、下篇。他认为"假如我们要批判旧教育思想，我们首先应该批判杜威。第一，杜威的教育思想支配中国教育界三十年，他的社会哲学及一般哲学，在一部分中国人中间有一定的影响。第二，杜威的理论，立场是反动的，但他有时颇能

---

44 曹孚：《杜威批判引论》，《人民教育》，1951 年，第 1 卷第 6 期。

45 Yuh-shin Li (2000), John Dewey and Modern Chinese Education: Prospects for A New Philosophy, The Ohio State University, http://www.lib.global.umi.com/dissertations/fullcit/9971591.

运用左倾辞令，貌似进步，其实反动，以朱乱紫，最足以迷惑人。他的结论是肤浅的，但他的著述披着博大的外衣，并由相当严谨的体系，最足以吓唬人。第三，杜威是当代资产阶级的数一数二的哲学家，而在教育方面，则化作先锋，是资产阶级世界中有名的教育哲学家。"[46]出于"射人先射马"，批判杜威成为新旧思想战线上的一个重要战场。

曹孚就杜威教育理论中的"生长论"、"进步论"、"无定论"、"智慧论"、"知识论"、"经验论"等六个方面进行系统批判，认为杜威的"教育无目的"理论是"可笑"而"混进变动为一谈"，指出教育应该是"有意义、有目的"的，等等，从哲学观点论及教育思想上对杜威的教育思想进行反攻。[47]他同时也承认"批判杜威不是一件轻而易举的工作，因为他不仅是一个教育哲学家，而且是一个哲学家。他的教育哲学与一般哲学之间有着密切而有机的联系"。[48]

陶行知在新政权建立前已经去世，曾被毛泽东誉为"人民的教育家"。陶行知生前曾非常称赞武训助学的精神，因他自己的经历与武训有着相似之处，所以被人称为"新武训"。1951 年 5 月 20 日，毛泽东为《人民日报》撰写社论《应当重视电影〈武训传〉的讨论》。学术界、思想界迅速展开了关于电影《武训传》及其他有关武训的著作和论文的批判，以求混乱思想的彻底澄清。[49]陶行知过去的学生和同事，如戴白韬、董纯才、刘季平等还在，这时也开始被迫检讨，批判自己的老师和朋友。

陈鹤琴作为"活教育"理论的奠基人，在《人民教育》上也发表了《我对"活教育"的初步检讨》。他批判自己的"活教育"主张，"原来并不是什么先进的东西"，检讨自己"没有阶级立场，不问政治"，"反而为反革命统治装饰了门面，损害了革命的事业"，鼓励一些曾受过"活教育"影响的同志们，"来清除改良主义的教育思想"。而这一切错误的根源在于"自己的出身是小资产阶级的家庭，同时受到了封建的家庭教育和教会的学校教育，加之在美国留学，接受了资本主义的反动教育"。[50]

与凯洛夫《教育学》相比较，杜威的教育思想和理论同样强调教育必须

---

46 曹孚：《杜威批判引论》（上），《人民教育》，第 1 卷第 6 期。
47 曹孚：《杜威批判引论》（下），《人民教育》，第 1 卷第 7 期。
48 曹孚：《杜威批判引论》（上），《人民教育》，第 1 卷第 6 期。
49 毛泽东：《应当重视电影〈武训传〉的讨论》，《人民日报》，1951 年 5 月 20 日。
50 陈鹤琴：《我对"活教育"的初步检讨》，《人民教育》，1951 年，第 3 卷第 6 期。

起到社会效应或功能，强调教育与社会的关系，强调教育对社会的效应、功能、作用及意义。与之不同的是，杜威的《民主主义与教育》中建立起一个理想的民主社会，且每一个个体都有表现和发展的机会，同时促进社会进步。他主张通过学校社会化实现，"学校即社会"，安排各种教育实践活动，帮助学生获得在民主社会生活的各类知识和经验，以促进阶层流动和民主社会的活力。

　　杜威已经过世，对他的批判更多的是象征意义。这场对资产阶级教育的批判将民国时期曾经产生重要影响的外国的和中国的教育思想都进行了否定。这样做的结果，正如许美德所言，割断了中国教育思想与西方和历史的联系。[51]客观上，这场批判确实起到了为凯洛夫《教育学》在中国顺利传播铺平道路的作用，造成了中国高等教育改革建立在对旧教育彻底批判和否定的基本立场。

第四节　接管时期的广东省高等学校

　　广东地处中国大陆南端沿海，位于南岭以南，南海之滨，是近代较早接受西方科学文化教育影响、较早创办现代高等教育的省份之一，被誉为近代中国"南来之风"的发源地。[52]明清以来，广东高等专科学堂涌现，并出现私人办学、教会学校。晚清时期，广东省各地的书院改为学堂，改革教学内容，建立起现代学校系统。民国时期，广东作为国民革命的策源地及国民党政权的扎根盘踞之地，军阀割据、政局动荡，复杂的政治势力对高等教育有着严重的影响。但广东高等教育仍有进一步的发展，在全国逐渐占有重要地位。尤其是国立中山大学和私立岭南大学作为广东省高等教育重镇，一度充当政治舞台，影响政权局势的发展。

一、困顿的继续

　　1948 年下半年开始，国共博弈接近尾声，战场局势非常明朗。次年 2 月 5 日，南京国民政府行政院南迁广州，并动员北方政府大员、文人学者、平

51　[加]许美德：《中国大学：1895-1995，一个文化冲突的世纪》，北京：教育科学出版社，1999 年。

52　[日]菊池秀明：《末代王朝与近代中国：清末、中华民国》，马晓娟译，桂林：广西师范大学出版社，2014 年。

津等地的大学教授和学生随之南迁。多数教师和学生并未响应，但仍有一批北方来的教授、学生经过天津、山东、安徽、河南、湖北、湖南等地或绕道青岛、香港、广西抵达广东。他们或被安置在广东省内的公立高等学校，或被争取进入私立大学。一时间，国立中山大学和私立岭南大学教授和学者云集。

然而，国民政府摇摇欲坠，金圆券贬值造成严重的通货膨胀，港币实际上成为华南地区主要的流通、计价货币。广东省内的高等学校在国民政府后期已经欠薪严重，校内一片萧条，教授、员工及学生的生活艰难维持。1949年5月，在向国民党政府教育部、财政部、中央银行再三恳求"活命"无果后，国立中山大学的教授们在广州国民政府教育部门前挂起"国立中山大学教授活命大拍卖"的大字招牌。[53]国民政府在内战中的失败已成定局，国立中山大学开始停课疏散，并在当局的要求下，整理校产，准备迁入海南岛。[54]对于大学里的知识分子而言，留下等待中国共产党的进城，还是跟随国民党败走台湾或流亡海外，是一个关系今后命运的抉择。

10月，解放军进入广州城前夕，国民党总统府和行政院等各首脑机关仓皇撤离，一再动员和争取高等学校的教师和学生携带校产仪器、图书一同搬迁。地下学联组织各校师生，反对迁校，想办法保护校产，等待新政府的接管。[55]国立中山大学的校长张云多方组织迁校无果，10月14日晨携秘书宋嘉贤、陈思惠2人奔赴香港，并带走天文仪器和校款银币数万元。教务长兼农学院院长邝实仪，理学院院长徐贤恭，工学院院长罗雄才等，则于12日广州情况紧张时就离校赴港。法学院院长钱清廉，离校已有月余。[56]虽然张云校长临行时曾委托郑师许教授代理校长职务，但学校依然处于治安扰乱、校园荒芜、水电交通停顿的混乱状态。学校管理人员的缺失势必会给正常教学活动的恢复带来影响。广东省内其他高等学校也普遍有管理人员、教职员离粤的情况。

---

53 梁山、李坚、张克谟：《中山大学校史（1924-1949）》，上海：上海教育出版社，1983年，第138页。

54 易汉文主编：《中山大学编年史（1924-2004）》，广州：中山大学出版社，2005年，第53页。

55 梁山、李坚、张克谟：《中山大学校史（1924-1949）》，上海：上海教育出版社，1983年，第242页。

56 《中山大学现状（1949年10月26日调查）》，广州：广东省档案馆馆藏，档号：211-1-9-1。

　　尽管早在接管前，中共中央香港（华南）分局和中共广州地下组织就搜集和整理了一批高等学校和有关部门的资料，详细如单位名称、机构、人事编制、主管人姓名、政治面目、物资财产等。但是，在实际接管过程中，仍然要面临学校管理混乱等实际存在的问题。

　　新政权建立后，广东省人民币自投放市场之日起逐日贬值，商人公开以港币计价，拒用人民币。物价波动剧烈，物资匮乏，学校师生手中即便有军管会拨发的薪金，仍旧难以维持正常的生活。还有一批学校管理人员，在时局动荡之际，贪污学校公款，非法占用学校校产。襄勤师范学院的校长黄佐，把学校从广州迁到他的家乡；广东文理学院院长和仲恺农校校长贪污学校的一些款项。[57]

　　不仅如此，各高等学校当权人物派系复杂，有部分公开团体开展反共活动。根据广州市文教接管委员会的调查，国立中山大学有"朱家骅派"，其次是 CC 派及三青团，当权首要分子离开后，留下 CC 及三青团把持学校。[58]全市性的"教授联谊会"是 1948 年由 CC 派高信（原国民党广州市党部主任委员）、军统陶林英、萨孟武（CC）、张良修（广东法商学院院长，CC 分子）等发起组织的。国民党败走台湾后，这些组织开始拉拢和威胁各校教授，发表拥美反苏反共宣言，主持"反动"讲演会，等等。这些"反动团体"开展一些活动，企图阻挠政府接管学校。国立中山大学 CC 分子在大会演讲中提出"中共会清算一切血帐"，恫吓员工。[59]此外，广东省内的高等学校还存在些"反动"学生，时常捣乱，散布谣言，说蒋介石还会打回来等。[60]还有教职员对新政权抱有疑虑，"怕调整不用他们；怕清算打击；怕强迫参加共产党；怕把学校政治化；怕学生民主起来，不好管理。"[61]

57　《文教接管委员会两月工作报告（草案）》，广州：广州市档案馆馆藏。转引自：中共广州市委党史研究室编：《广州接管史录》，广州：广东经济出版社，2009 年，第 529 页。

58　《文教接管委员会两月工作报告（草案）》，广州：广州市档案馆馆藏。转引自：中共广州市委党史研究室编：《广州接管史录》，广州：广东经济出版社，2009 年，第 529 页。

59　《文教接管委员会两月工作报告（草案）》，广州：广州市档案馆馆藏。转引自：中共广州市委党史研究室编：《广州接管史录》，广州：广东经济出版社，2009 年，第 530 页。

60　《文教接管委员会两月工作报告（草案）》，广州：广州市档案馆馆藏。

61　《文教接管委员会两月工作报告（草案）》，广州：广州市档案馆馆藏。

对于接收中国各大城市的中国共产党人，他们明白中国城市的战略重要性，力图避免国民党在抗战复员接收学校问题上的覆辙。文教接管委员会成立当日即颁布《关于公私学校复课及公立学校接管办法》，要求因战事影响尚未复课的学校设法进行复课。新政府宣布对知识分子采取全部"包下来"的方式，急需留职原薪工作。这使得留下来的大多数教职员工能继续从事原来的工作，生活得以暂时安定，学校的教学工作和秩序也很快得到恢复。新政府的这些举措，获得了教育界的一致好评。

为了能够顺利接管高等学校，文教接管委员会决定参考以往经验，对接管的进程进行了初步计划，将接管工作分为两个阶段：

第一个阶段 10 天，基本完成了解情况、稳定人心、造备清册的任务。军代表进校以后，首先宣布接管，召开师生大会，使其了解政府接管政策和方针，消除教职员的疑虑和误会；与青委、学委地下工作人员取得联系，成立协助接管小组；其次是联系群众，召开教职员座谈会，一部分联络员参加学生活动，如扭秧歌、打球等，同时收集材料。这样能达到争取人心和稳定情绪的效果；第三是酝酿学习，动员全体师生讨论"苏联介绍"、"中苏友谊问题"、"革命思想"，成立学习小组，每日读《南方日报》。

第二个阶段 25 天。主要工作内容是：领导政治学习，展开新的学风；团结与组织进步势力，加强了思想领导，建立了必要的组织；发放了师生的生活维持费；审查与清点物资；了解与研究旧人员，初步发动群众。[62]

接管委员会先对各个学校进行政策宣传，召开学生大会、教职员大会，并要求中大、法商、文理等学校均由负责人宣传和解释政府的政策，消除教职员的疑虑和误会。委员会小组成员接着会深入群众之中，了解教职员、学生的困难及正当要求，号召他们安心工作、学习，改造旧思想。同时，他们还要求教师和学生展开学习，进行初步思想改造。学校要把文件的学习与教职员本身的具体思想结合起来，对他们进行思想领导。然后是号召他们提供材料，组织协助接管小组，帮助接管。[63]

10 月 27 日，广州军管会文教接管委员会召开全市大中学教职员大会，负责人李凡夫和香港来的刘渠教授（任中山大学法学院教授，曾用名：刘清

---

62 中共广州市委党史研究室编：《广州接管史录》，广州：广东经济出版社，2009 年，第 529 页。

63 《文教接管委员会两月工作报告（草案）》，广州：广州市档案馆馆藏。

如）先进行讲话。李凡夫首先提出解决教职员们最关心的生活，其次解释了如何进行高等学校的改革问题，并强调"反动派污蔑说解放区学生要清算先生"的说法是"胡说"。[64]国立中山大学的丁颖、曾昭琼、黄逸、王季子等教授分别发言，内容基本上是教职员工们在学校历经战乱后，对知识的珍惜和渴求，以及对学有所用、建设新中国的希冀。

新政权建立，新政府图强。一时间，有识之士颇有壮志报国的民族主义激昂。广州气候温暖湿润，交通便利，经济发达，资讯便捷，思想较为开放，自是教书或做学问的好地方。对于那些希冀以教书、学术研究为终身事业的教授、学者来说，留下来自然不成问题。不过，就连陈序经校长都不知道的是，新政府对岭南大学这种私立大学、"从北方来的教授"、中山大学那些"留下来的教授"实际上并无好感。[65]甚至，他们对广州这所城市也有很深的成见。在负责接管干部的眼中，广州是"全国最后解放的大城市，是国民党反动派统治时间最长的城市，长期受帝国主义文化侵略和敌人黑暗统治，受封建文化毒害很深"。因此，工作不能限于接管，而应同时通过各种文化活动，进行政策宣传。[66]

二、人民的大学

所谓接管高等学校，即由中国人民解放军各地军事管制委员会派文教接管委员会人员到公立高等学校组建新的领导机构。广州作为岭南地区的政治、经济、文化中心，是广东省高等学校最集中之处。接管前夕，广东省有国立中山大学、省立文理学院、法商学院、工业专科学校、艺术专科学校、珠海大学、岭南大学等国立、省立、私立大学、专科学院 20 所。其中 18 所集中在广州、珠海，2 所在海南岛。学生人数有 12953 人，按当时人口计算每万人口中的大学生数量，广东是 4.2，居全国平均水平之上。[67]时局动荡，不少学校陷入管理人员离散，经费不足的困境。

在接管广州之前，中共从接管石门（今石家庄）、上海、北平（今北京）

---

64 《李凡夫在大中学教职员大会上解释有关学校改革问题》，《南方日报》，1949 年 10 月 28 日，第 2 页。

65 中共广州市委党史研究室编：《广州接管史录》，广州：广东经济出版社，2009 年，第 527 页。

66 《文教接管委员会两月工作报告（草案）》，广州市档案馆馆藏。

67 李修宏、周鹤鸣等：《广东高等教育（1949-1986 年）》，广州：广东高等教育出版社，1998 年，第 2 页。

等大城市的过程中已形成一套初步的大中城市接管理论和经验教训。他们培养干部、组织宣传队、调查研究、惩治汉奸、稳定金融、加强军事纪律，竭力稳定城市秩序。解放军进驻广州时，先是按照其他城市接管高等学校的经验，将广东省的 20 所高等学校大致分为两类：其一是公立高等学校（分为"国立"、"省立"和"市立"）。其二是私立高等学校（分国人自办学校和教会学校）。一般情况下，政府对公立高等学校执行迅速接管，由军管会成立的专门接管小组进驻，成立临时校务委员会。而对教会学校和国人自办私立学校则采取加强领导、逐步改造的策略。

（一）公立高等学校的接管

新政府的成立意味着中共作为革命党实现向执政党的转变，也预示了高等教育即将呈现新的管理组织及其与之对应的权力结构、组织程序和领导方式。在新旧政权交替过程中，为防止教职员工和学生流失，新政府在接管城市的同时，迅速派接管委员进驻各公立高等学校，并指导学校组建新的校务委员会，负责学校各项工作的恢复和运行。

1. 校委会的建立与实权

基于中山大学在广东的基础和影响力，接管和改造必然首当其冲。华南分局于 1949 年 10 月 2 日任命文教接管委员会主任李凡夫[68]（中山大学校友）为军事代表，以在东江教导营的中山大学法学院教授刘渠[69]（中共党员）和师范学院教育系教授王越[70]为联络小组正副组长接管国立中山大学，负责尽快恢复学校的正常秩序。按照既定步骤，11 月 2 日，李凡夫出任国立中山大学军管代表，负责到校进行接管。李凡夫在"正式接管国立中山大学全体师生大会"上向全校教职员工和学生宣布了接管工作的意义和有关事项，指出接管不仅仅是为了恢复学校，而是要进一步进行改革，把学校建设成为真正的人民大学。[71]军代表刘渠、王越等人则召集学校各个团体的代表及各学院负责人开会，讨论接管的相关事情，决定在学校成立"协助接管委员会"，各学院设立分会，吸收有政治积极性的师生员工参加或协助接管工作，以保证接管

---

68 李凡夫（1906-1990），原名郑锡祥，广东香山人。

69 刘渠（1906-2002），曾用名刘清如，法学院教授，广东梅县人。

70 王越（1903-2011），广东兴宁人，教育史学家。

71 黄义祥：《中山大学校史稿（1924-1949）》，广州：中山大学出版社，1999 年，第 220 页。

工作能够平稳有序的进行。

当时，中山大学在市区东郊石牌，常有匪徒流窜，加上学校附近乡民乘机盗窃学校财物，治安问题很严重。军事代表和联络小组进驻学校之后，一面整顿校警维护治安，一面恢复石牌到市区的交通。师生们搬运散至于各处的图书、仪器和校产回校，做好开学准备。军事管制委员会指挥有序，并因此得到学校师生员工的拥护、支持和配合，学校秩序恢复的很快。为了把学生和教师们组织起来，协助接管委员会在各学院吸收积极热情、熟悉院系情况的师生参加工作。在学校初步稳定后，接管委员会开始着手在学校建立新的管理组织。

中山大学原校长张云及部分学院院长、系主任已于解放军进入广州城前夕离校赴港，原校务委员会无形瓦解。1950 年 1 月 20 日，广州市军管会任命了一个由教授刘渠、王越、丁颖、龙庆忠、胡金昌、钟敬文、符罗飞、郭一岑、赵善欢、吴宗涵、王起、曾昭琼、刘璟、李士梅，讲助陈慎侬、连珍，学生李伯天、司徒梅芳为等 18 人组成的中山大学临时校务委员会，作为中山大学过渡时期的管理机构。其中刘渠、王越、丁颖、龙庆忠、郭一岑、陈慎侬为常务委员，刘渠为副主任兼秘书长，王越教授为教务长，龙庆忠为工学院院长，胡金昌为理学院院长，刘璟为医学院院长，李士梅为副院长，钟敬文为文学院院长，郭一岑为师范学院院长。这些成员由军管会从学校各学院的教职员中委派，基本上是学院的负责人、教授代表、讲助代表和学生代表，且都是立场上比较倾向于新政府的人士或中共党员。

至于临时校务委员会的主任，军管会还需呈请中央人民政府教育部选派，在未到任前则暂由副主任刘渠代理。校务委员会成立当日，全体委员宣誓之后开始就任本、兼职务。[72] 军管会规定，在中央人民政府任命的新校长到任之前，临时校务委员会成为中山大学的最高行政领导机构，负责学校的管理和运行。[73] 委员会成立之后即报告给中国人民解放军广州军事委员会主任叶剑英、副主任赖传珠，并查核转报教育部备案。[74]

由于校务会议的一切决议都须报军事管制委员会，那么校务委员中的党

---

72 《中国人民解放军广州军事委员会命令》，中山大学档案馆馆藏档案。

73 易汉文主编：《中山大学编年史（1924-2004）》，广州：中山大学出版社，2005 年，第 54 页。

74 国立中山大学：《国立中山大学生钧会本月二十日命令的报告》，1950 年 1 月 25 日，广州：广东省档案馆藏，档号：211-1-9~12。

员实际上具有决定权。比如，副主任刘渠（曾用名刘清如）是法学院教授，中共地下党员，国民政府后期曾多次组织中山大学的学生参与反抗国民政府当局的罢课、游行等活动。[75]广州军管会接管后中山大学后，刘渠的中共党员身份揭开，先后担任中山大学接管委员会联络组组长，中山大学临时校务委员会副主任（代理主任），中山大学秘书长等职。教务长王越，文学院院长王力及钟敬文等人也都曾参与或支持学生参与"五卅一反饥饿反迫害反内战运动"。学生李伯天、司徒梅芳[76]是 1949 年前中山大学地下党团及学联的负责人。这些成员进入校务委员会，显然可以使校务委员会顺利贯彻新政府的决策。

此外，中山大学根据形势要求，还主动对校务委员会进行了改组，裁撤了训导处、总务处、公费会等原有机构，并成立了学习委员会、生活委员会、政治课教学委员会等新的群众组织。[77]相对于 1949 年以前，学校另外新增了两个典型组织：团支部和工会，分别负责动员学生和教师。中国新民主主义青年团中山大学石牌支部在 1950 年 1 月 15 日公开，是广州建立的第一个团支部。[78]按照新政府的要求，广州各高等学校普遍设立的新的组织——工会。中山大学工会下设文教、业务、福利委员会和总务科，主要任务是督促每个人"加紧学习政治、改革思想"，并帮助学校响应政府号召。比如，中山大学工会曾经动员教职工购买国家公债，参加反轰炸等宣传工作。校园里的团支部和工会发展迅速，与校方的配合极为默契，在后来的思想改造运动和发动学生等方面起到了重要的作用。

通过直接委任校务委员，并保证人选的可靠性，新政府完成了对中山大学校务委员会的重组。但是，学校校长暂时没有人选。一般来说，校务委员会必须对学校的各种情况定期如实上报，各项决议也都要由军代表签署后才能生效。换言之，学校自身已然失去了对校内所有事务的决策权。国立中山大学临时校务委员会的成立标志着学校教育性质发生了根本改变。

---

75 李惠芳（整理）：《中山大学五卅一反饥饿反迫害反内战运动记述》，中国人民政治协商会议广东省委员会文史资料研究委员会编：《广州文史资料》（选辑），广州：广东人民出版社，1986 年，第 96 页。

76 司徒梅芳（1931-），广东开平人，中共地下党员，解放后历任广州市学联主席，广州市青联主席和共青团广州市委书记等。

77 中山大学：《稳步前进的中山大学》，《广东文化与教育》，1950 年 7 月 1 日，第 1 卷第 3 期，第 36-37 页。

78 易汉文主编：《中山大学编年史（1924-2004）》，广州：中山大学出版社，2005 年。

2. 校长的任命

校长的治校方式、教育理念及管理风格会极大影响一所高等学校的精神气质。民国时期，大多数大学实行的是校长负责制或校务委员会制，校长也多由校务委员会或董事会举荐。中华人民共和国建立后，大陆范围内高等学校的校长任免开始由中央人民政府决定。1950 年 1 月 5 日，中央人民政府政务院公布《政务院关于任免工作人员暂行办法》，其中规定：大学校长、副校长由政务院提请中央人民政府任免；高等专门学校校长、副校长由政务院任免。[79]

广东省公立高等学校经过接管后，短时间内校长暂未配备合适。各校临时校务委员会建立后，华南分局开始积极物色各高等学校的校长（院长）人选。1950 年底，华南分局第一书记、广东省人民政府主席叶剑英亲自致函政务院总理周恩来，呈请中央派许崇清、冯乃超分任中山大学的正副校长；柯麟为中山医学院院长。[80]1951 年 1 月，中央政务院第六十五次政务会议通过提请中央人民政府委员会的批准，任命许崇清、冯乃超分别为中山大学的正、副校长。

许崇清是广东番禺人，1931 年和 1940 年先后两次担任中山大学的校长。广州接管时期，他担任的是私立广州大学校长。这次任命，已是他第三次担任中山大学的校长。冯乃超祖籍广东南海，1901 年出生于日本横滨，先后就读于京都帝国大学哲学系和东京帝国大学哲学系社会学科。新政府成立后，任中央人事部第一副部长、中央人民政府政务院文化教育委员会副秘书长、党委书记。冯乃超担任中山大学副校长，表明了新政府对这所南方大学的重视，也预示了中山大学进入了新的历史时期。1951 年 3 月，许崇清和冯乃超到校，他们立即着手调整学校行政机构，加强行政效率，建立起以校长为领导的行政组织体系。[81]

临时校务委员会的任务完成，自行解体。新成立的校委会作为与校长平行的咨询、管理机关，实际并无实权。具体负责处理学校日常事务的机构是校长室。校长之下，设立了校长办公室、人事室和教务处，以及教员审查委员会、教师学习委员会、职员学习委员会，由校长、副校长、教育长、秘书及

---

79 中央教育科学研究所：《中华人民共和国教育大事记（1949-1982）》，北京：教育科学出版社，1983 年版，第 14 页。

80 易汉文主编：《中山大学编年史（1924-2004）》，广州：中山大学出版社，2005 年，第 56 页。

81 《加强行政效率，调整校本部机构》，《人民中大》，1952 年 3 月 8 日。

若干名教授组成。主要工作：一是对外接受华南分局的领导，与其他机构或单位联系；二是对内负责全校日常行政工作，执行华南分局颁布的指示，统领全校的教学工作。它实际上是全校行政事务的中枢。

其中，教务处设两间办公室，一间主管托儿所、校医院、共用组、总务组、出纳组、会计组，另一间主管学务组、出版组、体育组、图书馆，并领导思想政治教育委员会、研究所委员会、教育学研究刊物、人民助学金评议会、附属中小学。其次是各个学院：法学院、农学院、工学院、理学院。各学院设办公室，分管不同的学系、研究所。任命校长是新政府实现对高等学校深入管理的第二步。以校长为媒介，新政府将权力深入到学校核心；新校长上任后，通过对校内的人事进行全面的清理和整顿，并通过确立严格的组织制度、利用团支部、工会等学校社团组织，加强对教师和学生的领导。

1950年9月9日，中央人民政府教育部又要求公立学校不许加冠"国立""省立"、"县立"或"公立"字样。根据这一规定，"国立中山大学"改为"中山大学"。[82]校名上"公私"性质的消弭，标志着中山大学已经蜕变成为中国共产党领导下的人民大学。

新政府对中山大学的接管过程比较顺利，很大程度上得益于中共地下党的准备工作，另外关键一点是中山大学师生热切渴望广州军管会前来接管学校，使学校各项工作能够尽快恢复正常运行。中山大学的顺利接管给广州市其他需要接管的院校树立了榜样。在极短的时间里，文教接管委员会相继接收了广东省立文理学院、广东法商学院、广东省立海事专科学校、广州市立体育专科学校、广州省立艺术专科学校和广州市立艺术专科学校等7所公立高等学校。随后，略作了一些调整：因办学经费困难，合并广东省立艺术专科学校和广州市立艺术专科学校，广州市立体育专科学校则并入国立中山大学师范学院。11月23日，国立中山大学（包括先修班、附中、附小）、广东省立文理学院、广东法商学院、广东省立海事专科学校、广州市立体育专科学校等8所公立高等学校全部接管告竣。[83]

（二）私立大学校委会的重组和虚化

私立大学向来被视为"民主的堡垒"，政府对私立大学的态度往往能够侧面反映这一历史时期内政府高等教育管理的状况。私立大学面对政府的态度，

---

82 《广东省文教厅转发中南教育部第109号文》，华南师范大学档案馆藏档案。
83 《本市公立学校全部接管告竣》，《南方日报》，1949年11月23日，第2页。

也常常能反映出这一时期学校的管理风格和水平。在新中国成立初期，如何对待私立学校是一个很敏感的问题。新政府最早关于私立大学相关问题的讨论是在北平军管会 1949 年 3 月召开的"大学教育座谈会"上，当时讨论了建国后私立大学的存废及改进问题。1949 年 10 月，第一次全国教育会议上教育部副部长钱俊瑞针对私立学校问题提出了"积极维持、加强领导、逐步改造"的方针。被接管和撤销则是早已为私立高等学校埋下的命运伏笔。

民国时期，由于战乱及政府教育经费的缺乏，私立高等学校通过自募经费办学，在广东省高等教育中发挥了非常重要的作用。1949 年，广东还存在相当数量的私立高等学校，有私立珠海大学、私立华侨大学、私立海南大学、私立岭南大学、私立广东国民大学、私广州大学、广东光华医学院、南华学院、私立南方商业专科学校、广东中医药学院等 13 所。按照"积极维持，逐步改造，重点补助"的方针，广州市文教接管委员会对私立高等学校采取了谨慎的做法——不进行接管。大部分私立学校只是向政府登记立案，并未经过接管步骤。但是，政府也并非无动于衷。

私立岭南大学是一所很具有代表性的私立高校，校董会是学校最高决策机关，负责议决学校重要事项。近代中国的私立大学，普遍设有校董会。它起源于美国殖民地时期私立大学，晚清时随着教会学校移植到中国。校董会是大学法定代表机构，负责选拔和监督校长，确保大学的财务状况，满足高质量教学与研究持续进行。[84]对私立岭南大学来说，校董会是名义上的最高权力机关，却无实际权力，对校长实际上也并无约束能力。校长在执行董事会赋予的责任时有很大的权力，特别是人事权和财权。这也是私立大学和公立大学的不同之处。校长下普遍设立的校务委员会则是执行校务的最高权力机关，负责协调学校各机构的运行。不论是校董会还是校务委员会，在决策、执行时，必须严格遵守各自的章程规定。

岭南大学本为私立性质，因经费来源有限，各种行政机构力求集中化、精简化，以求从此提高工作效率，节省经费。例如教务处为全校两大系统之一，事务繁多，但人事上除正副教务长外仅有职员 2 人。[85]在学校各管理部门

---

84 王绽蕊：《美国高校董事会制度：结构、功能与效率研究》，北京：高等教育出版社，2010 年，第 33-34 页。

85 私立岭南大学：《私立岭南大学概况调查情况的文》，广州：广东省档案馆馆藏档案，档号：038-003-1-017~049。

的协调与配合下，即便是在政权交替、市面极为混乱的情况下，岭南大学的校园依然平静，教学照常进行。1949 年的秋季，岭南大学招收了近 400 名新生，学生总数达到 1300 多人，[86]教职员工有 513 人。[87]校长陈序经在《最近一年的岭南大学》中写道："不久的将来，岭南大学不特可以成为全国学术的一个中心，而且可以成为国际学术的一个中心。"[88]不过，这种对美好未来的希冀很快就落空了。

1950 年 3 月，岭南大学为应对局势变化需求和新政府的审查，重新订立了校董会章程及校务委员会组织大纲，并提请广东省府文教厅审核。岭南大学校务委员会组织大纲中，第三条规定：本会设委员 23 人，由师生、员工代表大会议选出之，其名额分配如下：行政人员 10 人，即校长、教务长、总务长、五学院院长、附中、附小主任各 1 人；教授 6 人；讲师助教 2 人；学生 3 人；职员 2 人；工友 1 人。又第五条规定：本会设常务委员会，由校务委员互选 7 人为常务委员，其中须有校长、教务长、总务长及学生 1 人。[89]

表 1-4-1：岭南大学校务委员会组成人员名表

姓　名	职　　务	姓　名	职　　务
陈序经	校长兼主席	桂铭敬	教授代表
冯秉铨	教务长	曾朝明	教授代表
伍锐麟	总务长	谭自昌	教授代表
王力	文学院院长	路考活	教授代表
富伦	理工学院院长	张静波	讲助代表
李沛文	农学院院长	冯恩荣	附中代表
汤泽光	医学院院长	李冬青	附小代表
谭沃心	协和神学院院长	张观富	学生代表
杨庆堃	教授代表	刘君厚	学生代表
包令留	教授代表	唐福祥	职员代表

---

86 中南区广州市私立岭南大学：《中南区广州市私立岭南大学概况调查表》，广州：广东省档案馆馆藏档案，档号：038-003-1-013，1950 年 2 月 10 日。

87 私立岭南大学：《私立岭南大学概况调查情况的文》，广州：广东省档案馆馆藏档案，档号：038-003-1-017~049。

88 陈序经：《最近一年的岭南大学》，《岭南大学校报（康乐再版号）》，第 103 期，1949 年 10 月 14 日，第 1 页。

89 私立岭南大学：《私立岭南大学概况调查情况的文》，广州：广东省档案馆馆藏档案，档号：038-003-1-017~049。

从岭南大学提交的审核材料中可以看出，学校在新政权建立之后，参考新政府对高等教育的改革要求，主动进行了校务委员会的调整。尤其是行政组织上进行了一大变革，即各种会议增加了校内各方面的代表。例如校务会议，原来是由学校主要行政人员校长、副校长、总务长、各院院长以及教授推举之代表组成（陈序经、伍锐麟、王力、包令留、富伦、杨庆堃、李沛文、容启东、杨泽光、桂铭敬、谭沃心、谭自昌、冯秉铨）[90]，以职位高低为标准，普通教职工难得一闻。新的校务委员会则增派讲师、助教、职员、工友代表及学生等不同群体的代表。各学系的系教务会议原来是由系内教员组成，改革后也有学生代表参加。学习委员会也是学校新添的组织，其任务在统筹与推进全校教职员之工友、学生的政治思想之改造。[91]学校将教职员工以及学生纳入校务会议，体现了新政策的民主化精神。不过，这也在一定程度上说明了讲学术不再成为学校的一种管理决策标准。

1950年4月，广东省文教厅为了解岭南大学在解放之后所作的改进及校内各方面的情况，特要求岭南大学提交"十个重要事项"调查表。问题如下：

（一）你校接管后变动情况

（二）你校的重点学院和学系及系的重点课程

（三）贵校政治与业务的学习情况

（四）响应政府号召的各项运动的推动情形及结果。

（五）你校业已取消赞同增开或减轻分量的课程及其原因。

（六）员工的评薪标准办法。

（七）业余补习教育的计划及实施状况。

（八）全校性的迫切问题。

（九）你校今后的改进意见。

（十）经费来源，校董会沿革与现状及对学校之作用。[92]

从军事接管时期开始，广东省的各高等学校就已经开始每月要向广东省政府文教厅提交一份关于学校概况介绍的材料，反复介绍学校的历史沿革与

---

90 《三十八年度各种校务委员会》，《岭南大学校报（康乐再版号)》，1949年10月14日，第3页。

91 私立岭南大学：《私立岭南大学概况调查情况的文》，广州：广东省档案馆馆藏档案，档号：038-003-1-017~049。

92 私立岭南大学：《私立岭南大学概况调查情况的文》，广州：广东省档案馆馆藏档案，档号：038-003-1-017~049。

现状，内容涉及机构组织、办学经费来源、教师受教育经历、专任及散任教师人数、建筑及设备、生源地调查、研究所各项研究的进展情况等等，事无巨细。[93]通过提交的报告材料，政府对学校的人事、思想政治教育甚至教学层面改革的状况都有了直接把握，便于对学校下达新的指示，或对学校课程、教学、行政等提出种种整改意见和审核。[94]

对于1949年下半年以来学校的课程、政治与业务学习、各项运动的推进包括课程增减、员工评薪方法等等的情况，岭南大学皆作出详实的回答。例如：你校业已取消赞同增开或减轻分量的课程及其原因。

岭南大学回答：本学期新增功课有新民主主义论，马列名著选读，政治经济学理论，新民主主义教育，合作社，新中国财政问题，苏联经济建设，社会主义经济学，俄文等科目。其目的，一方面加强学生对新民主主义及马列主义之认识，而使其思想有所改造。他方面对苏联之文字及经济等特别研究，以作借镜。[95]解放后，原有之三民主义及伦理学两科，业经取消，文学院原定必修二年英文亦减为一年，俾学生有余时选读俄文。其他课程之精简，现正全部计划。[96]

私立岭南大学对广东省教育厅"十个重要事项"的回答，说明政府已经开始关涉到学校的教学安排、员工薪金评价、行政等学校内部问题。在此种形势下，岭南大学为谋求生存，不得不选择主动依附。

1950年2月，岭南大学根据学生们的建议召开了一次协商会议，有时任广州市副市长的朱光及文教厅厅长萧向荣到场。参加会议代表们包括学校教育行政人员、教授、讲师、助教、工人、中小学教师和学生，并特别邀请了校友代表及其他有关单位的代表。会议主要讨论学校的财政、课程、教育政策、

---

93 国立中山大学：《中山大学现状》（1949年10月26日），广州：广东省档案馆藏，档号：211-1-9-1；私立岭南大学：《私立岭南大学概况调查情况的文》，广州：广东省档案馆藏，档号：038-001-1-054~065。

94 这种报告制度实际上是早期中共军事管理制度之一。当时，随着全国革命形势的发展，为克服党内军内无纪律无政府状态，中共把一切必须和可能集中的权力集中到中央。这要求各战略区的党政领导机关和负责人，必须经常就一些政策性的问题，向中央请示报告。随着内战的结束，这种军事管理上的报告制度开始延续到教育领域。

95 私立岭南大学：《私立岭南大学概况调查情况的文》，广州：广东省档案馆馆藏档案，档号：038-003-1-017~049。

96 私立岭南大学：《私立岭南大学概况调查情况的文》，广州：广东省档案馆馆藏档案，档号：038-003-1-017~049。

大学委员会的组成及福利住房等问问题。[97]

文学院教授王力在开幕词中讲到："岭大的校协是适应客观的需要而产生的，……学校的行政组织，也应该走到更民主更合理的道路上，我们虽然在短时间内不能一切改变，但至少应该确定了校务委员会组织法。"[98]

协商会议的召开意味着岭南大学出现一种新的决策方式，即以团体推举代表参与学校事务。岭南大学的"校董会"及校务委员会源于私立大学的传统，对私立大学来说既是优势又是特色，是学校办学水平、管理水平的说明。由协商会议讨论决定和影响学校的发展方向，确定校务委员会组织法，使校务委员会成为一种象征性的存在。这种形势随着抗美援朝运动的发展愈发无可挽回，以至于后来岭南大学在改制过程中彻底失去独立发展的资格。

与私立岭南大学不同的是，原由国民政府大员或社会名流筹办的私立高等学校接受了另一种处理。广东省文教厅于 1950 年 1 月 30 日的寒假期间，向中南局宣传部和中央宣传部致电，请示接管私立珠海大学、私立华侨大学、私立南方商业专科学校。电文上显示，私立珠海大学由"反动军阀陈济棠及特务××所办"，私立华侨大学由"朱家骅及国民党党部书记长特务王淑陶所办"，私立南方商业专科学校由"李汉魂等反动官僚把持"。[99]另外，广东省还有 1947 年开办的私立海南大学，由时任国民政府广州市市长的陈策多方筹款创建，对海南高等教育有着重要的影响。按照要求，私立海南大学同上述 3 所私立大学一样，被视作"伪校"，迅速被接管、撤销。随后，在这些"伪校"的原址上建立南方大学分校，用来培养基层干部。[100]由私人创办的广州大学、广东文化大学、广东国民大学、广州法学院后来也因师资不足、设备欠缺，于 1950 年底在广东省文教厅的指导下合并为私立华南联合大学。

师生们盼望恢复和平与安定，兴高采烈地迎接新生政权，积极参加各种运动。接管时期，文教接管委员会要接管大、中、小学校，新闻出版单位、省

---

97 王力：《岭南大学员生工友协商会议开幕词》，《岭南大学校报（康乐再版号）》（第110 期），1950 年 2 月 10 日，第 1 页。

98 王力：《岭南大学员生工友协商会议开幕词》，《岭南大学校报（康乐再版号）》（第110 期），1950 年 2 月 10 日，第 1 页。

99 《广东省文教厅一月卅日致中南局宣传部并报中央宣传部电：请示接管伪校》，广州：广东省档案馆藏，档号：204-1-245-082。

100 罗永智：《陈策与私立海南大学》，《海南档案》，2011 年第 2 期，第 7 页。

立图书馆、中山纪念堂等多个文化、教育机构，范围大、单位多。但是中共干部主要来自北方、香港、广东解放区及地下党组织，参加文教接管的前后共235人，大部分是学生及区以下干部。人手极为不足，且多数缺乏经验，很多干部没有学习就进入工作岗位。北方来的一批干部又语言不通，更使得接管工作困难重重。[101]广州市内各个高等学校响应军事管制委员会的号召，纷纷举荐学生参与接管工作。私立岭南大学学生许定华、周良柱等四十余人通过军管会的审核。[102]国民党残军败退，人民币不断贬值，市面混乱。为稳定金融工作，广州市政府于12月6日发动学生、工人协助军警扫荡地下钱庄，铲除"剃刀门楣"。国立中山大学、私立岭南大学等学校还广泛组织学生，前往广州市区宣传金融问题，协助政府搜捕十三行的地下钱庄，并劝告市民拥护人民币。[103]

除此之外，新政府命令"所有国立省立大学、中学、专科学校及社教机关学术机关负责人，均需造具清册（包括房屋、图书、档案、文件、仪器、教具、用具、车辆及其他资产，教职员工名册，学级学生数，最近情况）向本会教育处作书面报告"。[104]也就是说，无论哪一类高等学校，校方都要造具表册进行统计上报，以便新政府有案可查。

新政权接管政府机关、稳定金融、加强军事纪律，一举稳定住了城市的秩序。"几乎是一夜之间，人心竟奇迹般安定下来，连曾经对中国共产党抱怀疑态度的人也相信中国共产党有回天之力。"[105]虽然时局动荡，至1949年12月底，广州基本实现政权转换，高等学校全部恢复开学，实现平稳渡过。

三、广东省高等教育的基本实力

1950年1月1日，广东省政府成立文教厅，杜国庠任厅长。鉴于广东省

---

101 《文教接管委员会两月工作报告（草案）》，广州：广州市档案馆馆藏。转引自：中共广州市委党史研究室编：《广州接管史录》，广州：广东经济出版社，2009年，第529页。

102 岭南大学：《本校员生协助政府稳定金融工作》，《岭南大学校报（康乐再版号）》，第107期，1949年12月16日，第2页。

103 杨庆堃：《校务会议纪录》，《岭南大学校报（康乐再版号）》，第109期，1950年1月16日，第2页。

104 广州市军管会：《关于公私学校复课及公立学校接管办法》，广州：广州市档案馆馆藏，1949年10月24日。

105 《学者风范学子楷模——祝贺夏书章教授80华诞暨从教55周年》，广州：中山大学出版社，1998年，第312页。

属于"新解放区"，各高等学校刚刚陆续开学复课，中南区教育部提出广东高等教育在 1950 年的主要工作路线是"在新政府的指导下，改造旧教育，逐渐使旧教育改造成为新教育"，工作的关键则是"争取团结和改造知识分子"。[106]

2 月份，广东省的各高等学校寒假之后开学，文教厅开始整顿学校，对大中小学学制和取消旧课程都作了相关规定。高等学校的三民主义等旧课程被取消，新开设了辩证唯物论与历史唯物论、新民主主义论、政治经济学等作为各个年级的必修课，强化学生对新思想的基本认识。

《南方日报》对此进行报导："广州解放后，专上学校在'暂维原状，逐步改进'的原则下，教厅稳步地领导着各学校走上正确的方向。反动的训导制度，一开始就取消了，主持各校的反动分子多已逃跑而换上了进步的人选。各私立学校的校董会，大部分都进行了适当的改组，民主管理集中领导的校务委员会，也普遍地建立起来，对学校的推进给予一种新生的力量。"[107]

1950 年 10 月 4 日，教育部《关于全国高等学校暑期政治课教学讨论会情况及下学期政治课应注意事项的通报》，提出高等学校政治思想教育"首先并主要地要肃清封建的、买办的、法西斯主义的思想"，要求"适当配合教学工作，并在系统理论的基础上，进行反对美帝侵略及批判对美帝存在幻想的教育"、"贯彻土改教育"、"发扬'五爱'教育"。[108]

广东省文教厅为加强对高等学校师生政治思想的教育，开始定期对各校员生上政治大课，并组织广州市大专院校政治课教学委员会，各校设立小组，以求上下贯彻，共同推动。很快，"各校的学委会和小组都已建立，师生间一同学习，一同讨论，获得了相当的效果。"[109]在中南区和华南分局的领导下，广东省高校普遍进行了课程改革，师生也能积极参加政治学习，这为院系调整大规模展开奠定了基础。

据 1951 年上半年统计资料显示，接管后广东省高等学校数量从原有的

---

106 《1950 年中南区的教育工作》，广州：广东省档案馆藏，档号：314-1-12-16~23。

107 黄鼎：《广东的高等教育》，《南方日报》，1950 年 7 月 9 日。

108 何东昌：《中华人民共和国重要教育文献（1949-1975）》，海口：海南出版社，1998年，第 60 页。

109 《潘部长关于现阶段教育方针问题的报告》，《中南临时人民政府教育部关于教育方针教育工作学校合并的报告计划、方案》（1949-1950），湖北省档案馆藏档案，档号：GM7-1-4。

21 所减少至 11 所，剩下综合大学 4 所（国立 1 所，私立 3 所），独立学院 5 所（国省立 4 所，私立 1 所），专科学校 2 所（国省立 1 所，私立 1 所）。[110]

表 1-4-2：1950 学年第二学期（1951 年上半年）广东省各高等学校人数 概况一览表[111]

类别 \ 项目	学生数	毕业生	研究生	先修班	教员数	文教学院	财经政法	理工学院	农医学院
总　计	7818	1389	48	21	944	1182	2107	1580	1650
公立 共计	4181	411	17		667	1008	1077	981	777
国立 中山大学	2485	60	17		452	296	399	824	777
省立 广东文理学院	308	149			59	165		143	
广东法商学院	678	41			61		678		
广东工业专科学校	149	240			22				
华南人民文艺学院	482				61	482			
广东海南师范学院	79				12	65		14	
私立 共计	3037	486	31	21	277	174	1030	599	877
华南联大	1248	229			88	73	793	217	435
岭南大学	1153	136	27		21	146	93	195	382
广东光华医学院	440	66	4		20				436
广东中医药专科	83	22			5				
南华大学	113	33			18	8	42		2

备注：中山大学：有学生 47 人参加建设工作未列入表内；岭南大学：土木工程系应
　　　届毕业生参加修路工作，未返校，实际注册 1126 人。
资料来源：《广东省公私立高等学校概况表》、《广东省公私立高等学校各项统计
　　　表》，广东省档案馆藏，档号：314-1-20-28~40、204-3-79-089~097。

---

110 《广东省公私立高等学校概况表》，广州：广东省档案馆藏，档号：314-1-20-28~40。
111 《广东省公私立高等学校概况表》，广东省档案馆藏，档号：314-1-20-28~40。《广
　　东省公私立高等学校各项统计表》，广东省档案馆藏，档号：204-3-79-089~097。

从学校数量上来看，新政府接管后的广东省公、私立高等学校实力相当。公立大学教职员数量和文教学院学生数量较私立大学更充裕。私立大学研究生数量约是公立大学的两倍，在培养研究生上的能力优势更明显。无论是公立大学还是私立大学，财经、理工及农医科学生的数量远远高于文科学生人数，实力更雄厚。

表 1-4-3：院系调整前广东省各高等学校院系、专业情况概览[112]

校　名	院　别	系别、附设研究所
中山大学	文学院、理学院、工学院、农学院、法学院、师范学院、医学院。	中国文学、语言学、外国语文（英、俄）、文史学、历史学、教育、体育、哲学、政治、法律、社会、人类学、经济、天文、数学、物理、化学、生物、地理、地质、土木工程、建筑工程、化学工程、机械工程、电机工程、农艺、园艺、病虫学、森林、蚕丝、农药化学、农业经济、畜牧兽医、医科。附设中国语言文学研究所、历史研究所教育研究所、经济研究所、物理研究所、解剖学研究所、植物研究所、土壤研究所、昆虫研究所。
广东文理学院	文学院、理学院。	中国文学系、外国语文系（英、俄）、历史学系、教育系、物理化学系、生物系、地理系。
广东法商学院	商学院、政治学系、法律学系、社会学系、侨务学系、经济学系。	政治、法律、社会学、经济、银行、会计、国际贸易、工商企业管理。
广东工业专科学校	不设院	化学工程科、水利工程科、机械工程科、纺织工程科、土木工程科。
华南人民文艺学院	市立美术专科学校、省立艺术专科学校。	中国文学系、美术系、音乐系、戏剧系。
广东海南师范学院	不设院	文史学系、教育系、图音系、数理系。
华南联合大学	不设院	中国文学系、外国语文系（英）、历史学系、教育系、新闻系、政治系、法律系、经济系、会计系、财政金融系、工商企业管理系、物理系、建筑工程系、机械工程系、电机工程系。
岭南大学	文学院、理工学院、农学院、医学院	中国文学系、外国语文系（英）、历史系、教育系、政治系、社会系、经济系、数学系、物理系、化学系、生物系、电机工程系、农艺系、园艺系、病虫学系、畜牧兽医系、医科。附设经济研究所、物理研究所、生物研究所、昆虫研究所。

---

112 《广东省公私高等学校各项统计表》，广东省档案馆藏，档号：204-3-79-089~097。

广东光华医学院	不分院	医科系、牙科系。附设解剖学研究所。
广东中医药专科	不分系	
南华大学	不分院	文史学系、政治经济学系、农业经济系。

材料来源：《广东省公私高等学校各项统计表》，广东省档案馆藏，档号：204-3-79-089~097。

　　受欧美通识教育影响和岭南重商传统的浸润，广东在高等教育方面非常重视文法商科的发展，高等学校大多设有文法商科相关院系，在校学生占有较大比例。院系调整之前，广东的公、私立高等学校的学科设置较为齐全。国立中山大学、私立岭南大学已基本具备文科、理科、工科、法科、商科、农科、医科、师范等现代高等教育的基本学科，工科、法科、商科与医科较为发达。另外，华南文艺学院等还设置了艺术、音乐、体育等科。至于学校性质，有国立、省市立和私立，私立高校占很大比例。从层次类别上看，既有综合大学，也有独立学院和专科学校。中山大学还开设有哲学、社会学、人类学等学系，在全国少有。岭南大学设有生物、物理、经济等学科的研究所，地域特色明显，有较好的研究基础。这些数据表明，此时的广东省高等学校基本沿袭民国办学模式，紧密结合广东社会发展需要，朝正规化方向发展有较扎实的基础。

第二章 综合大学重组：系科的调整和迁并

1949 年 10 月 14 日，人民解放军第四野战军占领了广州原国民党政府机关。中共全面接手广东省政权，并设立广州军事管制委员会作为地方最高当局。这标志着广东省高等教育迎来一个新的发展时期。时局变换，政权鼎革，作为岭南地区最具实力的综合大学，国立中山大学、私立岭南大学如何在时代波澜中自处？它们如何应对政府要求的转型？又将面临何种命运？本章将以国立中山大学重组和私立岭南大学的撤销为中心，梳理院系调整时期广东省综合大学的历史性转变，对上述问题作出回应。

第一节 统一思想：高等学校教师思想改造

第一次全国高等教育会议结束后，知识分子们惴惴而归。中央领导层已经更加清楚地认识到，实现高等教育模式转换势在必行。中共取得全国胜利之后，推行"一边倒"政策，与苏联一同坚定持久地反对以美国为首的资本主义阵营是其最基本的立场。出于反美的政治需要，就必须反对美国的文化和教育影响，这同样要求在大部分受过英美教育的知识分子中间确立新的意识形态和政治认同，统一思想。这样一来，仅仅把原来的高等学校接收过来，选出以几个中共党员为主的高等学校领导是远远不够的。让知识分子们接受马克思主义的意识形态，认同学习苏联进行高等教育改革的必要性，才能从根本上清除改造旧教育、建设新教育的障碍。

广东省作为早期对外开放的港口，报业发达、商业兴盛、政党林立、高等学校较多。民众、教师和学生接受外来信息较多，自由主义思想流行。[1]当时，广州文教接管委员会对此却秉承另外一种看法：广东是新解放区，广州是最晚解放的大城市，"受资本主义腐蚀更深"，国立中山大学和私立岭南大学更有一大批"反动教职员"、"在北方不能立足"的教授。他们是从"旧社会"来的，思想上或多或少都有"旧社会"的痕迹，对新政权的认识不够深刻，甚至对共产党还心存疑虑。[2]尽管他们没有逃到台湾或海外，却与新政府的施政方针格格不入。尤其是广州高等学校的教师，绝大多数都受过西方教育。因此，要对高等学校进行全面改造，尤其是对教师进行思想上的改造。

如何让这些一向有独立思想见解的教师们接受统一的、新的意识形态和对旧教育思想的改造？如何让教师和学生们认同马列主义、毛泽东思想？又当对他们的思想改造到何种程度？为此，政府主要采取了三种形式：一是参加各类政治运动，二是思想改造，三是普遍开设政治课。

新政府发起一系列运动，旨在实现社会主义理想。这些政治运动的主要对象虽然不同，运动本身激烈程度也有所差别，但教师和学生们参加这些政治运动的一个基本目的没有变化，就是统一思想、统一认识。如果不了解这段历史，不了解这些知识分子在思想改造中的遭遇，我们很难了解为什么在之后的院系调整中他们默不作声地接受安排。

一、参加土改

土地改革是新中国成立前后最重要的事件之一，关系到亿万农民"无产阶级当家作主"地位的确立。中共在北方农村进行土改，均是以农村包围城市的策略，配合战争，以"劫富济贫"为口号，以暴力手段推行。1949 年至1951 年底，在毛泽东的直接倡导下，数十万民主人士和高级知识分子亲自参加土改工作队。广东的土地改革工作主要分为两个阶段。第一是试点工作，第二是全面参与。

1950 年 1 月，华南分局在广州召开广东省党代表会议。叶剑英代表华南

1　《中国教育年鉴》编辑部：《中国教育年鉴：地方教育（1949-1985）》，长沙：湖南教育出版社，1986 年，第 922 页。

2　《华南分局关于大专学校接管情况的报告》，1949 年 12 月 15 日。转引自：《中共中央华南分局文件汇集（1949.4-1949.12）》，第 361 页。

分局作题为《1950 年广东省中心工作的报告》，宣布 1950 年广东全省的任务
之一是准备必要的群众、干部、办法和组织等条件，争取在 1950 年冬实行土
地改革。随后，方方在广州青年团新团员入团典礼上的讲话中告诉青年团
员："在广大农村中，已经开始反恶霸的斗争，要在反恶霸的斗争中，实行减
租减息，使今年年底或明年能有步骤有重点地进行土改"。[3]

1950 年 10 月，广州市人民政府经呈请中南军政委员会批准，决定在市
郊新洲区琶洲乡和芳村区东滘乡两个试点乡以及粤东兴宁、揭阳、龙川三个
试点县实行土地改革。中共中央和毛泽东根据抗美援朝和沿海形势紧张的情
况，也催促广东扩大土改，以形成稳定的政权应付可能发生的战争局势。12
月 5 日，《南方日报》发表社论《认真整顿基层，迎接土改运动》。12 月 7 日，
广州市人民政府发布《实行郊区土地改革布告》，要求城市中的工人阶级、民
主党派、人民团体、机关、部队应遵守政府的法令，积极领导协助农民完成
土地改革运动。[4]

1950 年 12 月初，中南军政委员会教育部发布《高等学校师生参加土地
改革工作的指示》，要求各校师生在各地土地改革委员会的领导下，积极参加
土改工作。[5]教育部还特别指示高等学校文、法、财经、师范各学院教师和学
生应该参加土地改革工作，目的之一就是要使教师和学生们在土地改革斗争
中提高自己的思想，改造自己。[6]13 日，中山大学接到通知后当即成立"土地
改革学习委员会"。农业经济系三年级的学生全部前往广州土地改革试点琶洲
乡参加土地改革运动，并发表《市郊琶洲土地改革经过》的调查报告。[7]岭南
大学中文系教职员全部被派往肇庆参加土改，容庚因年龄超过五十，才得"留
校学习"。[8]

为了以实际行动支援土地改革运动，1951 年 8 月 21 日，中山大学冯乃
超副校长向全校师生作了动员报告，并领导成立了"中山大学支援土地改革

3　中共广东省委党史研究室：《方方文集》，广州：广东人民出版社，1996 年，第 364
　　页。
4　广州市人民政府：《实行郊区土地改革布告》，《南方日报》，1950 年 12 月 7 日。
5　湖北省教育委员会编：《湖北教育年鉴：1949-1987 年》，武汉：武汉大学出版社，
　　第 267 页。
6　吴文晖：《参加土地改革初步改造了我的思想》，《南方日报》，1951 年 12 月 1 日，
　　第 3 页。
7　魏双凤：《市郊琶洲土地改革经过》，《人民中大》，1951 年 2 月 2 日。
8　易新农、夏和顺：《容庚传》，广州：花城出版社，2010 年，第 210 页。

运动委员会"。[9]11 月 19 日，学校又成立了"中山大学师生参加土地改革工作团"，以学校正副校长兼任正副团长，并组织团务委员会，计划安排土地改革的一切工作，文、法、农等学院的 500 多名师生都奔赴农村去参加土地改革。[10]地主阶级出身的政治学系四年级学生伦陵同学在决心书中写道："我决心背叛自己的家庭、地主出身的阶级立场，参加光荣的土改工作，保证站稳立场，无条件服从组织分配，并克服在工作中遭遇的困难，彻底完成任务。"[11]12月至次年 5 月，重新组建不到两个月的华南师范学院大部分教职员和学生共 432 人都去了农村参加土地改革运动，学校只剩 120 多人因工作需要、身体健康或家庭问题留校参加工农教育试验区的教学活动。[12]

在参加土改、打倒地主阶级、建设新农村、改造世界的社会实践中，校园里的知识分子悄然发生转变。中山大学教授吴文晖曾写下自己思想发生转变的过程：

> 我是一个在大学教书的旧知识分子，兼有各种小资产阶级的思想意识，但自去年冬今年春参加了土地改革工作之后，似乎得到了一些改造。
>
> （一）初步建立了无产阶级观点——我在解放前已经开始政治学习，解放后更努力学习，出发参加土地改革前又经过了土地改革学习，自以为一定会站在农民方面，与地主阶级作坚决斗争。但当我刚到进行土地改革的村子里时，没有几天，便参加了斗霸大会，看到农民们向一个恶霸算剥削帐，那个恶霸非常顽固、狡猾抵赖说没有钱赔，有些农民非常生气，打了他几下，并要他带他们到家里去拿财物赔偿，连棉被也拿出来了。我那时觉得农民们的行动'过左'。后来经过了调查研究，才知道原来那是一个罪大恶极的恶霸地主。……我知道了这些事实后，才觉得像这样的恶霸地主，农民在痛恨他到极点时打他几下，是很自然的，要他赔剥削也是合理合法

9 易汉文主编：《中山大学编年史（1924-2004）》，广州：中山大学出版社，2005 年，第 250 页。

10 易汉文主编：《中山大学编年史（1924-2004）》，广州：中山大学出版社，2005 年，第 256 页。

11 《文法两院及农经系师生踊跃参加土地改革工作》，《人民中大》，1951 年 11 月 25 日。

12 梁国熙：《华南师范大学校史（1933.8-1995.12）》，广州：广东高等教育出版社，1996 年，第 43 页。

的。我到这时才初次真正认识到什么是无产阶级的革命立场，……我才初步建立了无产阶级观点和全心全意为人民服务的思想。

（二）初步建立了劳动观点和群众观点——我一向没有参加过生产劳动，又因为受就教育的传统影响，自然不会认识劳动和劳动人民的伟大。在参加土改工作前，虽因参加政治思想教学工作，口头上也谈到劳动观点和群众观点，但并没有实际上的体会。参加了土地改革工作后，才真正认识到劳动的光荣，认识了劳动人民力量的伟大。

（三）初步建立了组织观点——我一向习惯旧学校的生活，有自由主义的思想，近几年虽参加了政治组织生活，但参加土地改革之后，才知道自己的组织性和纪律性实在差得很。我看到有一个北方南下得土改工作队，队内组织记录表很严，百余队员中，有二、三十个知识分子因自由散漫被开除。[13]

这种思想上的转变并非偶然。在政治学习运动中，知识分子们学习理论，反省历史，从政治上思想上否定自我。而参加土地改革，则使"理论联系了实际"，让教师和学生们在激烈的斗争中认清了自己的阶级属性，进而承认自己属于"半知识分子"或"小资产阶级知识分子"，兼有小资产阶级知识分子身上具有的各类思想问题和缺点，因此的确需要进行改造。

1951 年 10 月中旬，广东第一阶段的土地改革工作完成。为了在 1952 年秋季之前完成广东全省的土地改革，中共华南分局发表《关于土地改革第二阶段中发动青年与整顿、发展青年团组织的指示》，要求继续依靠贫雇农青年、团员、发动广大青年农民，积极参加第二阶段的斗争。[14]并于 11 月 23 日再次发文号召广东各机关学校干部和学生积极报名参加土地改革运动。经统计，报名者有一万多名。这一万多名土改工作队员首先在广东省人民政府的领导下组织了广州市参加土地改革学习委员会，再按实际情况成立学委分会、支会。从 11 月 26 日起，开始学习土地改革的方针、任务、政策、步骤、方法，至 12 月 12 日，学习全部结束，然后于 15 日至 19 日先后分批前往西

---

13 吴文晖：《参加土地改革初步改造了我的思想》，《南方日报》，1951 年 12 月 1 日，第 3 页。

14 中共华南分局：《关于土地改革第二阶段中发动青年与整顿、发展青年团组织的指示》，《南方日报》，1951 年 12 月 4 日，第 3 页。

江、北江、粤中、高雷、珠江等专区参加第二阶段的土地改革工作。[15]

二、"三反、五反"运动

为了迅速恢复和发展经济，调整工商业公私、税收、劳资和产销关系，1951 年底到 1952 年 10 月，党政机关和工商业界又开始开展"反贪污、反浪费、反官僚主义"的三反运动，在私营工商业中展开"反行贿、反偷税漏税、反盗骗国家财产、反偷工减料、反盗窃国家经济情报"的"五反"运动。"三反、五反"运动先后波及高等学校。但因教师们与经济无甚关联，无法使用"三反、五反"的方式，所以同样以思想改造的方式进行。

1952 年 1 月 4 日，中共中央发布《关于宣传文教部门应毫无例外地进行"三反"运动的指示》，要求一切文教部门应当毫无例外地进行"三反"运动，联系知识分子的思想状况，批判资产阶级思想。[16]中共中央华南分局宣传部副部长李凡夫在中山大学座谈会上讲话，指出文教部门应以"三反"学习作为思想改造的中心工作。

在全面动员的基础上，中山大学一面在教职员工中进行反贪污、反浪费、反官僚主义，一面派部分师生参加广州市的"三反、五反"运动。目的是对学校的贪污、浪费、官僚主义进行彻底揭发、清算，划清敌我界限，划清工人阶级和资产阶级的思想界限，借此达到厉行节约、改造思想、改造作风、提高工作效率的目的，使学校的全体同志在生活上养成艰苦朴素的作风。以保证学校在现有的人力、物力下做出更多的工作，完成更多的任务。[17]

1952 年 2 月至 3 月，"三反、五反"运动出现了一个群众性的检举揭发期。中山大学植物研究所的何椿年教授因在陈淑珍（陈焕镛侄女，曾在植物研究所工作）处购买一架解剖镜用于研究所研究而被人揭发检举。

抗战期间，国立中山大学植物研究所的标本、器材均由植物所所长陈焕镛负责转移至香港的私人房产保存、管理。复员之后，陈焕镛同时接受了广西大学和国立中山大学的聘请，兼两份职。侯宽昭和何椿年都是陈焕镛的学

---

15 《广州市机关学校干部和学生万余人经过学习已开赴土改前线》，《南方日报》，1951 年 12 月 25 日。

16 《关于立即限期发动群众开展"三反"斗争的指示》，1951 年 1 月 4 日。http://fanfu.people.com.cn/GB/145746/9917745.html，查询日期：2016 年 7 月 8 日。

17 易汉文主编：《中山大学编年史（1924-2004）》，广州：中山大学出版社，2005 年，第 60 页。

生，曾跟随植物研究所辗转、流亡。政权鼎革之后，所长陈焕镛因故依然停留在桂林的广西大学，妻儿仍在广州。候昭宽代理所长事务一段时间之后，将植物所的周转金61枚银元交由植物所教授何椿年保管，作为临时购物之用，以维持员工生活。若无此项经费，人员迫于生计，或者星散，则植物所财产无人保管。1950年7月，中山大学才有经费拨出。何椿年尚留下41枚银元，于"三反五反"运动中交给学校。至此，植物研究所一切均归国家，若再保留被视作贪污行为。10月，中山大学通知各单位上报购买仪器的预算，植物所提出购买解剖镜2架，至12月学校批准1架。此时，市面上并无解剖镜出售。何椿年想到陈淑珍留在所里的私人物品中有1架解剖镜，当即决定购买。在征得陈淑珍同意后，何椿年与侯宽昭、李仲洛商量办理。为获得报销发票，遂与私营联合仪器公司联系，交付税款，开出票据，得人民币554万元（人民币币制改革后，将1万元改为1元），并兑换成金条付与陈淑珍。[18]

　　何椿年此举，一为陈焕镛留在广州的妻儿之生活考虑，一为植物所目前研究所需考虑。不料，"三反五反"运动中，反对贪污也是其中一项。学校中有人提出解剖镜并非陈淑珍私人物品，去函问陈焕镛，回函也模棱两可，何椿年即有贪污公款之嫌。且买镜手续，并不端正明朗。此时政府又宣布不准进行黄金买卖，何椿年在私人处购买黄金，又属触犯法令。以此种种，何椿年接连遭受打击，妻子也在不久之后因病去世。"三反五反"运动还没结束，思想改造运动又开始。同仁抨击何椿年之势丝毫不减，侯宽昭不忍坐视，写信给远在广西的陈焕镛，为何椿年鸣不平：

　　　　呜呼惨哉！椿年兄前因买镜之事，被人打击得气尚未抽回来，现又遭鼓盆之恸，其苦可知。我所里有些同事（包括吾师最亲得人）怀疑老何和老李对贪污事有攻守同盟，怀疑有纵容少卿贪污，并说它有恶霸思想作风，极短严重的宗派主义等等大帽子，一顶一顶加在他头上。至于事实的有无，在三反运动中，只容许被怀疑，不容许你抗辩的，这是吾师深知的。何绍颐看问题比较清楚一点，有时候想说一句公道话，但"右倾"思想的帽子就会加在他头上。因此，老何、老李和少卿仍是他们的怀疑人物。

　　　　关于老何的恶霸思想，据说是吾师在标园曾说过一句老何是

18 胡宗刚：《华南植物研究所早期（1928-1954）》，上海：上海交通大学出版社，2013年，第180页。

"太上所长"。因此，钟元就根据这一句话在会上说老何把持所务，排斥异己等等。林炳耀也说，他请调回所之稽延时日，也是老何在作梗。甚至王显智、闵伯骞、徐祥浩之离所，也算在老何账内，这些也无需声辩。我和老何跟随吾师近二十载，一言一动为吾师所深知，在敌伪刀锋利刃之下，生活万分困苦之中，都能舍身以赴，难道在前途远大的新中国，干这卑鄙的勾当吗？人家或者会私怀，但吾师谅不会私疑的。至于所务来说，复原后吾师多不在所，故一向由我商同老吴和老何来处理，这也并非一日了。解放后，我因病倒，连年不愈，故百事都落在了老何肩上。纵使有多少错误，为所得前途着想，为国家着想，为科学界着想，自不能以个人得爱憎或私怨打击别人，应以"治病救人"为旨，帮助他人进步，这是我的看法。若在三反高潮中说这话，右倾的帽子一定落在我的头上了。这些事，我容忍很久都不便给吾师报告，现老何因遭丧妻之恸，更兼各方的怀疑打击，这又使我不能再忍了。……我们对于所得事情比较清楚，应该有正义感，某些事应由某人负责，那就应由某人挺身负起来，不要推诿在别人身上，这又是我的看法。[19]

教师们在各类群众集会上反复自我检讨，接受批判，直到群众们获得群众的满意。历史系刘节教授在连日的学习、检讨中，于日记中摘录下罗曼·罗兰的散文："一颗宽宏的高傲的善良的心懂得宽恕而向侮辱他的人以德报怨；他爱他的朋友对他很宽宏，但他的强项他的傲慢——时常把他的最忠诚的朋友变成最凶狠的仇敌"。[20]

三、人民教师

院系调整能顺利进行，跟思想改造运动有直接关系。1950 年 6 月第一次全国高等教育会议结束后，《广东教育与文化》刊发了《关于教师的思想意识改造问题——献给教师节》。[21]为了使教师树立工人无产阶级思想和为人民服

---

19 《侯宽昭致陈焕镛函》，1952 年 5 月 2 日，中科院华南植物园档案。转引自：胡宗刚：《华南植物研究所早期（1928-1954）》，上海：上海交通大学出版社，2013 年，第 182-183 页。

20 刘节：《刘节日记（1939-1977）》（上册），郑州：大象出版社，2009 年，第 266-267 页。

21 邹屏：《关于教师的思想意识改造问题》，《广东教育与文化》，1950 年 7 月，第 1

务的思想，华南分局多次开展讲座、讲习会、研究会和报告会，帮助高校教师进行思想政治学习。中山大学、岭南大学等校教师、工友和学生先后积极参加，直到师生能够灵活运用"集中"、"里应外合"、"统一战线"、"结合生产劳动"等多种方法。[22]

1951年8月22日，周恩来在《目前形势和任务》的报告中指出："从旧社会过来的知识分子，在过去不是受着封建思想的束缚，就是受着帝国主义奴化思想的侵蚀；现在，要为新中国服务，思想改造是不可避免的。"[23]教育部决定从当年9月起以平津20多所高等学校为试点，在3000余教师中开展以改造思想和改革高等教育为目的的学习运动。学习方式基本包括听报告、读文件、联系本人和学校情况开展批判与自我批评，时间为6个月。这时候，秋季的新学期已经开始，华北、华东、东北三大行政区的高等学校已经开始院系调整。

1951年11月，全国工学院院长会议召开，揭开了全国性院系调整的序幕。但因为来自高等学校教师的阻力，调整方案迟迟未能落实。时任教育部副部长、教育部党组书记的钱俊瑞严厉指出："服膺英美的大学教师不肯切实改造，一切关于高等教育的决定和规章就遂成'具文'。"[24]11月30日，中共中央发出《关于在学校中进行思想改造和组织清理工作的通知》，明确思想改造运动的目的、作用和步骤，动员教师和高校学生开展学习运动，通过批评和自我批评，实现自我教育和改造。在所有学校的教职员和高等院校学生中进行组织清理工作，清查其中的反革命分子。[25]华南分局对这份文件十分重视。12月8日，华南分局召开常委会，决定成立广州地区高等学校教师思想改造学习委员会。[26]

1952年5月24日，华南分局常委会议上，专门讨论了有关大学的"三

卷第5期，第5页。

22　《1950年中南区的教育工作》，广州：广东省档案馆藏，314-1-12-16~23。

23　中共中央文献研究室编：《周恩来年谱》（上卷），北京：中央文献出版社，1997年，第175页。

24　钱俊瑞：《高等教育改革的关键》，《人民教育》（第4卷第2期），1951年12月1日，第6-7页。

25　中央教育科学研究所编：《中华人民共和国教育大事记（1949-1982）》，北京：教育科学出版设，1983年，第49页。

26　中共广东省委党史研究室：《中国共产党广东历史：1949-1978》（第2卷），北京：中共党史出版设，2014年，第250页。

反"和知识分子思想改造问题。华南分局宣传部副部长李凡夫说："思想改造的问题，正如毛泽东所说的，就是屁股坐在哪里的问题，也就是你是否能够从一个阶级转移到另一个阶级的问题。"[27]5 月 26 日，《南方日报》发表社论《认真开展高等学校教师的思想改造运动》，要求广东省高等学校按照以下步骤进行思想改造：（一）重点试验，创造经验。（二）全面推行，提高一步。（三）院系调整，民主建校。[28]广东省高等学校教师思想改造运动在中共华南分局的部署下，广泛地开展起来。高等学校院系调整不再仅仅是一项教育改革，它伴随着思想改造，成为一场自上而下的政治运动。

按照计划，广东地区各高等学校教师思想改造运动结合还未结束的"三反"运动相继展开。华南地区高等学校教师思想改造运动，最早开始于中山大学，由北京来的袁永熙、陈佩云等官员组成的指导组指导进行，然后是其他的高等学校。

思想改造运动的基本过程是：

一、动员报告。1952 年 5 月 31 日，广东省政府主席叶剑英到中山大学作思想改造运动的动员报告。他阐明了中共对知识分子的方针政策，强调思想改造的重要性，列举了运动的具体做法，并鼓励教师和学生自觉参加运动。当然，改造的主要对象是教师，学生参加是为"帮助"教师。这次参加运动的教师有 372 人，学生 1600 人。[29]

二、开座谈会，学习讨论文件。学校举行座谈会，讨论动员报告和文件的基本内容及精神，明确运动的目的，理解新政府的方针和政策。

三、小组学习，批评及自我批评。

具体做法则是将学校里面的教师都按照系划分，成立互助组，由青年助到老教授们，逐个作自我分析、自我检讨，陈述思想转变的过程，并有小组互助交谈帮助改造。同时，有党员、团员和学生群众参加，他们分成小组，三、五个人负责一个或二、三个教师。帮助分析，实际上就是批判。直到大家都没有意见，算是"通过"。学生甚至可以追到教师的家中去帮助他们"改造"。事实上，这一切"帮助"和批判都已经由单位的领导事先安排好了。对于进步教师或者民主人士的帮助多以表扬为主，很快就会过关。对于"落后者"

---

27 《南方日报》，1952 年 5 月 25 日。

28 《认真开展高等学校教师的思想改造运动》，《南方日报》，1952 年 5 月 26 日。

29 吴定宇：《中山大学校史（1924-2004）》，广州：中山大学出版社，2006 年，第251 页。

来说，则没有那么幸运了。他们常常遭遇多方追究，直到群众表示满意。

思想观念本身是一种日积月累的内在力量，所以无论主观上有多么愿意服从改造，这种改造也总是难以适应的，也难免从内心里发生抵触。1952年2月的广州时常下雨，虽不及北方寒冬，但是湿冷透骨。对于扑面而来的思想改造运动，中山大学文学院历史系刘节教授起初是抵触和逃避的。2月5日，他在日记中愤愤地摘录了米开朗其罗的诗："睡眠是甜蜜的，成为顽石更幸福！只要世上还有罪恶与耻辱的时候，不见不闻，无知无觉于我是最大的快乐！因此，不要警醒我！啊！讲得轻些吧！"[30]是什么事情的发生让他甘愿化作一块"沉睡的顽石"？

中山大学文学院学委会分会为推进"三反"运动和思想改造运动，将教师们按照学系分为不同的小组。刘节教授的检讨是从1952年2月开始的，"三反"运动也刚刚开始。他是历史系的第一个典型，陪同他一起学习检讨的还有梁钊韬、杨耳、丘陶常、邓泽民、马大猷、吕逸卿、吴江霖、曾纪经、戴裔煊等文学院教师。也正是从2月初开始，历史系不是上午开展学习关于运动的报告，就是下午开会。16日下午的文学院联组会议上，大家向刘节"进攻"，但是无结果而散。28日开始，每隔一到两日，或是连续几日，文学院学委会都要开会。教授们轮番上前，在会议上作自我检讨。他们检讨"我之资产阶级思想"、"只有马列主义才能领导资产阶级思想改造"等等，接受同事们、群众们的"帮助"和批判。他们白天或在会上检讨自己不问政治、崇拜资产阶级文化及个人主义作风，晚上回到家要阅读"当作科学看的历史唯物论"，草拟"旧知识分子对新社会、新哲学的初步认识"，准备第二天大会上的发言。刘节总是"会后头痛"。[31]

3月16日，刘节阅读了《苏联哲学问题》一书，并作了读书笔记。他写道：

> 旧时期，哲学只是个别人们的事情，只是少数哲学家及其门徒所组成的哲学学派专有的财产，这般人都是脱离实际生活，脱离人民，与人民毫不相干的，唯物主义是包括了所谓的党性的……马列主义这一有生命力的创造学说，是要在社会主义建设的经验和现有自然

30　刘节：《刘节日记（1939-1977）》（上册），郑州：大象出版社，2009年，第266页。
31　刘节：《刘节日记（1939-1977）》（上册），郑州：大象出版社，2009年，第267-270页。

科学成就基础上，不断地开展，不断地丰富起来的。唯物主义每当有新的、构成自然科学新时代的伟大发现，就必须采取新的形态。[32]

唯物主义如何采取新的形态暂且不知，但必定是建立在对旧思想理论的批判和完全否定之上。在频繁的政治报告学习和思想改造会议中，思想上"头痛"地转变似乎也在情理之中。

《广州区高等学校的院系调整方案（草案）》就是在这一轰轰烈烈的思想改造时期确立和颁布出来的。3月6日，上午文学院学委会分会开会，下午小组会议讨论《广州区高等学校院系调整方案（草案）》。[33]11日下午，校长召集各院长和系主任会议，欢迎苏联教员到来。3月23日，刘节教授进城到华南联合大学开院系调整学习会议，会议从上午开始，到下午四点半钟才结束。3月30日，广东省文教厅召开院系调整会议，并反复强调："院系调整工作的好坏，是检验思想改造成绩的标准。"[34]整个三月份，中山大学文学院几乎每天都有召开小组会议或联组会议，检讨成了刘节教授的家常便饭。

4月1日，《人民教育》发表社论《高等学校教师必须通过三反运动认真改造思想》，指出"资产阶级思想已经成为中国的高等教育改革的主要障碍。"[35]

4月12日，刘节在上午作了两次检讨，并接受群众批评。很快，4月14日下午，刘节参加了讨论《院系调整会议议决案》。而当天晚上，他仍在整理自我检讨。[36]从1952年2月至11月，在广州高等学校院系调整的准备和执行的过程中，也是刘节教授从石牌村搬至康乐村西南区61号住宅之前，他不曾间断参加小组会和作自我检讨。刘节教授的同仁，文学院历史系的其他教授基本上同样如此。学校里这种形式的院系、小组会议很普遍，这种状况一直持续到1953年。

1953年2月，在全国范围的专业设置与调整之前，中山大学又进行了第二次思想改造运动，主要对象是新迁并进来的教师113人和学生600人。[37]

32 刘节：《刘节日记（1939-1977）》（上册），郑州：大象出版社，2009年，第272页。

33 刘节：《刘节日记（1939-1977）》（上册），郑州：大象出版社，2009年，第271页。

34 广州区院系调整委员会：《广州区高等学校院系调整工作初步总结》，《人民教育》，1953年3月4日。

35 《高等学校教师必须通过三反运动认真改造思想》，《人民教育》，1952年4月。

36 刘节：《刘节日记（1939-1977）》（上册），郑州：大象出版社，2009年，第273页。

37 吴定宇：《中山大学校史（1924-2004）》，广州：中山大学出版社，2006年，第251页。

这次思想改造运动是疾风骤雨式的，很快就结束了。但中山大学紧接着又结合当时党政军机关开展的内部肃反运动，开展了一场"忠诚老实"运动。它要求知识分子"忠诚老实"地写出个人政治历史的材料，并由学校党组织根据中央关于审查从严、处理从宽的原则，做出结论。运动从 8 月 1 日开始，到 8 月 13 日结束。师生参加的共有 3900 余人。[38]在这一次运动中，中山大学还从教师和职工的骨干分子中抽调了 317 人办了一个训练班。[39]

以中山大学的思想改造运动为中心，如何批判旧学术、建设新学术也是当时学术界集中讨论的话题，许多知名的知识份子已经开始在各大报刊响应表态。广东高等学校的老师，多数是从"旧社会过来的知识分子"，有不少曾留学西方，受西方思想影响较大，是重点要改造的对象。如何改变自己身上的"旧思想、旧观念、旧意识、旧习惯"，树立起为人民服务的革命人生观，正确地认识新社会、接受新社会、服务新社会，以适应已发生巨大变化的新形势、新环境。绝大部分教师这时已然意识到，不接受改造，就不会有他们在新社会的地位。更重要的是，他们似乎真的接受了共产党的知识分子理论与政策，接受这种教育和改造，接受马克思主义意识形态的指导。

中山大学政治系喻亮教授曾经坦诚："因为我在今天是以教工的资格参加到劳动人民的队伍里，很光荣享受这日子所给予我无比的快乐。今天我以教工身份由小资产阶级转变到工人阶级，前后几乎判若两人。就是由于这两年来，我学过马列主义、毛泽东思想，逐渐把自己的思想、感情和生活作风都无产阶级化。于是我抛起了小资产阶级的一切，甘愿做个为人民服务的牛，替人民当长工。"[40]

政治系主任章导教授也坚定地曾写下自己的感言："我们就应该响应学校首长的号召，加强我们的政治学习，学习马列主义毛泽东思想，成为改造社会主义改进教学和改造自己唯一的武器。"[41]

教师们变了。他们学习理论、反省历史，交待自己所谓的"资产阶级腐朽的教育和教学思想"，批判"教授治校"、"学术自由"、"为教育而教育"、

---

38 易汉文主编：《中山大学编年史（1924-2004）》，广州：中山大学出版社，2005 年，第 54 页。

39 易汉文主编：《中山大学编年史（1924-2004）》，广州：中山大学出版社，2005 年，第 54 页。

40 喻亮：《值得纪念的一天》，《人民中大》，1951 年 5 月 1 日。

41 章导：《庆祝中大新生和发展》，《人民中大》，1951 年 11 月 12 日。

"单纯业务和单纯技术观点"、"盲目崇拜英美资产阶级教育"、以及用"全盘西化""改良中国教育"的观点，并从政治思想上否定自我，承认自己曾经政治上、理论上的短见，达到实际上对新政权的政治认同和对"人民教师"的身份认同，这必然也包括对政府的高等教育理念和改革决策的认同。

这场疾风骤雨般的思想改造运动以被动的思想批判开始，起到了统一思想、宣传马列主义的作用；运动发展则与当时的土改、"三反五反"运动结合，成为批判个人主义、民主自由思想及学术自由的一个重要组成部分和突破口，最终成功地为高等学校院系调整奠定了思想基础。

四、"院系调整"座谈会

1952 年 10 月 30 日，《南方日报》召集中山大学、岭南大学、广东法商学院、华南联合大学等广东省高等学校的行政负责人和教师召开座谈会。到会的有中大法学院曾昭琼院长、政治系主任章导，农学院昆虫系主任蒲蛰龙、工学院电机工程系顾德仁副主任，岭南大学医学院白施恩教授、文学院外文系主任钟香举副教授，华南联合大学江华教授，广东法商学院院务委员会委员林楚君副主任委员，等等。这些代表多是中山大学的教授，只有少部分是来自私立高等学校。

在座谈会上，这些代表逐一表明了自己的立场，普遍认为"个人主义思想是院系调整的最大障碍，以至于两年前都提起过的院系调整没有展开"。中山大学法学院教授曾昭琼现身说法："我个人也曾经有过从个人出发的打算，觉得如果被调到外省或外校去，也合自己想走动走动的要求。后来，想到自己学的是政治，目前不可能外调，又觉得不调也好。这种想法就不是从国家需要来考虑的，而是从符不符个人要求着想的。因此，我们必须不只在口头上表示拥护，而且应该在具体问题上，克服个人主义观点，用具体行动促进院系调整工作的圆满完成。"[42]

中山大学文学院岑麒祥院长讲到："院系调整不只是学校搬家，也包含课程改革和人员合理调配，结果不免有些教师要改变工作岗或担任新课程，就个人来说，困难当然是有的，比方有些人怕调离原有岗位，各方面情况不熟悉……这些顾虑，这些困难，都是从个人出发的。我们这一点点苦难值得顾

---

42 《中大、岭大等校教师参加本报座谈会一致表示坚决拥护院系调整》，《南方日报》，1952 年 10 月 30 日，第 3 页。

虑什么呢？"[43]

相比中山大学积极参会的教授们，岭南大学校长陈序经、广东法商学院院务委员谢建宏主任、华南联大古文捷副校长、朱瓒琳教务长、叶启芳秘书长，以及岭南大学文学院教授王力、植物病理系孔湘主任、法学院历史政治系教师端木正，中山大学工学院土木工程系朱福西副教授，华南师范学院教育系主任阮镜清，法商学院郭威白教授等，则"因事未能参加"，不过也都按要求提交了书面意见。

在此次院系调整计划中，岭南大学植物病理系被裁并。林孔湘主任是岭南大学植物病理系的创办人，一度为此安排而"彷徨空虚"。他写道："对院系调整采取什么态度正是高等学校教师思想改造是否有收获的一个严重考验。……岭南大学开展的思想改造，使我终于对我这种不正确思想进行了深入的检讨，终觉悟了过来。"[44]

最终，这次座谈会上，与会的代表们"一致表决坚决拥护院系调整，服从祖国需要，愉快地接受组织分配的任何工作"。代表们也都愿意相信"院系调整将带来新的气象。"[45]这与1950年6月第一次全国高等教育会议的状况形成了极大的反差。

日本学者大塚丰的研究认为：1951-1952年的思想改造运动，已经基本重新塑造了知识分子的思想意识，并且有效地清除了院系调整的阻力。[46]我们似乎可以得出结论：高等学校教师通过政治理论的学习、思想改造运动，改变了自己身上的"旧思想、旧观念、旧意识、旧习惯"，开始主动适应已发生巨大变化的新形势、新环境。但是，他们究竟是出于道德上的认同，还是出于利益上的算计，抑或是随大流？只有一点是可以肯定的，这种思想状况的改变是极为复杂的。

教师们疲于应付一日复一日的小组会议和自我检讨，根本无力也无暇顾

---

43 《中大、岭大等校教师参加本报座谈会一致表示坚决拥护院系调整》，《南方日报》，1952年10月30日，第3页。

44 《中大、岭大等校教师参加本报座谈会一致表示坚决拥护院系调整》，《南方日报》，1952年10月30日，第3页。

45 《中大、岭大等校教师参加本报座谈会一致表示坚决拥护院系调整》，《南方日报》，1952年10月30日，第3页。

46 日大塚丰：《现代中国高等教育的形成》，北京：北京师范大学出版社，1998年，第97页。

及涉及到学校前途命运的院系调整。更何况，从一开始，思想改造就被视为高等教育改革的重要环节。[47]一旦教师们有不同意见，立刻就会被视为"思想上严重地存在资产阶级崇美思想、宗派主义、本位主义、个人主义的观点"，[48]迎来的便又是无休止的政治学习和自我检讨。

第二节　学生的思想教育：新型思想政治课

与通过参加各类政治运动改造思想的教师相比，对学生们进行思想教育的手段除了参加各类运动，还有更加直接的方式——开设政治课。在高等学校中进行政治教育的传统起始于老解放区，目的在于通过马列主义理论的学习，改造教师和学生思想，树立起马列主义的人生观。

最早决定在高等学校开设政治课的机构是华北高等教育委员会。1949年8月12日，华北高等教育委员会常务委员会在大学里开设决辩证唯物论与历史唯物论、新民主主义论和政治经济学为公共必修课，并对文学、哲学、历史、教育、经济、政治、法律7个文科系的主要课程和政治课的科目、时间做出详细规定。"文学院、法学院的公共必修课程：（1）辩证唯物论与历史唯物论（社会发展简史）第一学期完成，每周3小时；（2）新民主主义论（近代中国革命运动史）第二学期完成，每周3小时；（3）政治经济学，第2学年开始，每周3小时，1年学完。"其中，政治经济学只限于文科系学习。[49]

广东属于"后解放区"，但是各高等学校在开学后也相继准备了"社会发展史"等政治课程以迎接新的学期。1949年10月，岭南大学的学生们迎接新学期的到来。他们发现，上学期学校开设的"国民党党义"、"六法全书"、"三民主义"、"伦理学"、"党义"及"公民"等课程统统被取消了，取而代之的是"新民主主义论"、"辩证唯物论与历史唯物论"、"社会发展史"和"政治经济学"等新的政治课程。然而，限于学校各种条件的不足，又是第一次开设

---

47 杨建生：《教师思想改造是高等教育改革的重要环节》，《人民教育》，1953年2月。

48 《做好院系调整工作，有效培养国家建设干部》，《南方日报》，1952年10月30日。

49 《华北高等教育委员会高等教育法令选辑》，教育部档案，1950年长期卷（第4卷）。转引胡建华：《现代中国大学制度的原点：50年代初的大学改革》，南京：南京师范大学出版社，2001年，第43页。

"新民主主义的课程"，不仅没有经验，师资水平、上课时间、课程名称以及讲授进度很多都不一致。学校认为学生的思想改造必需有良好而又经验之政治教师作领导，但是学校政治课教员实感不敷，在广州又一时不易找得适当的教员。[50]所以，教职员及学生的政治学习皆自动组成，在课外举行，且多属上大课性质。1950年度第一学期，中山大学开设了一门名叫"新民主主义"课程，第二学期则在广东省文教厅的要求下，改为"社会发展史"。没过多久，课程名称又改为了"新民主主义论"。而不论名称为何，这些课程都是在宣传马克思主义、列宁主义思想，批判资本主义、封建买办、非民族科学大众的思想，并教育青年学生树立革命的人生观。[51]

　　一年很快过去。教育部为了加强高等学校对政治课的重视，指导全国政治课教学工作的展开，特意于1950年7月24日至8月25日在北京召开了暑期全国大学政治课教学讨论会，总结一年来政治课教学中存在的问题，譬如：对改造思想是长期性的工作认识不够，因此表现出急躁粗暴的倾向；在教学方法上存在教条主义的偏向，不能很好地联系学生的思想实际；在教学内容方面，讲授重点不明确，学习不系统；在教学组织方面，教学组织不健全，有的教学组织与校内各方面的关系不明确。[52]基于这些问题的存在，教育部决定对全国高等学校的政治课的课程内容、教学方法、考核方法，甚至课时等内容进行统一要求。

一、课程安排

（一）课程内容

　　高等学校政治课程的内容主要是马克思主义和把马克思主义的普遍原理与中国具体实际相结合的毛泽东思想。课程名称往往随着国内政治形势的变化而有所调整。

　　1950年秋季，为了保证政治教学任务、目标的完成以及教学的统一性，

---

50 私立岭南大学：《私立岭南大学概况调查情况的文》，广州：广东省档案馆馆藏档案，档号：038-003-1-017~049。

51 程今吾：《论当前的教师政治、理论学习》，《人民教育》，1950年，第2期，第15页。

52 《关于全国高等学校暑期政治课教学讨论会情况及下学期政治课应注意事项的通报》，高等教育部办公厅编：《高等教育文献法令汇编（1949-1952年）》，1958年，第76-80页。

中山大学政治课教学委员会在广州区政治课总教委会的指导下，制定相应的教学计划，并组织人员编写部分讲授提纲。以后，虽然每学期的教学计划有所不同，但主旨基本一致。新学期开始后，中山大学政治课教学委员会便颁发了《中山大学一九五零年上学期政治思想教育计划》。[53] 其中，对政治课程的内容和教学方法以及考查方法进行了详细的解说。中山大学 1950 年秋季学期政治课程包括社会发展史和政治经济学（政治学习）两门。

表 2-2-1：中山大学 1950 年政治课程计划[54]

课程名称	单　元	时　间	主　讲
社会发展史	政治课教学总结报告——中大政治思想教育的方针与组成	一星期（9 月 25 日至 30 日）	曾昭琼 吴江霖
	社会发展史学习目的内容和方法	一星期（10 月 2 日至 7 日）	曾昭琼
	劳动创造人类世界	二星期（10 月 9 日至 21 日）	王越
	五种生产方式	四星期（10 月 23 日至 11 月 8 日）	林伦彦
	国家与政治	三星期（11 月 20 日至 12 月 9 日）	曾昭琼
	社会思想意识	三星期（12 月 11 日至 30 日）	吴江霖
	学习总结	二星期（1 月 1 日至 13 日）	曾昭琼 吴江霖 戴裔煊
政治经济学	政治经济学讲授提纲（中央教育部高等教育司编印）		林伦彦
政治学习	保卫世界和平		政治课教学委员会；广州区高等学校政治课总教委会。
	土改教育		
	国民公德教育		

资料来源：政治课教学委员会：《中山大学一九五零年上学期政治思想教育计划》，《人民中大》，1950 年 9 月，华南理工大学档案馆藏。

---

53 政治课教学委员会：《中山大学一九五零年上学期政治思想教育计划》，《人民中大》，1950 年 9 月，广州：华南理工大学档案馆藏。
54 政治课教学委员会：《中山大学一九五零年上学期政治思想教育计划》，《人民中大》，1950 年 9 月，广州：华南理工大学档案馆藏。

其中，社会发展史是开设给一年级学生及二、三、四年级补修学生的课程。课程被分为八个单元，每个单元有指定的教师授课。政治经济学则是文、法、师三个学院二年级学生的主修内容，采用中央教育部高等教育司编制的《政治经济学讲授提纲》。理工农医学院的二年级学生则修"政治学习"，课程内容分为《保卫世界和平》、《土改教育》及《国民公德教育》三个单元，由广州区高等学校政治课总教学委员会和学校政治课教学委员会共同授课。[55]这是 1950-1951 学年上学期的课程，下学期则主要学习新民主主义论。相对于"社会发展史"和"新民主主义论"，"政治经济学"是一门相对专业化的课程，只有文、法、师范三个学院的学生学习。[56]

此外，政治课的开展不仅要提高学生的政治觉悟，还要配合国家的具体情况，以达到理论联系实际。时事教育因此而成为学校课程中的重要一门功课。在学校里，时事教育大多以讲座形式开展，并需要结合时事动态讲授。主要目的在于讲解政府各阶段政策的必要性。1952 年教育部指出："社会发展史、新民主主义论等是各系的基本课程，与其他业务课一样，应着重于系统理论知识的讲授，同时结合实际有重点地解决学生的主要思想问题。另规定固定的时事学习时间（每周 3 小时，不计学分）着重于时事政策教育，结合当前的社会活动，解决学生关于时事政策方面的一般思想问题。纠正轻视政治课、任意侵犯政治课时间或以社会活动取代政治课的现象。"[57]

1951 年，中山大学政治学系建立起"经常的时事学习制度"，通过时事测验、时事报告、时事性的文娱活动方式，掀起时事学习的热潮。土木工程二班为了进行时事学习，还特别设立值日生制度，每日由值日生摘录时事新闻，并利用课余十分钟向其他同学作系统时事报告；要求每人每日阅读报纸半小时，相同宿舍房间内的同学相互督促、考问；每周举行测验一次；设立生活室，订两份《南方日报》和一份《大公报》供学生阅读参考；每周分组漫谈时事一次。[58]

以中山大学的政治课教学计划为起始，广东省其他高等学校迅速地展开

55 政治课教学委员会：《中山大学一九五零年上学期政治思想教育计划》，《人民中大》，1950 年 7 月。

56 政治课教学委员会：《中山大学一九五零年上学期政治思想教育计划》，《人民中大》，1950 年 7 月。

57 《教育部指示高二字第 1011 号》，1951 年 8 月。

58 杨兆光：《土二这样进行时事学习》，《人民中大》，1951 年 9 月。

了全校性政治课程的教学。学校里头，课堂上、课下业余的时间，学生都在学政治、谈时事、读报纸，达到政治学习日常化、常规化的状态。

（二）课时要求

在具体开设的课程课时要求上，各大行政区及高等学校均有不同的规定。西南区在 1950-1951 学年的第一学期分别为一、二年级学生开设社会发展史和新民主主义论。华东区与中南区则规定一年级学生一年之内修完这两门课程，二年级以上开设政治经济学。其中华东地区要求每个学生每周上课 3 小时，文法学院的二年级才需开设政治经济学。而中南区无论在课时数、成绩还是必修对象上都更加严格。

中南区高等学校政治教学委员会规定：对一年级的学生开设社会发展史和新民主主义论课程，分第一、第二学期完成；对文、法、师范学系二年级及以上的学生开设政治经济学课程。各学校一年级上学期公共必修课程是社会发展史，每周上课 3 小时，期满考试成绩需要及格，不及格需要补考或重修，直到及格。各院系一年级的下学期公共必修课程是新民主主义论，一样每周上课 3 小时，期满考试需要及格。各院系二年级及以上的学生的公共必修课为政治经济学，每周上课 3 小时，考试及格。在完成基本学时的基础上，各个高等学校可以酌情增加课时，学生也可增加学分。[59]

华南师范学院生物系的学生上学期修社会发展史课程，基本学时完成可以获得 3 学分，有学生修满 7 到 9 个学分。下学期的新民主主义论修满 9 个学分的学生也不乏其人。而每个学系记录成绩的方式也不一样，有直接计算考试分数的，有录入成绩等级"及格"或"不及格"的。生物系多记录学生的考试分数，物理系及化学、教育系等则录入等级。[60]与华南师范学院相比，中山大学的要求又有不同。社会发展史和新民主主义论课程均为必修课，学生每周上 3 个小时课程，全年两门共修 6 学分，考试及格。对于文法师三院的学生来讲，政治经济学课程则需要修够 4 学分，考试及格。[61]

---

59 《教育部指示高二字第 1011 号》，1951 年 8 月。

60 华南师范大学档案馆馆藏：生物系全日制三年专科（1951 年 10 月-1954 年 8 月），档号：1951-XJ1327-1。物理系全日制三年专科学籍（1951 年 10 月-1954 年 7 月），档号：1951-XJ1325-1。

61 华南师范大学档案馆藏：体育系全日制四年本科。1951 年 9 月由中山大学转入（1948 年 9 月-1952 年 7 月），档号：1948-XJ1329-1。该册档案 1948 年 9 月至 1951 年 7 月的学生成绩均由原中山大学师范学院体育系转来，学生转入继续读

1952 年 10 月 7 日，教育部发出《关于全国高等学校马列主义毛泽东思想课程的指示》，要求综合大学及财经、艺术院校自 1952 年度起，政治经济学 136 学时、辩证唯物论与历史唯物论 100 学时、政治经济学 136 学时、辩证唯物论与历史唯物论 100 学时；理工农医等专门学院开设前两门。1953 年 2 月 17 日，全国高等学校完成第一阶段的院系调整之后，高等教育部再次发出通知，要求所有高等学校加开马列主义基础课程一年达 136 学时。[62]这时，政治经济学不再仅仅是文法师范类学生的必修课程，理工科学生也要开始专门学习。这里的政治经济学仍是以马克思主义经济学理论为内容，依然属于政治课范畴。

表 2-2-2：1951-1953 年马列主义课程设置及学时[63]

学校类型	新民主主义论	马列主义基础	政治经济学	辩证唯物论与历史唯物论	总时数
综合大学师范学院	100	136	136	100	472
专门学院	100	136	136		372
三年制专修	100	136	136		372
两年制专修	100	136			236
一年制专修	100				100

注：1953 年 6 月 17 日起，"新民主主义论"课程名称改为"中国革命史"。

以华南师范学院化学系学生的成绩表为例。化学系三年制专修科的学生，在 1951 学年度上、下学期学习"社会发展史"或"新民主主义论"共 13 个学时，1952 学年度学习"政治经济学"各 4 个学时。而且，化学系大部分学生在 1952 学年度的政治经济学课程中获得的成绩是不及格。于是，他们只得在 1953 学年度再次重修"政治经济学"这门课程，直到获得及格。[64]从学

三年级。其中在二年级上学期（即 1949 年 9 月后）时政治课修的是《辩证唯物主义与历史唯物主义》3 学分，1950 年上半年修《新民主主义论》3 学分。1950 年下半年至 1951 年上半年，这批学生统一修《政治课》，共 6 学分。

62　《中国教育年鉴》编辑部：《中国教育年鉴（1948-1981）》，上海：大百科全书出版社，1984 年，第 422 页。

63　《中国教育年鉴》编辑部：《中国教育年鉴（1948-1981）》，上海：大百科全书出版社，1984 年，第 422 页。

64　《化学系全日制三年专科》，华南师范大学档案馆藏，档号：1951-XJ1326-1。

时安排上可以看出，政治课在高等学校课程中所占的比重越来越大，课时量也逐渐增多，尤其是在综合大学和师范学院。

（三）教学方法

政治课不仅是纯理论教育的展开，而且被当作重要的政治任务，及至成为高等教育工作中的重要环节。在具体教学层面，需要合适的方法。这里说的教学方法，并非课堂讲授知识的教学法，而是为达到改造思想而采取的方法，总结起来有几下几点：

1. 上大课，[65]理论联系实际，有的放矢。学生的思想复杂新奇，政治教师需要设法应对。这要求教师要善于运用理论联系实际的方法来教学，一方面用生动具体的事例来论证讲授理论的合理性，另一方面还可组织学生参加土改等运动，以加深对理论的理解。这种"理论与实际一致"的方法，通常能够给学生有效的启发，以解决学生的思想问题。

2. 自学为主，集体讨论为辅，教师从旁推动、辅助。

课堂上，每单元先由教师作启发报告，理论方面给予学生以系统的说明，并针对学生的思想实际加以讨论。启发报告以后，由政治课教学委员会教学研究部指定参考书，由各小组及互助小组进行自学。再发给讨论提纲，交由各小组集体讨论。在讨论中侧重思考，逐步改正错误，运用批评与自我批评的武器，使学生改正思想意识和作风，建立并巩固新的思想意识和作风。

3. 斟酌情形，配合实际行动。在可能范围内，使理论学习与实际行动相配合，变理论为行动。比如，适量地参加劳动生产、群众斗争、及社会活动等，如此，使理论与实践相互印证，取得巩固与提高。

4. 统一每一单元教学步骤。每一单元教学之前都先通过大组长和小组长搜集学生的意见和问题，选择其中具有普遍性和重要性的，把它们分布于一单元讲授提纲的相应部分，教学的开始是启发报告，特别着重从学生搜集来的问题的说明。启发报告以后第二天即举行小组讨论，讨论提纲由政治课教学委员会拟定和分发。提纲里的每一项目都要求学生联系自己的思想实际进行讨论，然后由个大组长召集各小组长举行汇报，次日由组织部召集全校大

---

65 五十年代初期，高等学校的政治课，普遍称为大课，就是教师和学生共同参加，互助相长，来改造自己的思想的课程。同时，大课是有组织、有系统的、正规的政治教育课程。转引自：费孝通：《大学的改造》。

组长举行汇报。这样一来，学校可以掌握每一阶段学习之后学生们的思想状况。[66]

这种课上、课下相结合，分组讨论和汇报的方法，不仅可以帮助学生进行思想政治的学习，同时也便于教师和学校掌握学生们在不同阶段的思想状况。

（四）汇报制度和成绩考核

中山大学在政治课教学中自创了"三三制"，即每周上大课，集体阅读和小组讨论各三个小时。与"三三制"相关联的是汇报制度的建立。汇报分为两级，每周一次。一级汇报是由小组长向大组长的口头报告，报告内容是这一周该小组学习的情况即已经解决、未解决、或解决未见完满的问题。二级汇报是大组长向政治课教学委员会组织部的报告。报告分书面和口头两种，书面汇报是大组内部的一周理论上所作的一周经验总结。这种汇报制度是为了了解学生的学习情况、思想状况及鼓励督促检查学生的政治学习的有效方法之一，并且能及时为学生解决问题。[67]

至于成绩考查一般采用以下三种方式：1. 小组意见——分上课考勤（每周上大课、小组讨论及集体阅读）、大课，听课笔记，小组讨论（准备、发言、发言正确、思想行动的改进）及集体阅读。2. 学习总结——学期结束之后，以小组为单位进行全学期各政治课学习心得的总结，以考查学习成果。3. 考试，学期结束时举行全校各政治科学学期考试，由政治课教学委员会的主讲教授评阅试卷。[68]

二、组织保证：政治课教学委员会

在全国大学政治课教学讨论会之后，华东区、中南区、西南区普遍仿照苏联高等学校的马克思主义教学研究组建立起政治课教学委员会或政治课教学辅导委员会，负责各区、各高等学校进行政治课教学改革。1950 年 9 月，在广州区高等学校政治课总教学委员会的领导下，广东省内高等学校均成立

---

66 政治课教学委员会：《中山大学一九五零年上学期政治思想教育计划》，《人民中大》，1950 年 7 月。

67 政治课教学委员会：《中山大学一九五零年上学期政治思想教育计划》，《人民中大》，1950 年 7 月，华南理工大学档案馆馆藏。

68 政治课教学委员会：《中山大学一九五零年上学期政治思想教育计划》，《人民中大》，1950 年 7 月，华南理工大学档案馆馆藏。

新的政治课教学组织——政治课教学委员会，作为推进教职员工及学生政治学习的领导机构。

中山大学的政治课教学组织被内分为三层：领导机构、中层组织、基层组织。

（一）领导机构即中山大学政治课教学委员会，负责领导全校政治思想教育。委员会设正副主任，主任1人，副主任2人。主任委员由校务委员自兼，副主任委员由校务委员聘请教授担任，负责主理政治课教学及有关事项。秘书1人负责协助正副主任委员草拟各项计划及综理全校政治课教学事项。委员会内下设组织部、教学研究部、学习总结部及资料出版部。每部设部主任1人，处理各该部政治教学有关事项。委员会委员15人（正副主任、秘书及部主任在内）。[69]

（二）中层组织。中层组织分为三部份。第一部为一年级修习社会发展史学生及二三四年级补修社会发展史学生的中层组织，全校按照人数多寡分为十六个大组，每个大组设大组长一人，副大组长二至三人（学生担任）。大组长下由学生若干人组成"大组干事会"，协助大组长进行工作。第二部为文法师三个学院各系二年级修习政治经济学学生的中层组织，分文、法、师三个大组，接受委员会组织部的领导。第三部为理工农医二年级及全校各院系三四年级学生上年度已修过政治课，本学期仍继续政治课学系，不计学分，每两周上大课及小组讨论各三个小时。第三部亦分为十三个大组，设大组长和干事会，接受组织部领导。

（三）基层组织。全校第一、二、三部按照学生人数多寡，每一个大组之下分为若干小组。每一小组设正副小组长各一人，组员十至十五人。各小组复视人数多寡，分为两个或三个互助小组，每组设互助小组长一人。全校第一部有146个小组，组员1429人。第三部则在改组。在开学之后，小组长未正式进行选举之前，皆由政治课教学委员会指定。之后，全校小组长经过普选产生。[70]

就中山大学政治课教学组织的构成而言，整个组织分工明确，上下层级

---

69 政治课教学委员会：《中山大学一九五零年上学期政治思想教育计划》，《人民中大》，1950年7月，华南理工大学档案馆馆藏。

70 政治课教学委员会：《中山大学一九五零年上学期政治思想教育计划》，《人民中大》，1950年7月，华南理工大学档案馆馆藏。

关系明确，秩序井然。政治课教学委员会作为最高领导机构，与校务委员会平行，直接接受校长领导，委员则由担任政治课的教师或学生代表共同组成。这能够保证政治课的教学计划顺利实施。[71]

岭南大学也曾在向广州军管会的报告中谈到：本学期之政治学习，约可分为二种。第一由学校组织一学习委员会，计划及推动全校之政治学习。现有十九小组，每组自十至十五人不等，每星期各小组分别讨论一次，星期日则各组组长汇同作总结报告，讨论各小组不能解决之问题。日前，以"社会发展史"为讨论中心。第二政治课，暂设"新民主主义论"及马克思主义选读。因师资缺乏，讲授人不够，暂定为文学院必修，其他学院的学生也有选修的。新民主主义论由政治历史、经济、社会三系的六个教员共同负责，每周上大课三次，全班分为若干小组，以新民主主义青年团员为各小组的核心，负责领导各小组学习。其他各种功课亦设有小组讨论会，以求业务上收最大效果。[72]

总而言之，各个高等学校政治课教学委员会（或政治学习委员会）成立后的第一件事，就是把学校的学生分为多个小组，这种小组是一种集体学习方式。以中山大学的"部——大组——小组——互助组"来看，分层非常紧密，每一层级设正副组长、小组长，基本上可以保证一二三四年级的每一位学生都被编制在"组"的内部，从而有序而不间断地进行政治学习、改造思想。各层级小组的成立，一方面可以照顾到每一名组员的学习，更重要的是可以收集他们的思想动态，这样就可以针对他们的思想，在上大课的过程中做到有的放矢。不过，作为整体中的一部分，受到周围的感染或者压力，或许同样也能取得一些成果也未可知。

在广州区政治课总教学委员会的领导下，广东省高等学校的政治课教学保持了高度统一性和计划性。从讲课和报告题目就可看出，政治课教师并没有固定的教学内容，基本上是根据政府或学校的需要而定。不同学校的教师可以讲授同样的内容，更加能说明在既定的教育方针与目的的情况下，他们的学术专长在此并无体现，只是进行思想教育而已。政治课教学委员会的成

---

71 政治课教学委员会：《中山大学一九五零年上学期政治思想教育计划》，《人民中大》，1950年7月，华南理工大学档案馆馆藏。

72 岭南大学：《十个重要事项调查表》，广州：广东档案馆馆藏档案，档号：038-003-1-017~049。

立，极大地推动了高等学校政治教学的有序进行。

其次，学校还非常注重通过政治课对教师进行思想的改造，并因此确立教师小组学习制度。

按照新政府的要求，中山大学按照学院和系划分学习小组，要求每位教师参加新民主主义政策和社会发展史等课程的学习和参与小组会议及学院联席会议等。每个系小组每周都要开小组会议，报告学习结果，交流学习心得。从历史系刘节教授的日记中可知，当时学习小组的任务非常繁重。

刘节在 1952 年 3 月的日记中记录："上午至文学院开学习委员会议，下午阅斯大林与威尔斯谈话。"从此，学习小组频繁开会。3 月 13 日记录："下午学委分会开会，会后头痛。"刘节是历史系学习小组组长，还要参加学院和学校级别的小组会议。3 月 15 日记录："上午文学院学委会分会开会。下午文法两院三反运动座谈会。"3 月 16 日记录："下午联组会议向我进攻，但是无结果而散。"3 月 19 日记录："上午至学委分会开会，下午小组会。"3 月 21日记录："上午学委分会开会，校务小组会议。"[73]总之，每隔一到两日的学习小组会议，教师就必须参加，学习新政策，听报告，批评与自我批评等等。从刘节日记中可知，对于此类学习，校方基本要求必须参加不准缺席。

随着时局的发展，政治课的课程内容在教育部的指导下有所调整，在高等学校教学中的地位愈发重要。1951 年 7 月 24 日，教育部颁发《对各大行政区分别召开暑期高等学校政治科目讨论会的指示》强调政治课与其他课程一样是高等学校课程整体的一个组成部分，由专门教师担任。[74]9 月 10 日，教育部又在《关于华北各高等学校 1951 年度上学期进行辨证唯物论和历史唯物论等科目教学工作中的指示》中，提出取消"政治课"这一名称，使用辩证唯物论和历史唯物论、新民主主义论、政治经济学，并分别成为独立的学科。[75]为掌握各地区高等院校政治课的进展情况，教育部还分别派出检查组检查

---

73 刘节：《刘节日记（1939-1977）》（上册），郑州：大象出版社，2003 年，第 266-269 页。

74 《对各大行政区分别召开暑期高等学校政治科目讨论会的指示》（1951 年 7 月 24日），何东昌主编：《中华人民共和国重要教育文献（1949-1975）》，海口：海南出版社，第 47 页。

75 《关于华北各高等学校 1951 年度上学期进行辨证唯物论和历史唯物论等科目教学工作中的指示》（1951 年 9 月 12 日），何东昌主编：《中华人民共和国重要教育文献（1949-1975）》，海口：海南出版社，第 98 页。

了中南区 8 所高等学校、东北地区的 3 所高等学校及西南、西北区的 20 所高等学校。

三、教学效果

开展政治课的最终目的在于改造思想，改变学生的"旧观点、旧立场"，建立"新立场、新观点"。[76]然而，扭转一个人的思想，使之接受马克思主义意识形态，并非易事。一些学生对新政府的一些政策方针不太容易接受，对政治老师传播的新思想也有很多不服气的时候。有的学生讲"大课是思想统制"："我的思想很正确，不需要改造"；"我们既是四个阶级联盟，为什么要用无产阶级思想来克服我的小资产阶级思想？""我要用功学习业务课，没时间搞这一套"，等等。[77]

另外，又有许多政治课教师是调整改系而来，只经过高等学校暑期政治教学的短期培训，上课亦是"现学现卖"，很长一段时间内教学效果都不够好。加之政治课采取"大课"（大班教学）的方式，每个班上课者多达二三百人，很容易造成一种混乱的状态。

学生们的思想复杂，但是不论是大组长、小组长还是教师都要经常向上级汇报学生的思想状况，所以他们也只得设法应对。"课堂讨论开始，邓老师首先指定一个或两个同学对问题的中心作系统发言，然后用几句话简短的话总结同学发言的内容，指出要点和中心问题，让同学自由发言。从同学的补充发言中，再找出内容的是非正误及是否重组，有同学批判争辩和补充。最后作一个小结。这样就能使问题着重讨论。"[78]发动学生们发言、讨论，增加学生之间的讨论和交锋，自己从旁指引，以此来实现对学生思想的影响也不失为良策。

为了保证政治课的质量和学生思想改造的成绩，政治课教学委员会制定的政治课成绩考查方式也可以发挥作用。上课考勤（每周上大课、小组讨论及集体阅读）、大课，听课笔记，小组讨论（准备、发言、发言正确、思想行

76　政治课教学委员会：《中山大学一九五零年上学期政治思想教育计划》，《人民中大》，1950 年 7 月。

77　《我们的大课》，费孝通：《大学的改造》，北京：商务印书馆，2017 年，第 115 页。

78　徐君亮：《政治课老师邓雁掌握课堂讨论很好》，《华南师院》（创刊号），1953 年 1 月。

动的改进）及集体阅读等等皆是考查成绩的一部分，如果学生不能按时、认真准备和参加，考试成绩自然不会理想。[79]

普通的理论学习容易流于教条，这就要求学生们能够理论联系实际。每当学习告一段落时，小组就会有集体讨论和思想总结，使学生反省在这一段落中，所学的理论对自己的思想和生活起了什么作用。"一次思想总结胜过半年上大课"。[80]1951 年 2 月，中山大学政治课第一部第三、四次大组长汇报。政治课教学委员会认为学校学生的政治学习比以前更有进步，主要表现在两个方面：1. 各大组能够认真搞好学习，尤其是社会系，把"讨论前充分准备"和"每天保证半小时以上的阅报"，列入爱国公约；成立检查小组，经常进行检查，第二小组还一马当先，提出小组竞赛，鼓起学习的热潮。2. 每次讨论都能做好发言提纲，例如文学院大组有发言提纲的，已经达到百分之七十以上。3. 有一部分小组成立了互助小组，加强了自学和讨论，如化学系第一、三组，农经系第四小组，及农艺系第二小组。[81]

"当大课成为群众性运动时，抗拒现象必然会瓦解的，接下去就是另一个阶段。当旧思想挡不住新思想，崩溃下来时兵败如山倒……"[82]通过反复的政治课理论学习、小组讨论及汇报，大部分学生的思想都能发生转变，树立起"新观点、新立场"，也即马列主义的劳动观、阶级观及国家观。[83]

中山大学地主阶级出身的政治学系的学生就曾下定决心背叛自己的家庭、地主出身的阶级立场，参加土改工作，自愿在工作中保证站稳立场，无条件服从组织分配，克服在工作中遭遇的任何困难，彻底完成任务。[84]

高等学校建立政治课教学委员会、学习小组作为组织保证来教师和学生思想的统一。教学内容是初定的内容，教学方法是初试的方法，教学效果是

---

79 政治课教学委员会：《中山大学一九五零年上学期政治思想教育计划》，《人民中大》，1950 年 7 月。

80 《我们的大课》，费孝通：《大学的改造》，北京：商务印书馆：2017 年，第 115 页。

81 政治课教学委员会：《第一部政治课三、四次大组长汇报》，《人民中大》，1951 年 2 月。

82 《我们的大课》，费孝通：《大学的改造》，北京：商务印书馆：2017 年，第 113 页。

83 政治课教学委员会：《中山大学一九五零年上学期政治思想教育计划》，《人民中大》，1950 年 7 月。

84 《文法两院及农经系师生踊跃参加土改工作》，《人民中大》，1951 年 11 月 25 日。

初步的效果，但教学目的则始终是目的。围绕着教学目的，也就是思想改造要达成的目标，课程内容、教学方法都可在实践中作改变，改变的准绳是思想改造的效果。学校通过这种理论学习、小组讨论和汇报，向学生们灌输以阶级斗争、阶级分析为主要内容的马克思主义理论，在潜移默化之间改造了学生的思想。

对于学生来说，同教师思想改造一样，修习政治课毫无逃避的余地。不论是老师还是学生，都被编排在政治学习小组中。学生各院系成立互助小组，每天都以小组为单位，利用课余时间参与政治学习；教师们也成立集体学习、集体研究、集体讲授的组织。业余时间的白天或晚上都被要求参加听报告、读报纸、讲政治课、听政治课、小组讨论、批评与自我批评等等。

总之，在新政权的力量推动下，以宣传新意识形态、改造学生思想为目的的思想政治课程在各高校普遍开设，并伴随学校日常生活的政治化、革命化而逐步常规化。教师和学生们都在学政治、谈时事，正如费孝通所讲"成为一项群众性运动"。[85]无论是课上还是课下，政治学习都具有一定的理论性质与实践导向，目的并非完全是让师生们掌握相关理论，而是让他们接受相关知识，并根据这些知识改造自己的思想，以达到统一认识、统一思想的目的。教师和学生的思想改造，为院系调整的执行扫清了思想障碍。[86]

第三节　中山大学的调整：基础学科的削减

"中山大学校，半个广州城"流传于 20 世纪上半叶的广州，道出了国立中山大学作为华南地区最具影响力的公立高等学府地位。中山大学创建于1924 年 11 月，原名广东大学，在原国立广东高等师范学校、广东法科大学、广东农业专门学校的基础上创办。中山大学建校，正值国民革命军兴，政潮影响学校。国民党、共产党、国家主义派激烈争夺学权，在学校中建立秘密党团，以争夺学生、运动学生。[87]校内学生运动澎湃，学校一度充当政治舞台。

85 费孝通：《我们的大课》，《大学的改造》，北京：商务印书馆，2017 年版，第 113 页。

86 李杨：《五十年代的院系调整与社会变迁——院系调整研究之一》，《开放时代》，2004 年第 5 期。

87 吕芳上：《从学生运动到运动学生：民国八年至十八年》，台北：中央研究院近代史研究所，1994 年，第 263-305 页。

组建之初，学校设预科及文、理、法、农、工五个学科，1925 年增设医学院，校舍规模宏大。1926 年 7 月 17 日，为纪念孙中山而改称中山大学，所设各学科相应改名为学院。抗日战争期间，学校为躲避战火流亡辗转，数易校址。大量人力、教学器材、教学设备在迁移中损失，使中山大学的教学和管理工作受到极大影响。抗战结束后，教育部要求战时内迁大后方的学校按照政府迁校方案有序复员。散布在粤东坪石等地的教师和学生陆续回迁学校，有天文系主任黄际遇、师范学院助教林惠仙、学生陈廷佳、黄光华等五六十人在回迁途中或遭遇交通意外，或落水而死。[88]

1949 年 11 月 23 日，新政府完成对中山大学的接管。当时，学校共有文、法、理、工、农、医、师范 7 个学院，34 个学系和 5 个研究所（招收研究生的研究所），除了医学院在东山原址，其余各学院都集中在广州郊区石牌村，是岭南地区最大的综合大学。同时，学校有教员 412 人（教授、副教授、讲师共 289 人，助教 123 人），职员 250 人，工友和校警 387 人，学生 2630 人。[89]学校学生社团较多，有些曾在中共地下组织领导下，积极开展了反对国民政府统治的运动，新政府建立前有"广州的解放区"之称。[90]在经历两个阶段的思想改造之后，广东高等学校的院系调整开始了。

一、组织保证：院系调整工作委员会的成立

院系调整计划的制定和执行，离不开前期周密的准备和布置工作。为了顺利传达和贯彻中央人民政府的决定，早在 1952 年 1 月，教育部副司长周钟崎便奉命南下广州，与广州各大专院校的负责人举行了会谈。会谈过程中，商定了广东省高等学校系科调整的原则，并作出初步的方案由周钟崎携京作汇报。2 月底，中央教育部进一步下达指示："对广州区院系调整工作，应尽速进行筹备，并将具体方案及工作进行步骤，从速呈报。"[91]

周钟崎回京后，广东省文教厅在 2 月 8 日开始召集各大学负责人座谈，商定院系调整方案，并迅速起草了院系调整的原则和院系调整工作委员会的

---

88 易汉文主编：《中山大学编年史（1924-2004）》，广州：中山大学出版社，2005 年，第 42 页。

89 《中山大学概况》，《人民中大》，1950 年 2 月 2 日。

90 《广州解放前党的工作概况》，《人民中大》，1951 年 8 月 5 日。

91 《广州区高等学校院系调整工作委员会两月来工作报告》（1952 年 3-5 月），广州：华南师范大学档案馆藏。

规程。3月2日，华南分局和广东省人民政府向中共中央呈报拟定好的《关于广州区高等学校调整方案的报告》。报告称：遵照中央指示精神，经过有关方面几度协商，拟在广州市高等学校中，"调整设立综合大学一所，工、农、医、师范学院单独设立，财经学院附设于综合大学内。"[92]并请中央指示。为了加强对广东省高等学校院系调整工作的领导，3月3日，在调整方案与组织规程起草完毕后，广东省文教厅随即召开了第一次院系调整工作委员会会议，对已经呈报中央的调整方案与规程，做了部分修正和补充。也是在这次会议上，决定了广州区高等学校院系调整工作委员会成员名单。3月4日，这份名单递交到广东省府，省府则将其连同调整委员会组织规程及院系调整方案的草案再次呈请中央政府核示。[93]

在中央未正式批准前，院系调整工作委员会于3月8日已正式展开工作。按照院系调整工作委员会组织章程草案中规定，委员会设科系调整组、总务组、人事组和宣传组四个组，各组下设若干特别小组，分别进行调查研究并草拟调整方案的工作。

其中，科系调整组的主要工作任务是草拟各学院系科调整方案草案，成员由广东省内各大专院校的教务长、院长们组成，组内划分为理学院小组、工学院小组、农学院小组、文法财经学院小组、师范学院小组和医学院小组进行工作。为了辅助系科调整小组工作的进行，还成立了师资调配小组（内分为八个专门小组）与图书调配小组。

总务组的主要任务是对各院校的房舍校具进行调配，对必要修建费用预算亦"依据中央的指示决定"，俟科系调配方案完成后，将依据现有师生人数及下学年度招生人数，修建计划，做成全面预算，呈报中央。

人事组除了印发各大专院校教师情况调查表之外，4月份还没有正式开展工作。该组主要任务是待师资调配小组与科系调整方案完成后，依据各方实际需要情况，研究人事合理的调配方案"呈请中央核示"。

宣传组的责任更加重大。因为1952年上半年，广州绝大多数师生都在参加土改和"三反"工作。该小组的任务就是等待中央专人来粤配备足够的力

92　《华南分局关于广州区高等学校调整方案报告》（1952年3月2日），广州：华南师范大学档案馆藏。

93　《广州区高等学校院系调整工作委员会两月来工作报告》（1952年3-5月），广州：华南师范大学档案馆藏。

量，结合三反运动和思想改造运动，大力展开院系调整的宣传动员工作。[94]

四个工作小组，分工明确，组与组之间的工作联系与交接安排有序，这为之后广东省院系调整计划的制定和执行打下基础。

4 月初，科系调整小组先是讨论决定了广东高等学校科系调整的四大原则及教学设备的分配原则，然后各学院组分工完成了各学科的系科调整方案草案的草拟，并经过了多次的会议研究和修正。其后，该小组又负责将调整方案的草案分发给各个学校的学系征求意见。月底，根据各方意见，各个小组对草案又重新进行了修正。

院系调整是一项在高等学校间进行的大规模重组、合并的工作，所以人员、图书、设备等的调整、搬迁和变动是不可避免的。为了辅助科系调整工作的进行，工作委员会在科系调整小组下成立了师资调配小组与图书调配小组，内部又分为 8 个专门小组负责各个学校的具体调整事务规划。[95]

为了使方案能切合实际需要，在执行时不至于有阻碍，科系调整组决定先由工学院小组将调整方案印发给广东省内各个高等学校的理工科各系征求意见。基本方案是：先集中各学系教授，对工学院方案，作深入广泛的研究。然后根据实际情况，解决问题。为了打通思想，方案决定首先在各学校的工科各学系普遍开展关于中央指示和全国工学院调整方案的集中学习，并将这一学习当作指标性工作，时间定为一周。工学院在取得经验后，其他学院再按照工学院的方式推行，期五月底之前，完成各学院科系调整方案草案，并呈报中央核准执行。[96]

这首先能说明，系科调整小组已经明确预见了当方案真正呈现在各个学系教授面前时，会有不同意见提出来。为此，他们制定好了快速解决的方案，那就是进行一周的学习，让教授们集中学习教育部的政策方案，起码不再提反对意见。如若不然，此后宣传组的宣传动员、思想改造工作还可以继续发挥作用。这也是 1952 年 3 月份，中山大学文学院历史系教授刘节便开始频繁参加小组会议、院系调整会议和自我检讨的原因之一。其次，从调整工作委

---

94 《广州区高等学校院系调整工作委员会两月来工作报告》（1952 年 3-5 月），广州：华南师范大学档案馆藏。

95 《广州区高等学校院系调整工作委员会两月来工作报告》（1952 年 3-5 月），广州：华南师范大学档案馆藏。

96 《广州区高等学校院系调整工作委员会两月来工作报告》（1952 年 3-5 月），广州：华南师范大学档案馆藏。

员会的成立、组织及工作程序来看，广东省院系调整工作委员会是越过中南军政委员会教育部，接受中央人民政府教育部的直接领导。

二、北上考察：理工学院考察团

　　1952 年 3 月，京津两地及上海、南京的高校院系调整试点工作已经告一段落，而广东的院系调整政策草案刚刚颁发至各学校。中山大学开始依据自身情况，探索适合本校的调整方式。学校当局考虑到过去一年时间里，在行政和教学方面力图改进但收效不大的问题，决定由化工系罗雄才、土木系副教授罗松发、机工系副教授吴雨仓等六人组成"中南华北华东高等教育参观团"，前去考察中南区、华北区及华东区高等教育的改造状况，希望通过观摩学习，吸取经验，"免得将来走弯路"。因为参观团的成员以理工学院为主，因此，计划考察的对象也侧重于理工学院的若干系以及学术研究机构和工厂。[97]

　　就高等学校而言，参观团一路北上再南下，考察了武汉大学、北京大学、北京师范大学、清华大学、人民大学、华北大学工学院、南开大学、河北工学院、唐山工学院、南京大学、交通大学、同济大学、复旦大学及浙江大学等先行进行了院系调整的综合性大学和部分新成立的专门学院。以研究机构言，考察了北京、南京、上海等地科学院的应用物理研究所、近代物理研究所、地球物理研究所、物理化学研究所、公学实验馆及轻工业部上海试验所。此外，参观团还参观了若干大学及学院的附设工厂，以及华东工业部的化工厂。

　　历时一个月零三天，参观团回到学校并撰写了考察报告。报告的项目包括这些综合性大学和专门学院的学制、院系组的调整、教学行政组织、课程改革、师资、经费及设备、政治教学等内容，详细包括各个高等学校修学年限的规定、学系的设置、学校与业务部门的联系、教务组与教学组织的分工、课程的精简与课时的安排、教材的改进及具体的教学方法和过程、口试的实施、师资的配备及培养、经费的分配、设备的分配与补充方式、政治学习的开展等等，[98]内容非常全面。

97　《我校理工学院考察团北上考察各校课改情况》，《人民中大》，1951 年 3 月。

98　中山大学高等教育参观团：《中南华北华东高等学校教育考察报告》，广州：中山大学图书馆特藏厅校史馆藏，1951 年，第 5-23 页。

在参观团看来，这些经过初步改造的高等学校初步具备如下特征：（一）废除了政治上的反动课程，开设了新民主主义革命的政治课程，并把新的爱国主义教育发扬起来，封建的、买办的、法西斯主义的思想基本上已经被克服了。但是在部分员生中，纯技术的、超阶级的观念却有待克服。（二）解放前好些大学模仿资本主义国家的教育体系，力求博大、完备。解放后政府指示高等学校确定重点学院和学系，而每个院、系应在系统的理论知识的基础上，实行适当的专门化，并根据精简的原则，有重点地设置课程。目前，各校大多根据本身的师资设备及与企业部门联系的具体条件配合国家的建设需要。（三）由于国家经济、政治、国防和文化当前与长期的建设，需要各部门的专门人才。故规模较完善的学校，实科方面及财经方面，有一种"分系较细"的趋势。（四）新的教学研究指导组和教学小组正在普遍的建立起来。（五）课程的改革上，不再求多求博，而在于加强基本的训练，培植学生科学技术方面的良好基础。（六）各学校大都努力精简教材，编译中文讲义，改善教学方法，加强辅导工作，并开展适当的文体活动，贯彻每周四十四到五十学时制。（七）各校师生的思想理论水平都有所提高，都能拥护政府的政策，并响应政府的一切号召，把工作学习与爱国运动经常结合起来。[99]

在理工学院考察团北上考察的同时，留在学校的教师们也都没闲着。1951 年 3 月，中南教育部通知要求中山大学推选 9 人为代表参加中南教育部理工学院课改扩大会议及其准备会议。中山大学接通知之后，推定数学系教授刘俊贤、物理系教授夏敬农、地质系主任陈国达、化学系教授刘启裕、生物系教授吴印禅、机械系教授罗明燏、电机系主任吴敬寰、化工系主任刘鸿以及土木系教授黎献勇等 9 人前往参加。而外文系主任林文铮、历史系主任刘节、中文系主任王起、哲学系主任朱谦之、社会系主任董家遵等五人，奉中央教育部函同时赴北京参加课改扩大会议。[100]

中山大学的这一举动，其实颇有晚清五大臣出洋考察的意味。只不过，晚清政府建立起了从形式和理念上模仿日本的现代学校系统。参观团的北上考察，不仅仅关注高等教育的课程、教学等教育实质和内容，更有让这批文

---

99 中山大学高等教育参观团：《中南华北华东高等学校教育考察报告》，广州：中山大学图书馆特藏厅校史馆藏，1951 年 9 月，第 24-25 页。

100 《我校推排代表参加全国课改扩大会议》，《人民中大》，1951 年 4 月 15 日。

理学院的教授们的"思想"进行"考察学习"的目的。理工学院考察团的考察报告于 1952 年 9 月 12 日新学期开学时提交，很快便发给各学院作为院系调整的学习参考材料。[101]

三、调整方案的确定与颁布

院系调整的总原则是"以培养工业建设人才和师资力量为重点，发展专门学院与专科学校，整顿和加强综合大学"。[102]广东省也正是以此为总原则展开工作。1952 年 3 月 22 日，中央回电华南分局，对"所提广州高等学校调整方案，原则同意。"[103]5 月，"广东省广州区高等学校院系调整工作委员会"宣布成立。广东省文教厅厅长杜国庠任主任委员、省政府副主席李章达、中山大学校长许崇清、岭南大学校长陈序经任副主任委员。经中央教育部核示之后，1952 年 7 月，广州区高等学校院系调整工作委员颁布了《关于广州区高等学校调整方案报告》，确定了广东省高等学校按照"设立综合大学一所，工、农、医、师范等学院单独设立，财经学院附设于综合大学"的总体设计进行。

综合大学一所，即为中山大学，设文学院、理学院、政法学院和财经学院。其中，文学院、理学院和政法学院皆以中山大学原有各系为基础，将私立岭南大学、私立华南联合大学的相关各系迁入合并。财经学院则以华南联合大学、广东法商学院及广东其他院校有关系科为基础，合并组成。四所专门院校分别是：华南工学院，以中山大学工学院、岭南大学理工学院内工程方面系科、华南联合大学工学院以及广东工业专科学校等为基合并成立；华南农学院则以中山大学、私立岭南大学农学院原有各系为基础合并成立；中山大学医学院和私立岭南大学医学院合并组成华南医学院（后改为中山医学院）；另一所是华南师范学院，以广东省文理学院为基，合并中山大学师范学院教育系、体育系及私立华南联合大学教育系。[104]

---

101 广东省广州区高等学校院系调整委员会：《院系调整学习资料》，1952 年 10 月，中山图书馆藏。

102 《做好院系调整工作，有效地培养国家建设干部》，《人民中大》，1952 年 10 月 1 日。

103 《对广州高等学校调整方案的意见》（1952 年 3 月 22 日），广州：华南师范大学档案馆藏。

104 《中共中央对广州高等学校调整方案的意见》（1952 年 3 月 22 日），广州：华南师范大学档案馆藏。

院系调整总方案和各系科调整方案被公之于众。各系科方案中，基本包括了系科设置、师资及教学设备、各院校附中、附小处理问题意见、各学校下学年招生名额以及特殊情况学生的处理办法等等。政策确定下来，广东省文教厅准备在1952年暑期结束，新学期开始时着手执行。经过两轮思想改造运动，高等学校教师的思想已经在初步的转变当中。不少的教师已经克服了"个人主义思想"，并开始从国家建设上考虑高等教育的发展，没有人再站出来对院系调整提反对意见。然而，在政府看来，按照国家建设的需要和人民对教师的要求，教师们思想上的进步还是远远不够。因为他们的思想基础仍旧不巩固，甚至是混乱的。[105]1952年9月24日，《人民日报》社论专门提到："许多教师在思想上还严重地存在着崇拜英美资产阶级、宗派主义、本为主义、个人主义的观点。"[106]这无疑加速了以政权力量推动高等学校院系调整的步伐。

1952年10月14日，中共华南局第四书记陶铸在广东省府大礼堂向广州市高校教工作关于院系调整的动员报告，中山大学520名师生员工前往听讲。10月23日，中山大学院系调整筹备委员会成立。委员会由主任委员许崇清（中山大学校长），副主任委员冯乃超（中山大学副校长）、陈序经（岭南大学校长），委员王越、姜立夫、王力等11人组成。筹备委员会下分设教务组（召集人王越）、总务组（召集人谢健弘）、房舍分配组（召集人冯乃超）和房舍修建委员会（召集人陈序经）。

很快，院系的迁并开始了。中山大学第一次院系调整要求如下：

（一）工、农、医、师范学院划出去，与岭南大学、华南联合大学等学校的相关系科合并在一起，成立独立的高等专门学院，即华南工学院、华南农学院、华南医学院、华南师范学院。

（二）部分系科参与跨区范围内的调整。理学院天文系师生21人并入南京大学，地质系师生49人并入湖南省的中南矿冶学院。哲学系并入北京大学。人类学系调往北京中央民族学院。他们分别于1952年10月前往南京、长沙、北京等地报到。

（三）新的中山大学以原文、法、理各学院为基础，吸收岭南大学文理科各系和华南联合大学文法科各系，财经学院和广东法商学院相继并入。

---

105 《认真地开展高等学校教师思想改造》，《南方日报》，1952年10月27日。
106 《新华月报》，1952年第10号，第197页。

1952 年 11 月 25 日，调整后的中山大学举行开学典礼，[107]成为华南地区唯一的一所新型综合大学。中山大学在调整前共有 34 个学系和 5 个研究所（招收研究生的研究所），有教职员工 1049 人，学生 2630 人。[108]首次调整后的新中山大学，学院一级行政设置被撤销，开始实行系主任负责制，将"系"作为教学的行政单位，并制定了《中山大学"系"工作暂行条例》，明确系主任职责。为协助系的领导工作，各系还成立了系委会。[109]学校共开设有中文、外文、历史、语言、数学、物理、化学、生物、地理、财政、金融、会计、贸易、企业管理、政治、法律、社会、经济等 18 个学系，另有俄文、会计、金融、企业管理 4 个专修科，中国语言文学、历史、植物等 3 个研究所。全校共有 5263 人，其中教授 300 人，副教授 114 人，讲师 111 人，助教 242 人，职员 414 人，工人 639 人，学生 3443 人。[110]与调整前相比，学系数量减少 16 个，研究所数量减少 2 个，而教职员工和学生数量都有较大增长。这些新增的教职员工和学生，大多是由原来的岭南大学、华南联合大学等私立大学合并而来。

经过此次调整，广东省原有的私立高等学校全部撤销，学校数量由 24 所减少至 5 所，分别是：中山大学、华南师范学院、华南工学院、华南农学院和华南医学院，初步形成"一所综合大学、四所专门学校"的基本格局。

从全国范围看，至 1952 年年底，大陆的私立高等学校已全部改为公立，新成立了许多高等专门学院。其中以华北、东北、华东等三区调整的较为彻底；中南区则只有广州各高等学校已进行调整，西南区只进行了个别院校的调整。[111]学校的性质和任务明确下来，尤其是新成立了钢铁、地质、矿冶、水利等 12 类高等工业专门学院。[112]在政府看来，这些院校参照苏联经验改组了系科，多数工科及一部分理科专业，已基本走上"适应国家需要的

---

107 《本校一个月来筹备工作进行情况》，《人民中大》，1952 年 12 月 13 日。

108 《中山大学概况》，《人民中大》，1950 年 2 月 2 日。

109 《中山大学系主任领导工作经验初步总结（草稿）》，《人民中大》，1953 年 7 月30 日。

110 中山大学校史编写组：《中山大学校史（征求意见稿）》（下），第五章第 29 页。此书未出版。

111 《关于 1953 年全国高校院系调整的计划》，广州：广东省档案馆藏档案，档号：235-2-6-183~188。

112 《关于 1953 年全国高校院系调整的计划》，广州：广东省档案馆藏档案，档号：235-2-6-183~188。

途径"。[113]但是，调整并未就此结束。

四、削减基础学科

在新政府的眼中，原有的高等学校院系的设置是盲目的，是严重地脱离实际的。院系重复、人力物力分散、教学效果很低。加之所学内容广泛笼统，只能培养出不切实际的'通才'，'学非所用，用非所学'。中国正朝着工业化发展，工业建设的专门人才极为缺乏。高等学校的数量和质量都远远不能满足急切的需求。因此，需要对旧的教育制度和旧的高等教育设置进行彻底调整和根本改革，重要方式就是裁撤合并偏重理论的基础学科。[114]

1953年，"为了为使高等学校院系分布进一步趋于合理，人力物力的使用更为集中"，教育部决定继续深化院系调整。调整的原则仍以改组旧大学和增设高等工业专门学校为主，同时集中和大力整顿师范、政法、财经各院系，为今后发展准备条件。

在"全国一盘棋"的筹谋中，1953年主要是进行专业的调整，中南区的主要任务则是在继续院系调整的基础上进行专业设置和调整。[115]在中央教育部制定的《关于1953年全国高校院系调整的计划》。其中要求，湖南大学、广西大学、南昌大学的三所大学校名取消，三所大学的文、理系科并入武汉大学、中山大学；师范部分分别独立为湖南师范学院、广西师范学院及江西师范学院；中南区的机械制造、动力机械制造、电机制造及动力学系合并，在武昌成立华中工学院；中南区的土木系有关公路、铁路、工业与民用建筑部分及建筑工程系科合并，在长沙成立中南土木建筑学院；中南区内电机系电信部分、三大学的工学院土木系工业与民用建筑结构部分、武汉大学工学院土木系的工程测量专修科及湖南大学工学院土木系的建筑专修科并入华南工学院；中南区内缘由的财经政法院系分别独立出来，合并组成中南财经学院和中南政法学院；等等。[116]

---

113 《关于1953年全国高校院系调整的计划》，广州：广东省档案馆藏档案，档号：235-2-6-183~188。

114 《做好院系调整工作，有效地培养国家建设干部》，《南方日报》，1952年9月10日。

115 《关于1953年全国高校院系调整的计划》，广州：广东省档案馆藏档案，档号：235-2-6-183~188。

116 《关于1953年全国高校院系调整的计划》，广州：广东省档案馆藏档案，档号：235-2-6-183~188。

　　1953 年 9 月 20 日，中南区内涉及到的高校开始跨省范围的搬迁工作。1949 年以后，中山大学法学院下属 4 个本科学系：法律学系、政治学系、经济学系和社会学系。1952 年 10 月，开始院系调整时，中山大学取消二级学院建制，或将原有的学院或与其他院校合并升格为独立学院。岭南大学文学院的中国文学系、历史系、政治系、社会系、经济系、外国语文系，以及华南联合大学相关学系，皆与中山大学各相同学系合并。在此基础上，新的中山大学将原来法学院的法律系、政治系、经济系和社会系合并为政法系。

　　政府认为政法学科是"国家意识形态的集中表现"，"具有强烈的阶级性和政策性"，因而需要对旧的政法教育体系和思想体系"彻底加以摧毁"和"根本改造"，[117]并规定"政法学院以培养各种政法干部为任务，每个行政区如条件具备，得单独设立一所，由中央或大行政区政法委员会直接领导。"[118]这要求，所有高等学校的政法系都要并入该大行政区内唯一的政法学院，以专门培养政法干部。1952 年政府新筹建了北京政法学院、西南政法学院、华东政法学院，后来又增加了中南政法学院。1953 年 10 月，中山大学政法系迁出，并入武汉大学和中南政法学院；财经学院的经济系、社会劳动组迁出，分别并入武昌新成立的中南财经学院和武汉大学；南昌大学的数学及生物系、湖南大学的地理和外文系、广西大学的文、理系科部分并入中山大学，以及中南区各大学及师范学校的外文系英文专业也全部迁入中山大学，组成英国语言文学系。海南师范专科学校撤销，并入华南师范学院和华中师范学院。

　　这样，新成立的中山大学没有了法学院，也没有了政治系、法律系、经济系和社会学系。[119]没有迁走的一些法学院师生运气也不怎么好。大量的政治学书籍、资料全被清理搬走。夏书章、曾昭琼等教师留了下来，但是停止了原有的专业研究，改任马列主义基础课教学工作。

---

117 《关于政法教育的方针任务》，高等教育办公厅编：《高等教育文献法令汇编（第二辑）》，1955 年，第 6-10 页。

118 吴定宇：《中山大学校史（1924-2004）》，广州：中山大学出版社，2006 年，第 256 页。

119 张紧跟：《百年历程：1905-2005 中山大学的政治学与行政学》，广州：中山大学出版社，2005 年，第 148 页。

表 2-3-1：1953 年下半年广东高等学校系科增减情况表

校 名	迁 出	迁入及增设
华南工学院	机械制造、动力机械制造、电机制造及动力部分迁入华中工学院，土木系有关铁路、桥梁部分迁出并入中南土木建筑学院，水利系并入武汉大学水利学院。	武汉大学工学院的电机系电信部分、土木系工程测量专修科、南昌大学、湖南大学、广西大学三校的工学院的土木系工业与民用建筑结构部分和湖南大学工学院土木系的建筑专修科。
中山大学	财经学院、经济系、社会劳动组迁出并入武昌新成立的中南财经学院；政治系、法律系迁出并入中南政法学院；语言系并入北京大学。	南昌大学、湖南大学、广西大学的文、理系科部分迁入，中南区各大学及师范学院等校外文系的英文部分全部并入，成立英国语文学系。
华南师范学院	无	海南师范专科学校部分并入；增设数学系、政治教育系。
华南人民文艺学院	美术系科迁入中南美术专科学校，音乐系科迁入中南音乐专科学校；校名取消。	无
南华财经专科学校	并入中南财经学院；校名取消。	无

中山大学在此次院系调整中的具体情况是：（一）财经、政法各系迁出，调至武汉大学、中南政法学院等院校。（二）原武汉大学、湖南大学、广西大学、南昌大学、华中高等师范等院校部分有关科系师生调入中山大学。（三）1954 年，将全国唯一的语言系由中山大学调整到北京大学。语言系主任王力教授带领全系师生 48 人整体迁出。

中山大学为调整的顺利进行做了多方面准备，如成立财经、政法各系调整工作组，广泛听取师生意见，并在调整过程中组织好迎送工作，切实解决教师子女的入学等问题。[120]对于学校大规模的迁并和搬迁过程中可能出现的问题，尤其是搬迁过程中产生的车旅费、运输费等，中南区高等教育部专门出具多份文件要求教师、学生和学校按不同的要求遵守执行。例如：《中南区一九五三年高等学校院系调整迁运旅差费开支及领报暂行办法（草案）》。[121]

---

120 《中山大学一九五三年院系调整工作总结》，中山大学档案馆馆藏档案。

121 中南高校调整委员会：《制发 1953 年院系调整迁运旅差费开支及领报暂行办法的通知》（1954 年 7 月 29 日），广州：广东省档案馆馆藏档案，档号：314-1-104-130~133。

根据广州区高等学校调整工作委员会的安排，经过重组的中山大学于 1953 年 10 月 21 日迁入位于广州东南郊的原岭南大学校址康乐村。中山大学原石牌校址，则成了新的华南工学院、华南农学院的校址；中山大学原百子岗校址，兴办华南医学院。为了使迁校工作顺利进行，上级拨款 623400 万元旧币作为建筑经费，其中 351000 万元旧币建筑教职员住宅，65400 万元旧币建筑单身教职员宿舍，3500 万旧币建筑工友住宅，22000 万旧币建筑膳堂，100000 万元旧币建筑图书馆阅览室，50000 万元旧币修建附小校舍。[122]原岭南大学校长陈序经出任房屋调配主任，曾为了解决学校房舍不敷的状况，提议购买康乐村旁怡乐村房屋，解决房荒，但以"上级要盖房子，不是买房子"为由被新来的党员领导拒绝。[123]由于准备充分，从石牌到康乐村校址的搬迁仅用了一天。

1952 年调整时，中山大学的地质系、天文系、人类学系、哲学系全部被迁出；经过 1953 年的调整，语言学系和经济系、政治系、法律系等学系被调出。一批具有影响力的教授、学者都被调离至武汉、南京或北京等大行政区中心城市的学校。经过重组的中山大学，失去了财经、政法、农医等学科和哲学系、人类学、天文学、地质学等基础学系，成为只具备中文、外文、历史、数学、物理、化学、生物、地理等少数文理学科的大学。

这种裁撤基础学科的现象，广东省并非个例，而是大陆高等学校院系调整过程中的普遍做法。新中国成立前，文科、财经、政法科在校生数量占总人数的 10.22%、11.45%、24.37%，全国开设有经济学或财经院系的高等学校 70 余所，系科 30 多个，在校生 25000 多人。[124]经过教育部的合并、撤销等措施，大陆的财政院校总数仅为 5 所，开设有财经系科的综合大学仅有 11 所。在全国范围内，政法学系也是一度萎缩和淡化。1952-1953 年间，综合大学的政治学系基本上全部被取消。当然，有相似经历的还有哲学、人类学、心理学、语言学和逻辑学等偏重理论的文理基础学科，它们大都经历了这种先合并，而后被重组或撤销的命运。

中山大学法学院教授夏书章教授对此种裁撤非常不满："有法有政，却无

---

122 《开学前各项准备工作已经全部做好，设置十二个专业严格执行教学计划》，《人民中大》，1952 年 11 月 27 日。

123 陈序经：《我的几点意见》，《南方日报》，1957 年 6 月 14 日。

124 中华人民共和国高等教育部：《全国高等教育统计资料（1963-1965）》，1966 年，第 14-15 页。

法政学科，为何不重视学科建设？资本主义有一套，难道不应该有社会主义的一套？"[125]原岭南大学校长陈序经也曾讲："院系调整时，没有力争保留经济与法律系，让两系连根拔掉……都说明我们自己没有原则，没有好好考虑本校的具体情况，和本省的长远需要。"[126]不过，即便当时作为广州高等学校院系调整委员会的委员，陈序经对此决定也毫无发言权，只能照章执行。

根据政府的统一部署，中南区内的高等学校在 1953 年的调整中均以湖北省武汉市为中心。中南区内高等学校原有的工科学系和专业以及财经、政法院系大部分被并入湖北省武汉市的高等学校或组成的专门学院。湖南大学、广西大学和南昌大学的校名被取消，原有的外语系、师范系重新组合为新的师范院校。与之前相比，中南区内师范类学系以及财经、政法等学科的力量得以集中。这体现了政府重视培养工业建设所需的专门人才和发展教育所需的师资的政策。广东省高等学校数量不仅急剧减少，原有的财经、政法等有较好基础的文法学科基本都被迁出。与湖北省及其中心城市武汉相比，高等教育力量受到极大削弱。

因为加强有利于国家工业建设的实用学科成为改造大学的基本政策取向，哲学、文学、法学、社会学、人类学、天文学、逻辑学等基础理论学科在大陆范围的高校里大部分被压缩、改造，或者直接被撤销了学科建制。经济系没有被撤销，但基本上都如中国人民大一样，设经济系、计划经济系、财政信用借贷系、贸易系、合作社系及工厂管理系等，研究计划经济的相关内容。[127]这说明，正是在国家需要为导向和"全国一盘棋"的统一调整方案指引下，才使得如此大范围、大幅度的调整能在短时间内顺利完成。

第四节　私立大学的末路：岭南大学的改造和撤销

私立大学是广东近现代教育史上重要的高等教育力量，曾极大推动了广东近现代高等教育的发展。到 20 世纪 40 年代末，广东省共有私立珠海大学、私立岭南大学、私立广州大学、私立海南大学、私立广东国民大学、私

---

125 张紧跟：《百年历程：1905-2005 中山大学的政治学与行政学》，广州：中山大学出版社，第 148 页。

126 陈序经：《我的几点意见》，《南方日报》，1957 年 6 月 14 日。

127 胡建华：《现代中国大学制度的原点：50 年代初期的大学改革》，南京：南京师范大学出版社，2001 年，第 152-153 页。

立广东文化大学等私立高等教育机构。1948 年前后，许多学生分赴战场参加革命，在校人数锐减。新政权建立后，集体化大肆拓展，私人事业、私立大学受到歧视。学生上大学，首要选择是公立大学，落榜之后才会考虑私立大学。因此，私立大学里面普遍弥漫着一种悲观的情绪，学生一直在减少。这从 1951 年 5 月份广东省文教厅的高等学校各项统计表中也可以看出：无论学校教师、工警、学生的人数，公立高等学校始终高于私立高等学校各项。[128]终于，在 50 年代中国外交政策调整、朝鲜战争爆发的背景下，这些私立大学和教会大学走向命运的转折，并在全国大范围的高等学校院系调整中，被拆分、撤销。本节意在就五十年代初期岭南大学的改造和撤销为例进行探究，重现私立大学在院系调整中改造与消亡的过程。

岭南大学源于美国人哈巴（Rev. A. Happen）1888 年在广州沙基金利埠创办的格致书院。1914 年，学校开办文、理本科，并在美国纽约教会董事局注册成立岭南大学基金会，始称岭南大学。[129]作为教会大学，岭南大学长期接受美国基金会的资助及学校董事会的领导和管理，校务发展相当迅速。历经民国和中华人民共和国的时局变换、流离动迁，岭南大学秉承基督教教育的目的与精神，培养了大批农业、法律、金融、工科、医科等领域的卓越人才，有过辉煌的历史。1950 年朝鲜战争爆发，中美关系持续恶化，中共对教会大学的政策发生明显改变。1951 年 2 月 4 日，岭南大学董事会美籍成员富伦离开岭南大学，学校暂时维持私立，接受政府补贴，走向命运的转折。1952 年，全国范围的高等学校院系调整拉开序幕，岭南大学未躲过被拆分、撤销的命运，在历史长河中消逝。

一、1950 年前后的岭南大学

1949 年初，国共在战场上的局势日益明朗，国民党政府的失败已成定局。时局不稳，私立岭南大学在此空隙，却迎来难得的发展机会。在其他高等学校人事动荡之际，校长陈序经积极延揽人才，积极筹措资金。出于学校此时受政治影响最弱，又有相对稳定的港币工资收入，不少教授学者愿意接受私立岭南大学的聘书。1949 年 3 月，岭南大学校报（康乐再版）聘来陈寅

---

128 广东省文教厅：《广东省公私立高等学校各项统计表》（1951 年 5 月 22 日），广州：广东省档案馆藏，档号：204-3-79-089~079。

129 私立岭南大学：《私立岭南大学概况》，广州：广东省档案馆馆藏档案，档号：038-001-1-054~065。

恪（中国文学系及历史政治学系教授）、张纯明（历史政治学系教授）、李祁（外国语文系客座教授）、吴大业（经济商学系教授）、马祖圣（化学系教授）、梁方仲（经济商学系教授）、谢扶雅（兼任哲学教授）、冯恩荣（兼任哲学系教授）、刘节（中国文学系兼任教授）、章文才（园艺学系兼任教授）、张兴耀（土木工程系讲师）、陆景卫（社会学系教授）。[130]北平协和医学院的医学放射学专家谢志光教授、秦光煜、陈国祯、白施恩、许天禄、外科专家司徒展教授、知名眼科专家陈耀真和毛文书夫妇也在陈序经校长努力邀请南下。岭南大学医学院自此成为国内一流的医学院。此外，还有著名教育学家汪德亮、从英国回来的经济学家王正宪和夫人数学家潘孝瑞、从法国回来的法学博士端木正、从美国回来的电子学专家林为干、数学家郑曾同、历史学家蒋相泽、政治学家钟一均、生物学家廖翔华、外国文学专家杨绣珍等等。[131]这为学校的长久发展谋得了良机和实力。

1949 年 10 月 14 日，中国人民解放军第四野战军进驻广州。国民政府行政院撤销，中共全面接手广东省政权。但是，广州公、私立高等学校较多，高级知识分子聚集，个人主义、自由主义盛行，情况极为复杂。中共急于恢复政治与经济的正常秩序，对公立高等学校实施了一般性的接管。岭南大学因其私立性质，没有经过接管步骤，仍旧有较大生存的空间。学校的师生们盼望恢复和平与安定，兴高采烈地迎接新生政权，积极参加各种运动。虽然时局动荡、人心不稳，至 12 月底，全校仅 1 名教员赴港未归，学生退学及休学者共 78 人，其中近 40 人未办理手续，其余教职员工均继续在学校服务。[132]广州实现政权转换，岭南大学算是平稳渡过。

新中国成立，教育事业也随之跃入一个新阶段。岭南大学作为旧式教育的一部分，在办学模式、管理模式上以及与西方的关系上，与新教育根本不符。并且，教会学校大多被视作帝国主义进行"文化侵略"的阵地，[133]这早就为中国所有的教会大学埋下命运伏笔。虽暂时未行接管，对岭南大学的调查却是无休无止的。1949 年 11 月至 1950 年 6 月间，岭南大学几乎每月向广

---

130 《本学期各学院新聘教授题名》，《岭南大学校报（康乐再版号）》，第 94 期，1949 年 3 月 10 日，第 3 页。

131 陈其津：《我的父亲陈序经》，广州：广东人民出版社，1999 年，第 160 页。

132 杨庆堃：《校务会议纪录》，《岭南大学校报（康乐再版号）》，第 109 期，1950 年 1 月 16 日，第 2 页。

133 陶飞亚：《"文化侵略"源流考》，《文史哲》，2003 年第 5 期，第 32 页。

东省政府文教厅提交一份关于学校概况介绍的材料，反复介绍学校的历史沿革与现状，内容涉及机构组织、董事会成员、办学经费来源、教师受教育经历、专任及散任教师人数、建筑及设备、生源地调查、研究所各项研究的进展情况等等，事无巨细。[134]通过岭南大学提交的材料，广东省政府详细掌握了学校的人事变动、思想政治教育、教学改革等方面的状况。

此时的岭南大学基本沿袭民国办学模式，开设有文科、理科、工科、法科、商科、农科、医科、师范等现代高等教育的基本学科，专业设置的地域特色明显，部分院系附设研究所，有较好的教学及研究基础。陈序经校长认为岭南大学有着悠久的历史，优美的校舍和优良的学风，但在学术上不能说已达到理想的地位，因此在新的历史节点上，学校应以提倡学术作为努力的起点。[135]而且，当时的岭南大学各学院有着王力、陈寅恪、李祁、周其勋、梁方仲、吴大业、王正宪、彭雨新、张纯明、容庚、庄泽宣、陈汉标、岑家梧、姜立夫、陈永龄等一大批各学科的知名专家、教授。理工学院新还开设了数学系。[136]新政权建立，岭南大学本应朝着更好的方向发展。并且，学校能够紧密结合广东社会经济、政治发展需要，观清形势，主动停止三民主义及伦理学的学习，积极开设马克思主义的政治理论课程，着力进行组织机构和课程设置的改革。

为加紧学校教师的政治学习、工作，岭南大学教员联谊会特设学习、检讨两股，分别聘任李镜池和金应熙为股长，请全体教师自由选择参加。[137]每周一的晚上，教员联谊会要举行新民主主义专题演讲，由各个学系的教授主持。演讲大多与时俱进，以宣传政府政策为主。譬如《人民币与新工商政策》、《新民主主义的文化观》、《中国少数民族问题》、《农业的转向》等等，每次听讲者甚众。[138]以团结校内各群体及维护本群体利益的岭南大学工友联谊

---

134 私立岭南大学：《私立岭南大学概况调查情况的文》，广州：广东省档案馆藏，档号：038-001-1-054~065。

135 陈序经：《最近一年的岭南大学》，《岭南大学校报（康乐再版号）》，第103期，1949年10月14日。

136 陈序经：《最近一年的岭南大学》，《岭南大学校报（康乐再版号）》，第103期，1949年10月14日，第1页。

137 李镜池、张恩虬：《学习新知识的经过》，《岭南大学校报（康乐再版号）》，第109期，1950年1月16日，第1页。

138 岭南大学：《教联会继续举行新民主主义专题演讲》，《岭南大学校报（康乐再版号）》，第107期，1949年12月16日，第2页。

会、职员联谊会、学生自治会等组织相继成立。[139]伴随着土地改革、"三反"、"五反"运动、知识分子思想改造运动，岭南大学在政府部门的领导下积极参加各项运动，不断做出妥协性调整。

实际上，岭南大学从建校之初就不同于其他的私立学校。它作为教会大学，却始终强调学校的非教派性，并欢迎中国人的合作。作为私立学校，除了在政府注册，接受政府检查，还遵照政府的规定开设课程、聘中国人担任学校校长和董事会成员。历经几十年的风雨，岭南大学始终能够适应社会政治局势，在动荡不安中求得生存和发展。

二、境遇突变

随着美苏冷战时局的进一步发展，中美关系日趋恶化，中共开始考虑对教会大学进行整顿、改造。岭南大学是教会学校，长期接受美国岭南大学基金会的财政支持，学校权力的核心在于由董事会推选的校长和校务委员会。

在中共决定改造旧教育的同时，1950 年 6 月 25 日，朝鲜战争爆发并引发了一场全国性的"抗美援朝"运动。联合国安理会决定由麦克·阿瑟将军出兵援助韩国，并派第七舰队保卫台湾。控诉美帝运动作为政治任务迅速在各地开展，所有在华美国人立即变成美帝分子。7 月 28 日，中央人民政府政务院颁布了《私立高等学校管理暂行办法》，其中规定："私立高等学校的行政权、财政权及财产所有权均应由中国人掌握。"[140]这一规定，直接剥夺了富伦等外籍董事会成员参与学校管理的权利。11 月初，中共决定出兵朝鲜。为唤起人民参加抗美援朝的热情，政府展开大规模抗美援朝宣传教育运动。岭南大学里，学生们群情激愤，纷纷撕掉牛仔裤和美国小说，要求学校断绝与美国教会的联系，声援抗美援朝，保家卫国。[141]12 月 1 日，学校开始出现针对个别美国人的大字报，并逐渐牵涉到所有美籍教员。12 月 14 日和 15 日，岭南大学在怀士堂正门前的大草坪上召开"控诉美帝分子"大会。以富伦为首的美籍董事会成员及教授，就是学生和员工们的声讨对象。昨天还是老师、

---

139 岭南大学：《工友联谊会组织章程》，《岭南大学校报（康乐再版号）》，第 106 期，1949 年 12 月 1 日，第 2-3 页。

140 常春元：《新民主主义教育历程》，上海：上海杂志公司，1950 年，第 383 页。

141 《本校热烈参加反侵略动员大会》，《岭南大学校报（康乐再版号）》，第 120 期，1950 年 11 月 30 日，第 2 页。

朋友，今天就变成了敌人。学生们在会上喊出"美帝倒下去，岭南站起来"的口号，声明同美帝国主义脱离关系。无论是教师还是学生，都被迫作出选择，还要冲锋在前。学校还动员学生去参军，参加军事干部学校，以实际行动去支援抗美援朝。

进入 20 世纪以后，中国的教会学校以及私立学校在数量和办学层次上都有所发展。随着教会和私立学校在数量上的迅速发展，他们各自形成了一个完整的办学体系。许多教会学校精心发展附属学校和预备学校，自我吸收和提供生源，形成了自身的学制系统。经过民国"收回教育权运动"之后，不少知识分子和学生认为教会学校侵犯了中国的教育主权。而且，民国时期国家主义教育思潮已经触发了社会对教育主权问题的敏感性。如今被再次提起，必然又会得到许多人的响应。

1951 年是中共取得大陆政权的第三个年头，中国人民志愿军和朝鲜人民军与美国为首的联合国军正在"三八线"以南激战。教会大学同美国脱离关系成了必然。1 月 16 日，教育部在北京召开处理接收外国津贴的高等学校会议，岭南大学派校董代表杨重光、教员代表岑家梧和学生代表卢永根出席。教育部根据政务院的决定发出《关于处理接受美国津贴的教会学校及其他教育机关的指示》，规定按学校的具体情况，采取不同的处理办法。一是立即接收，变私立为公立；二是暂时维持私立，改为完全由中国人自办、政府予以补助，准备条件转为公立。岭南大学虽然接受外国教会资助，并本着基督教精神立校，但它本身不隶属任何教派，因此仍然维持私立。

面临日益严重的矛盾冲突，学校里的美籍教师及其他外国教师对学生的政治活动和反美情绪深感不安，他们在学校的行政职务也相继被解除。1951年 2 月 4 日，在岭南大学的最后一批美籍教师富伦、嘉里斯和贺辅民等撤离广州。他们的离开，切断了纽约岭南基金会与岭南大学的直接联系。

资金筹措本就是困扰私立大学的难题。在岭南大学之前，已有南开大学、复旦大学等私立大学因资金短缺，接受政府拨款而改为国立大学，受政府控制。抗战期间，国民政府也曾借口提供资金让岭南大学改为国立，但被当时的校长李应林断然拒绝。经历 1927 年的"收回教育权运动"后，美国基金会对岭南大学的资助已十分有限，学校的办学资金大部分靠董事会和校长的筹措。此次，与美国基金会的联系中断，更加剧了学校的资金短缺问题。岭南大学仅依靠学费和私人捐助难以维持，不得不请求政府给予补助和节约开支。[142]行政、教学人员的临时更迭、调整，极大干扰了学校学术水平的恢复。政府通过限制学校的办学经费来源及用途，间接控制了学校的发展命脉。

此外，岭南大学正常的对外学术交流活动也受到严格限制。抗战时期，由于战争的影响，高等学校的国际学术交流倍受影响。这一时期，广东省的高等学校依然能奋力组织师生出国进修、交流。即便在内战时期，广东省高等学校的校内、外学术交流依然频繁。1948年4月，中山大学、岭南大学、广东省文理学院和香港大学四院校物理教授举行座谈会，交流学术和教学问题。文、法、师范等学科亦可先后派出钟日新、雷荣珂、蔡乐生等教师赴美国进修。

一些国外研究机构和大学还纷纷向国内各高等学校教师发出讲学和参会邀请，如美国援华联合会、国际人类民族科学大会、密歇根大学等；此外，天文系教授邹仪新还获得了国际天文协会及联合国教育科学文化组织两级机构的资助，前往英国格林威治皇家天文台从事研究工作；土木工程系教授黎献永曾获美国衣阿华州立大学研究院奖学金，赴美国进修水利及考察工业教育。

同时，亦有外国专家应邀来华讲学：1946年9月，中山大学农学院昆虫学会邀请英国昆虫学家罗伊·尤新来校演讲《英国战时昆虫事业及杀虫剂之应用》；1949年1月，美国社会人类学家、芝加哥大学社会科学院院长兼人类学系主任勒德菲尔博士抵达广州作中美文化交流考察，并应中山大学人类学系的邀请，来校参观各学院。[143]

除此之外，中外学术交流中，互赠图书仪器、标本等也是一项重要内容。无论中山大学还是岭南大学，都曾接受国内外机关团体和个人捐赠，购买图书仪器。联合国机构以及美国、英国、加拿大等国家的一些单位，曾为中山大学捐赠医学、农学等各种图书杂志两万多册。哈佛大学也曾赠送给中山大学一座德雷伯11寸望远镜，联合国救济总署也曾为广东省的高等学校赠送器材、化学药品等等。[144]

---

142 中南教育部：《转知中南教育部对岭大呈请追加补助费的核示》（1951年11月13日），广州：广东省档案馆藏，档号：314-1-45-59~61。

143 梁山、李坚、张克谟：《中山大学校史（1924-1949）》，上海：上海教育出版社，1983年，第126-128页。

144 梁山、李坚、张克谟：《中山大学校史（1924-1949）》，上海：上海教育出版社，1983年，第126-128页。

1949 年美国西雅图华盛顿大学经济学院院长普雷斯顿博士及其夫人由美国国务院中美文化基金会派来中国各地讲学，并应岭南大学及各社团邀请到校演讲。[145]相比中山大学，私立岭南大学因与美国基金会的联系及学校校友会的存在，对外学术交流更加频繁。

这种状况随着新政府的建立而发生转变。高等学校对外学术交流工作逐渐受到严格的限制，甚至一度中断与除苏联及东欧以外其他国家的学术交流与沟通。1951 年 5 月，联合国教育科学文化组织东方科学合作馆发函，想要请岭南大学农学院交换一些植物种子。[146]岭南大学认为此事事关中国外交，是国际性的交换材料，于是上报广东省教育厅征求对此事的态度和方针。广东省文教厅经过半个月的考虑，指示岭南大学婉拒。[147]为彻底断绝私立大学与国外的联系，中央教育部及外事部不断出台新的文件和措施。

1952 年 7 月，中南区教育部下发一份文件，要求全国高等学校订阅国外期刊，均需要根据领导关系，向省级教育管理部门、各大行政区教育部及中央教育部提交申请，逐级审批，申请书的填写包含期刊名称（原名及译名）、用途、价目等内容。[148]岭南大学医学院迅速列表、上报曾收到"联合国教育科学文化组织东方科学合作馆"寄来的书刊、标本等资料的名称、期数及册数，并特别强调除此之外与该组织没有任何联系。[149]9 月 20 日，中南军政委员会教育部下发文件，要求广东省文教厅彻查岭南大学对外自由交换资料一案。[150]10 月 16 日，中南外事处再次要求广东省文教厅查清岭南大学医学院

---

145 《美华大学经济学院院长来穗演讲》，《岭南大学校报（康乐再版）》，1949 年 2 月，第 93 期，第 3 页。

146 中南教育部：《关于联合国教育科学文化组织东方科学合作馆请岭南大学交换植物种子，希婉却》（1951 年 5 月 30 日），广州：广东省档案馆，档号：314-1-43-98~100。

147 中南教育部：《关于联合国教育科学文化组织东方科学合作馆请岭南大学交换植物种子，希婉却》（1951 年 5 月 30 日），广州：广东省档案馆，档号：314-1-43-98~100。

148 广东省文教厅：《抄转中南教育部关于高校订阅外国期刊暂行订阅办法》，档号：314-1-85-88，广州：广东省档案馆，1952 年 4 月 10 日。

149 广东省文教厅：《转发岭南大学报告该医学院先后接到"联合国教育科学文化组织"所寄来的书刊名称》，档号：314-1-85-91，广州：广东省档案馆，1952 年 7 月 15 日。

150 广东省文教厅：《通知岭南大学深刻检查对外自由交换材料的违反政策行为》，档号：314-1-85-92，广州：广东省档案馆，1952 年 9 月 20 日。

收到的外文书刊，列出书刊名称（原名及译名）、出版单位，写清楚用途及所在何处。[151]调查所至，细致入微。

经过政府有计划、有步骤的改造，岭南大学除所有权性质仍属私立之外，在学校管理、办学资金、教学内容和方法及毕业生就业等方面已与公立大学没有区别。学校的行政结构和教学计划全部在政府的监督和管理之下，遵从政府的指示和要求。《南方日报》刊登《岭南大学的变迁》一文，作者认为是抗美援朝运动和新中国各方面的建设，使岭南大学的学生从事实中得到教育，继而发生思想上的转变，认识到祖国的可爱。[152]岭南大学的副校长陈长敬对此评价说："岭南大学过去是面向美国，现在是面向北京。"[153]但是，岭南大学主动适应、依附的做法，并没有使它所处的境遇有所改善。

三、妥协

1951年11月30日，中央人民政府政务院发出《关于在学校中进行思想改造和组织清理工作的指示》，动员教师和高校学生开展学习运动，通过批评和自我批评，实现自我教育和改造。并且，要求在所有学校的教职员和高等院校学生中进行组织清理工作，清查其中的反革命分子。[154]华南分局对这份文件十分重视。12月8日，华南分局召开常委会，决定成立广州地区高等学校教师思想改造学习委员会。高等学校院系调整不再仅仅是一项教育改革，它裹挟着思想改造，成为一场自上而下的政治运动。按照计划，广东地区各高等学校教师思想改造运动和"三反"运动相继展开。各校发动教师和学生群众广泛开展批评与自我批评，检讨自己思想上存在的问题，消除资产阶级和小资产阶级的影响。

私立大学、教会大学作为"资产阶级思想的庇护所"，思想改造运动更是不可避免。岭南大学的教授，有不少曾留学西方，受西方思想影响较大。如今，又在与美帝纠缠不清的学校任教，是重点要改造的对象。岭南大学的绝

151 中南外事部：《请查清联合国教育科学文化组织寄书刊给岭南大学医学院的情况》，档号：314-1-85-93，广州：广东省档案馆，1952年10月16日。

152 章洛、路平：《岭南大学的变迁》，《南方日报》，1951年9月27日。转引自：杨春南主编：南中国走向巅峰——新华社广东分社60年新闻作品选，2009年。

153 章洛、路平：《岭南大学的变迁》，《南方日报》，1951年9月27日。转引自：杨春南主编：南中国走向巅峰——新华社广东分社60年新闻作品选，2009年。

154 中央教育科学研究所编：《中华人民共和国教育大事记（1949-1982）》，北京：教育科学出版设，1983年，第48页。

大部分教师这时已然意识到，不接受改造，就不会有他们在新社会的地位。他们学习理论、反省历史，开始从政治上、思想上否定自我，以便形成对新政权的政治认同。

1952 年 7 月，教育部派遣一支 10 人工作队奔赴广州。华南分局从已经结束运动的中山大学抽出一批干部，连同北京派来的袁永熙、彭珮云等十几位官员，参加岭南大学的教师思想改造运动。工作组在岭南大学成立总部，学校内所有的教员每天要参加一次小组会，进行口头和书面的自我批评及组员间的相互批评，检讨自己过去的行为、想法是否与无产阶级思想相违背，当面回忆、揭露自己或同事的资产阶级行径。学校为人民服务、为国家服务的责任被不断强调，用英语讲课和采用美式教科书的资产阶级行径受到批判，学习苏联是反对"亲美、崇美、恐美"的有效方法得到宣传，院系的重复设置被定性为严重的浪费。在岭南大学全体师生及员工大会上，工作组成员、燕京大学教授侯仁之现身说法，叙述燕京大学的思想改造过程和合并经验，被树立为岭南大学开展运动的榜样。[155]

并不是所有的教师都发生了转变，或者那么容易转变。陈序经曾参加中西文化的论战，支持"全盘西化"，更被认为是资产阶级思想严重的人，因此在思想改造运动中的自我思想检查尤其受到重视。可是，要彻底否定自己过去的思想见解，就要不断批判自己以前讲的都是错的。陈序经第一次自我检查没有通过，第二次检查仍没有通过。他找了一些人帮忙给自己提意见，其实就是批判。直到第三次，大家都没有多少意见才算是通过了。陈序经在自我检查中写道：

> 我把苏联的社会主义文化放在西欧的资本主义的文化的范围之内，而统称其为西方文化。我甚至以为苏联的文化与其工业是尚赶不上英美的文化与工业化。我又以为苏联的政治制度不若英美那么民主，因而以为在工业发展上与民主政治上，苏联也正朝着英美的道路而走。这样的曲解苏联，完全是因为我没有了解苏联的社会主义文化的本质。受了资本主义与帝国主义文化的蒙蔽。[156]

时任岭南大学经济系主任的梁方仲因为"忠诚老实"地交代了自己的历

---

155 《岭南大学教师开始普遍检查思想，思想改造运动正顺利展开》，《南方日报》，1952 年 9 月 1 日。

156 陈其津：《我的父亲陈序经》，广州：广东人民出版社，1999 年，第 180 页。

史和思想而收到学生们写来的祝贺：

> 敬爱的梁先生，你的检讨，不但教育了你自己，而且还鼓舞、教育了我们；那天，你检查时的掌声，检讨后同学们的趋前和你握手的情形，只要你每一回想到，也就觉得兴奋和快慰吧！这些兴奋和快慰，是你思想斗争的结果，是你的光荣，我们的荣誉，是祖国人民的胜利，是真理的力量！

> 梁先生，现在你已经是人民教师了，值得骄傲吗？值得！值得欢呼吗？值得！图书馆的纸花不能埋没你的青春，不能，一点也不能！因为你不能自绝于人民呀！你的青春现在正开始！你要投身入一切的实际斗争中去，将自己锻炼得更坚强，勇敢的人永远不会留恋过去丑恶的一切，不单不会留恋，而且还给它致命的打击。……我们有胆量和决心来打破旧传统、旧标准和旧原理，而且我们更晓得建立新传统、新标准和新源里。科学家最崇高最宝贵最光荣的品质就是为人类的彻底解放而斗争！记着吧，梁先生，从事斗争，你要做一个战士，一个战士就要反对脱离人民，不顾人民需要的倾向。[157]

在此之前，经过宣传动员，岭南大学全校教师对运动的意义已经有了初步的认识。又经过两个多月的政治学习，全校教师普遍能够联系自己的个人历史、所受教育、在旧社会的政治关系和政治表现等，祖露自己"亲美、崇美"的思想，批判自己的旧教育思想，表明对思想改造的认识和决心。教师和学生们的思想发生了巨大变化，普遍形成国家利益高于个人或学校的利益的认识。因而，他们转向支持院系调整，再不对院系调整表达不满和反对。师生们应付各类运动，已是心疲力竭，根本无法平静地思考涉及学校未来发展的重大问题。

四、初步调整

政府认为，当前国家经济发展急需改变过去重文轻工、师范教育缺乏的教育面貌，建立相对完备的高等工科教育体系。从而，将全国的高等教育逐步纳入国家计划经济、实现统一管理，以苏联教育体制彻底取代旧有的英美

---

157 梁承邺：《无悔是书生：父亲梁方仲实录》，北京：中华书局，2016 年，第 208-209 页。

模式是高等教育改革的必由之路。1951 年 5 月，政务院批准了教育部长马叙伦的报告，确定充实和调整原有高等学校院系，并着手进行全国范围内高等学校的院系调整政策的制定和实施。整顿私立高等学校，合并成立工学院的思路显露苗头。

1951 年 11 月 3 日至 9 日，教育部召开全国工学院院长会议。马叙伦等人做了几次关于合并成立工学院的政策报告，重工业部、燃料工业部、交通部的负责人也反复强调各部需要干部的迫切。会议最终拟定了工学院调整的具体方案。其中，涉及到广东省的具体调整细则是将广东省内原高等学校的工学院、华南联合或工程方面的系科合并成立一所独立的工学院。1952 年 1 月 24 日，中南军政委员会教育部转发了工学院调整方案，要求相关院校贯彻执行。3 月 2 日，中共华南分局和广东省人民政府文教厅将拟定的《关于广州区高等学校调整方案报告》呈报中央。报告提出"设立综合大学一所，工、农、医、师范等学院单独设立的，财经学院附设于综合大学"的调整方向。[158]

为保证院系调整工作的顺利进行，华南分局在 5 月份成立了"广州市院系调整工作委员会"。广东省文教厅厅长杜国庠任主任委员，省政府副主席李章达、中山大学校长许崇清、岭南大学校长陈序经任副主任委员。有关具体工作由委员会成立专门小组，分别研究、制定方案，通过执行。经过数次讨论协商，委员会就师资和设备调查、科系调整、房舍调配和修建方面拟定了具体方案。[159]按照国家对综合大学的数量要求，全省设立一所综合性大学，即中山大学。岭南大学的文学院、理工学院中理学院部分并入中山大学。另外，要设立四所专门学校。以中山大学农学院和岭南大学农学院为基础，合并组成华南农学院。中山大学医学院、岭南大学医学院和广东光华医学院合并组成华南医学院。原中山大学工学院、岭南大学理工学院内的工学院部分、华南联合大学工学院、广东省工业专科学校集中组成华南工学院。岭南大学电机工程、土木工程系科的师生、设备财产迁入华南工学院。[160]尽

158 中共华南分局：《华南分局关于广州区高等学校调整方案报告》（1952 年 3 月 2 日）。转引自：中共广东省委党史研究室：《中国共产党广东历史：1949-1978》（第二卷），北京：中共党史出版社，2014 年，第 248-249 页。

159 广东省文教厅：《关于广州区高等学校调整方案报告》，广州：广东省档案馆藏，档号：204-1-272-072。

160 《中共中央对广州高等学校调整方案的意见》（1952 年 3 月 22 日）。转引自：中共广东省委党史研究室：《中国共产党广东历史：1949-1978》（第二卷），北京：中共党史出版社，2014 年，第 248、249 页。

管院系调整并非是针对教会大学，但从政策本身来看岭南大学要遭受的是灭顶之灾。

随着政府每项新教育纲领的提出，岭南大学与之越来越不能配合了。政府把高等教育的重点放在科学与技术教育方面，认为集中省内一两个领域甚至同一专业的院系合并成为一所专门学校、开设高度专业化的课程能够高效培养出专门人才。岭南大学的老师感到这种调整是不合理的，对即将到来的根本性转变也毫无准备。毕竟，岭南大学是一所私立大学，又历来奉行欧美式通才教育，这与调整的目的和方向南辕北辙。岭南大学并没有察觉到自己真的会被瓜分。

1952 年 5 月，学校征集各院、研究所的教员关于岭南大学院系调整的意见。农学院的一位教员认为，当前加强组织自然博物探集研究室才是合理的。如若把自然博物采集所的植物部分归入广东农业科学院，动物部分归入农学院昆虫整理与研究学系，只会将华南唯一已有完好基础的动植物自然科学资料室做不必要瓜分而有碍将来的发展。"这不仅有违院系调整的宗旨，更有失自然科学工作者的精神。"[161]校务委员会没有考虑省府文教厅下发的调整方案，反而根据各学院的意见，拟定了一份各学院"充实和扩充"计划，详尽列举了各学院充实、扩充的内容和步骤。[162]这些举措，明显是岭南大学根据自身的实力与历史以及华南地区的社会发展状况而提出的。但在上头看来，岭南大学根本没有把院系调整的方案当回事。

五、撤销

为打破广东省原有的高等教育格局，建立起"一所综合院校、四所专门学校"并立的新格局，并逐步实现对学校的全面掌控，广东省开始对高等教育的科类结构的全面调整。

1952 年 10 月，广东省广州区高等学校调整委员会副主任杜国庠发表《以对人民负责的态度，做好院系调整工作》，文章指出：思想改造的目的是为了负担新的工作，高校第一件新工作就是院系调整，不但要大批旧的教育制度，清除旧教育制度的不合理现象，还要建立新的人民大学的教育内容、

---

161 岭南大学农学院：《关于农学院与科学院院系调整分配的文》，广州：广东省档案馆藏，档号：020-001-258-022。

162 私立岭南大学：《关于岭南大学院系调整的文》，广州：广东省档案馆藏，档号：038-001-4-114～117。

教学方法。[163]10 月 7 日，华南工学院筹备委员会成立。经叶剑英的推荐，罗明燏任筹委会主任委员，原中山大学工学院、华南联合大学工学院、岭南大学理工学院及广东工业专科学校的院长、教务长等任副主任委员及委员。[164]岭南大学教务长冯秉铨出任了委员，并在华南理工学院成立后担任教务长。虽然岭南大学大部分行政人员及教员在新的学校里仍旧获得职位，但是他们多数都被降到次要的行政职位或直接从事科学研究工作。

　　岭南大学的文学院除了教育学系、外国语文学系之外，其他社会学系、经济商学系、历史政治学系并入中山大学文学系。地址不必搬迁，原地等待中山大学迁入。文学院附设的中国文化研究室、西南社会经济研究室、岭南学报编辑委员会撤销。理工学院内，理科部分的生物学系、化学系、物理系、数学系并入中山大学理学院，工科部分的土木工程系、电机工程学系等系科联合中山大学工学院、广东工业专科学校的工程科系、湖南大学、南昌大学、广西大学等学校的化学、工程等系科合并组成华南工学院，搬入原中山大学石牌校区；岭南大学自然博物采集所一分为二，植物部分并入广东省农业科学院，动物部分华南农学院；工业研究组、岭南科学杂志编委会撤销。岭南大学文学院的教育系并入 1951 年成立的华南师范学院；农学院的农艺学系、畜牧兽医系、园艺学系连同植物病理研究室、柑橘研究所、农场皆归入华南农学院；具有国内一流水平的医学院并入了华南医学院。研究院中的经济研究所、生物研究所、化学研究所、物理研究所及其师生暂不知去向。为保证院系调整的有序进行，各个新组建的学校相继成立筹委会，负责新学校的搬迁、组建工作。

表 2-4-1：岭南大学院系调整过程中各系科去向

调整前		调整后
学　院	系　　别	去　向
文学院	中国文学系、历史系、政治系、社会系、经济系、外国语文系	中山大学文学院
	教育系	华南师范学院
理工学院	数学系、物理系、化学系、生物系、	中山大学理学院
	电机工程系、土木工程系	华南工学院

163 《南方日报》，1952 年 10 月 5 日。
164 易碧胜：《罗明燏传》，广州：华南理工大学出版社，2013 年，第 145 页。

农学院	农艺系、园艺系、病虫学系、畜牧兽医系、	华南农学院
医学院	不分系	华南医学院
研究院	经济研究所、物理研究所、生物研究所、昆虫研究所	中山大学、华南植物研究所

材料来源： 根据广东省档案馆馆藏，《广东省公私高等学校各项统计表》（档号：204-3-79-089~097）及岭南大学相关档案整理。

1952 年 10 月 21 日，中山大学开始从广州石牌迁入康乐园，原来中山大学的校园则成为早先成立的华南工学院、华南农学院校园和广东省农业科学研究所的领地。"望白云而思母校，指珠水以盟赤心"的岭南大学校徽被摘下。留在康乐园里的原岭南大学师生帮助接洽新到的老师和同学。原中山大学历史系教授刘节在日记里面记下："星期一，天晴，向中大住宅区同人辞行。中午龙庆忠送点心来。下午二时离石牌住宅，在此整整住六年。三时十分到康乐园西南区六十一号住宅。蒋相泽同志带历史系同学来搬行李。姜立夫、梁方仲、王了一、容希白、陈寅恪师母先后来访。"[165]岭南大学原来的教师也都派到了新成立的学校或机构工作，学生也到相应的学校继续学习。

还未安稳几天，上面又要求各大行政区集中成立一所财经、政法学院。刚刚经过合并的中山大学法学院政治系、经济系又要被调整出去。原岭南大学经济系的教师丁文治、彭雨很快就被调去武汉大学，而司徒森、苏文威等则调去中南财经学院任教，经济系只剩下王正宪和梁方仲。王正宪专长统计学，中大地理系经济地理专业需要这类专才，同时夫人潘孝硕在数学系教数学，于是被要求留在中山大学。梁方仲则有些犹豫，经过考虑最终留在中山大学历史系研究经济史。[166]

20 世纪二十年代，西方自由民主思想在学校里自由传播，现代高等学校制度建立。从外部看，政府对高等学校采取的主要管理方式是：政府制定法令、法规，地方和学校分散管理的政策，除极少数教育部属公立学校外，其他高等学校均由地方教育部门依据法令法规加以管理。从内部看，无论公立高等学校还是私立高等学校，除了校长负责之外，还建立有校务委员会、校董会等作为校长的指导咨询机构。受教育独立思潮的影响，学校的独立自主性较强。然而好景不长。抗战爆发后，复旦大学、南开大学等私立大学先后

---

165 刘节：《刘节日记》（下册），郑州：大象出版社，2009 年，第 306 页。
166 梁承邺：《无悔是书生　父亲梁方仲实录》，北京：中华书局，2016 年 3 月，第 211 页。

改为国立大学，至 1947 年初战后复员结束，又有 16 所私立或地方高等学校变为国立院校。这一现象引起了学界的关注，并提出了一些很新颖的见解。如《剑桥中国史》认为，这是政府战后为帮助学校重建而采取的措施。有学者认为，这不是涉及少数学校的孤立现象，也并非政府在战后为帮助学校重建，"是蒋介石统治集团在西安事变后进行的一次大规模的全国性行动。它造成了官办和私立高等学校力量对比的重大变化，导致了高等教育管理权的高度集中。"[167]

　　1950 年 8 月 14 日，教育部公布了《私立高等学校暂行管理办法》，规定私立高等学校的行政权、财政权及财产所有权均应由中国人掌握。私立高等学校校长及副校长由董事会任免，其他主要人员由校长任免，报经大行政区教育部核准转报中央教育部备案。[168] "私立高等学校办理不善或违背法令时，大行政区教育部得报请中央教育部批准令其改组校董会，更换校长，改组或停办学校"。[169]

　　院系调整之前，广东省私立高等学校延续传统，由学校董事会举荐，但必须上报大行政区教育部核准，并呈报中央教育部备案。院系调整时期，岭南大学校长陈序经出任院系调整委员会委员，但只是负责学校房屋修设，基本不再担任有实权的行政工作。中山大学迁入岭南大学校园之后，陈序经也没有教书，只是做研究教授。[170]其他私立高等学校教师也大多被分散并入公立高等学校，他们继续从事教学、科研工作，但是待遇普遍降级，并且难以进入学校管理层。

　　《岭南大学校歌》中有记述："平原广阔，瞭近目前。江水流其间。群邱远绕，恒为障护，奋前莫畏难。母校屹立，风波不摇，佳气乘远方……韶光几度，花娱鸟乐，饱受春风雨……"[171]调整前的岭南大学，校园面积大约一千八百余亩，农场三百余亩。校园里永久性校舍建筑一百零二座，其中课堂及

167 袁征：《孔子·蔡元培·西南联大：中国教育的发展和转折》，北京：人民日报出版社，2007 年，第 305 页。

168 中央教育科学研究所：《中华人民共和国教育大事记（1949-1982）》，北京：教育科学出版社，1983 年版，第 24 页。

169 高等教育部办公厅编：《高等教育文献法令汇编（1949-1952 年）》，1958 年，第 30-31 页。

170 陈其津：《我的父亲陈序经》，广州：广东人民出版社，1999 年，第 194 页。

171 《岭南大学校歌》。转引自：何晓夏、史静寰：《教会学校与中国教育近代化》，广州：广东教育出版社，1996 年，第 349-350 页。

实验室十一座，宿舍二十三座，礼堂、办公室、图书馆、办公楼各一座，教职员住宅六十五座。有马丁教堂（大学教室、图书馆）、格兰堂（全校办公处），怀士堂（礼堂），十友堂（农学院博物馆），哲生堂（工学院），爪哇堂、荣光堂、陆祐堂（均大学男生宿舍），张弼士堂（附属中学校舍），陈嘉庚堂（附属小学校舍）等等。此外有科学馆（理学院）一所，又有自然博物采集所，昆虫室，蚕丝所（蚕丝实验所、缫丝厂、广东蚕丝改良局），护养院，水电厂，工学院机械厂，牛房，乡村医院等。[172]图书馆藏有中文书籍四万零五百余种，共一十六万三千册，外文书籍五万七千种，共六万一千册。合共二十二万四千册。[173]校园里可远眺白云山，近戏珠江水，既有欧式洋楼、哥特式建筑，又有中国宫殿建筑的红墙绿瓦、绿树成荫，处处彰显中西文化的冲突与交融。兴亡转瞬，自带几分陶然之味的康乐村改旗易帜。

岭南大学存续期间，凭借多年的办学经验和声誉，不断根据社会环境的变化调整自己，保持竞争性，培养了一大批人才，极大地推动了广东乃至中国现代高等教育体制的形成和发展。1949年，新政府建立以后，对私立高等学校的态度存在一个变化的过程。从校内组织的改组来看，最初，政府对私立高等学校干涉不多，但将其置于监管之下；然后逐步对私立高等学校的行政、人事进行改革；学校所有变动要经过政府首肯，直至学校撤销。在此期间，岭南大学遵循传统、积极靠拢新政权，主动进行管理体制、课程内容、教学体制等方面的改革，接受思想改造和院系调整，及至走向终结。正是通过对学校办学资金的把握、管理权的转移、师生的思想改造和院系调整，政府逐步实现了对岭南大学改造和撤销。

---

172 私立岭南大学：《私立岭南大学大学概况》，广州：广东省档案馆，档号：038-001-1-054~065。

173 《私立岭南大学概况调查表——1950年上半年》，广东省文教厅：《中南区广州市私立岭南大学概况调查表》，广州：广东省档案馆藏，档号：038-003-1-001~002。

第三章　专门化的实现：专门学院
　　　　设立与专业的设置及调整

    1953 年是中国大规模实行"计划经济"建设的第一年。政府希望尽快拥有同苏联一般的军事、工业实力，把中国建设成为一个现代化工业强国。为了加快人才培养的速度，教育部又根据苏联专门学院的发展方式，提出"以培养工业建设人才和师资为重点，发展专门学院"的方针。

    在苏联"老大哥"那里，专门学院与综合大学具有同等的地位。许多大学（综合大学）都被按照生产部门的业务将系划分出来，然后将这些系合并成立独立的医学院、法学院、财经学院等单科性学院。即便是多科性的工学院数目也很少，全苏联只有 20 所左右。这种"专门化"的高等教育其实早已脱离了传统意义上的学术研究中心。无论单科性学院还是多科性学院，学生所学皆以实用的科目为主，不为纯粹科学设定，仅为社会实用而设。

    按照新政府对国家经济、工业建设的总体布局，建设一大批直接对应国家建设和国民经济各部门的专门学院，在高等学校设置专业，为各部门、各行业培养对口人才，才是"院系调整"的目标。以专门学院为中心，广东省高等学校按照上级指示，先后进行了华南师范学院和华南理工学院、华南农学院及华南医学院这四所专门学院的筹建和扩充，并同时着手进行专业设置和调整。为论述方便，本章以苏联高等教育模式的特色之专门学院的设立和专业设置及调整为中心，陈述广东省高等学校院系调整的第二阶段，展示其影响和特色。

第一节　专门学院的筹办

广东省专门学院的筹建起始于对省内原有高等学校的系科拆分、合并，是对高等教育源的集中和重新分配。1951 年上半年，广东省人民政府文教厅为了进行专门学院的建立和学校的专业分类筹办做了大量详细的数据统计工作。首先是进行了广东省公私立高等学校各类名目的统计，包括公立大学（中山大学、广东文理学院、广东法商学院、广东工业专科、华南人民文艺学院、海南师范学院）、私立大学（华南联合大学、岭南大学、广东光华医学院、广东中医药专科学校、南华大学）等，共 11 所学校。

一、数量统计

据《广东省公私立高等学校教员人数统计表（1951 年 5 月 22 日）》显示，广东省各高等学校共有教授、副教授、讲师、讲员和助教共计 947 人，公立高等学校 667 人，私立高等学校 277 人；专任男教师 852 人，女教师 92 人；兼任教师共 208 人，男教师 186 人，女教师 22 人。公私立高等学校中，中山大学教师数量最多，有 452 人，私立岭南大学其次，有 146 人。[1]

《广东公私立高等学校职员工警人数统计表》则对公私立高等学校的职员、工警人数分别进行了详细统计。其中，职员分为行政人员、技术人员，工警分为技工、熟练工、普通工、工役、校警。各分类之下，按性别统计。1951 年 5 月，广东公私立高等学校共有职员、工警人数 580 人。其中公立大学有 336 人，私立大学 244 人。[2]

《广东省公私立高等学校各级学生人数统计表》（1951 年 5 月 22 日）对各高等学校各年级男、女生人数进行统计。包括一年级、二年级、三年级、四年级、五年级、六年级（中山大学研究生计入六年级）、研究生以及应届毕业生，统共 7818 人。其中公立高等学校男女生各年级共 4181 人，私立大学有 3037 人。[3]

此外，广东省文教厅还按照公私立高等学校文教学院、财经、政法学院、

1　广东省人民政府文教厅：《广东省公私立高等学校教员人数统计表（1951 年 5 月 22 日）》，广东省档案馆馆藏档案。

2　广东省人民政府文教厅：《广东省公私立高等学校职员工警人数统计表（1951 年 5 月 22 日）》，广东省档案馆馆藏档案。

3　广东省人民政府文教厅：《广东省公私立高等学校各级学生人数统计表（1951 年 5 月 22 日）》，广东省档案馆馆藏档案。

理工学院、农医学院以及各校研究生、专修科人数的分类进行了各学系的人数统计。

表 3-1-1：广东公私立高等学校学院类别人数统计表 （单位：人数）

	文教学院	财经政法学院	理工学院	农医学院	研究所	专修科
共计	1182	2107	1580	1650	48	630
公立	1008	1077	981	777	17	321
私立	174	1030	599	435	31	309

资料来源：
1. 《广东省公私立高等学校文教学院学生人数统计表（1951 年 5 月 22 日制表）》；
2. 《广东公私立高等学校政法财经学院学生人数统计表（1951 年 5 月 22 日制表）》；
3. 《广东省公私立高等学校理工学院学生人数统计表（1951 年 5 月 22 日制表）》；
4. 《广东省公私立高等学校农医学院学生人数统计表（1951 年 5 月 22 日制表）》；
5. 《广东省公私立高等学校研究所学生人数统计表（1951 年 5 月 22 日制表）》。见附录：《广东省公私立高等学校各项》，省人民政府文教厅编制，1951 年 5 月 22 日。

　　按学院划分，广东省有文教学院学生 1182 人，其中男生 790 人，女生 392 人；政法财经学院学生有 2107 人，其中公立高等学校 1077 人，私立高等学校 1030 人；理工学院学生人数为 1580 人，其中男生 1434 人，女生 146 人；农医学院共有学生 1650 人，公立高等学校 777 人，私立高等学校 877 人。公立学校只中山大学开设有农学院、医学院。数据统计中，这些高等学校再按照学生的学院、学系、性别再进行分类。每一项目下都有详细的数字呈现。

表 3-1-2：广东高等学校学院、系别分类表

学　院	系　别	备　注
文教学院	中国文学系、语言学系，外国语文学系（英文、俄文）、文史学系、历史学系、教育系、图音系、美术系、音乐系、戏剧系、体育系、新闻系、哲学系	
政法财经学院	政治系、法律系、社会系、经济系、银行系、会计系、财政金融系、国际贸易系、工商企业管理系等。	南华大学政治系栏是政治经济学系
理工学院	天文系、数学系、物理系、化学系、生物系、地理系、地质系、数理系、土木工程系、建筑工程系、化学工程系、计系工程系、电机工程系等。	

农医学院	农艺系、园艺系、病虫学系、森林系、蚕丝系、农药化学系、农业经济系、畜牧兽医系、医科系、牙科系等。
研究所	中国语言文学研究所、历史研究所、教育研究所、经济研究所、物理研究所、解剖学研究所、生物研究所、植物研究所、土壤研究所、昆虫研究所。

资料来源：

1.《广东省公私立高等学校文教学院学生人数统计表（1951 年 5 月 22 日制表）》；
2.《广东公私立高等学校政法财经学院学生人数统计表（1951 年 5 月 22 日制表）》；
3.《广东省公私立高等学校理工学院学生人数统计表（1951 年 5 月 22 日制表）》；
4.《广东省公私立高等学校农医学院学生人数统计表（1951 年 5 月 22 日制表）》；
5.《广东省公私立高等学校研究所学生人数统计表（1951 年 5 月 22 日制表）》。

从各类数据统计的结果可以得知，1951 年之前，广东省高等学校的财经、政法学科发展基础较好，而理工、农医的学生数量都要远高于文教学科。公立学校的教职员工、文教学院、财经政法、理工学院及农医学院的学生人数都要高于私立学校，尤其是理工学院的学生人数高于私立高等学校 60%以上。私立高等学校研究所培养的学生更多。细致入微的数量统计，为广东省政府文教厅了解各高等学校、教师、学生的数量情况提供了极为翔实的数据，也为院系调整过程中教育资源的重新分配提供了基础。

根据 1951 年全国院系调整的总方针，广东省原有 11 所公私立高等学校经过裁撤和合并，成为 1 所综合大学和 4 所专门学院。

二、合并相同系科

1950 年，中央教育部决定在每一个大行政区设一所直属大行政区教育部的师范学院，各省市设一所师范专科学校（如条件具备，也可设师范学院），并将各大学所属的师范学院及教育系科归并和改造，集中人力物力，大力举办高等师范教育，以此来培养具有马列主义、毛泽东思想和专业训练的各级师资。广东省根据这一指示，通过拆分重组建立起来的第一所专门学院便是华南师范学院。

1951 年 6 月，依据高等师范教育的调整设置原则，广东省文教厅以广州为华南文化中心，为培养华南两省中等学校大量师资，特呈请中南军政委员会教育部在广州设置华南师范学院。10 月 5 日，中南军政委员会教育部经过考虑，提出扩大范围，照顾华南两省一市，批复以广东省文理学院为基础，将中山大学师范学院教育系及体育系、华南联合大学教育系与之合并，定名为华南师范学院。[4]成立初期的华南师范学院以广东文理学院原址为校址，在广州南郊的石榴岗，比邻珠江，景色宜人。

1953年，为进一步集中高等师范教育力量，中南区教育部相继将南方大学的俄语专修科学生和教师及苏联专家[5]、岭南大学的教育系教师[6]、海南师范学院[7]、南昌大学师范部地理专修科[8]、广西大学教育系[9]、湖南大学史地系地理专修科[10]等调整并入华南师范学院，并从广东法商学院调来曾近义、黄明慧、吴大基、潘莳四位老师和华南工学院的彭海祥老师，以加强学校师资。在师资力量扩充的同时，华南师范学院的招生数量也不断增多。鉴于学生数量的增多，黄华路原校址急需扩建，广东省文教厅决定将华南师范学院迁至南方大学石牌校址。南方大学是一所干部培训学校，临时训练班性质，校园规模较小。原南方大学副校长、党委副书记陈唯实任华南师范学院院长、党

4　华南师范大学校史编写组：《华南师范大学校史》，广州：广东高等教育出版社，2003年，第41-43页。

5　随同陈唯实到校的有文教学院俄文系学生曾国章等24人，教师有赵育生、林石、白加、丹娘、杨吾生、林国栋、黄家驹、傅守祥、梁未闻、刘文、叶芳、刘洪让、莫明波、廖衍沅、赵枫等。

6　岭南大学教育系调整到华南师范学院的有学生冯启葡等27人，教师汪德亮、陈汉标、黄如文、钟香举、李镜池、司徒汉贤、刘桂灼、彭若芝、陈慕兰、黄绍勤、吴博儿等人。

7　海南师范学院1949年创立于海南琼山县府城镇琼台书院，院长为数学家范会国教授。解放后，海南师范学院设有中文、数理、图音3个系5个专业，学制4年。在校生100多人，教职工40多人。1950年冬季，海南大学撤销，文学院和理学院的部分教师和图书设备迁至海南师范学院，1951年迁校至府城镇西北部。1952年，海南师范学院学生有52人调整到华南师范学院，其余部分调整至武汉华中师范学院。

8　1949年5月，人民解放军占领南昌，人民政府接管中正大学，更名为南昌大学。随后，江西工业专科学校、江西农业专科学校、江西体育专科学校和江西水利专科学校并入南昌大学，设有文法学院、工学院、农学院、理学院、文学艺术学院和体育专修科。1951年增设师范部，开设中文、教育、史地、艺术、数学、物理、化学、生物、体育等9个专修科。1953年9月，南昌大学师范部地理专修科学生吴郁文、周祜生等14人，教师方辰、张名德2人调来华南师范学院。

9　广西大学1928年创立于广西梧州，设有文教学院、理工学院、法商学院、农学院4个学院17个学系和经济作物研究所。广西大学文教学院教育系调整到华南师范学院的有教育系三、四年纪的学生李巨才、雷晓春、陈万安、罗宜村等52人，在邹有化教授带领下，于1953年10月24日从广西桂林迁来。

10　湖南大学由湖南岳麓书院发展而来，1949年长沙解放后，由人民政府接管。湖南大学史地系地理专修科有学生51人，教师厉鼎勋、聂学森、何若钧3人，1953年10月迁来。

委书记。[11]组建之初的华南师范学院百端待举，学校师生员工不得不"在荒山野地上用自己的双手搭建校舍"。

广东省内其他新成立的专门学院：华南工学院、华南农学院及华南医学院的筹建晚于华南师范学院，都是从 1952 年暑假结束，新学期开学时开始搬迁组建。但筹备建立的过程基本与华南师范学院类似，速度极快。

以华南工学院为例。1951 年 11 月 30 日，中央人民政府政务院第一一三次政务会议批准了《全国工学院调整方案》，其中第二条第八项规定："将中山大学工学院、华南联合大学工学院、岭南大学工程方面的系科及广东工业专科学校合并成为独立的工学院"。[12]"三反"和"思想改造"之后，理工学院师生曾存在的浓厚的技术观点以及不过问外事的现象有了明显的变化。[13]学生们已经普遍可以做到积极拥护新政府的政策，主动参加座谈会，学习院系调整的相关资料，主动接受学校的调配安排。

1952 年 10 月 7 日，广州区高等学校院系调整委员会正式发函，通知成立华南工学院筹备委员会：罗明燏任主任委员，陈永龄、罗雄才、徐学灏任副主任委员，冯秉权、桂铭敬、李敦化、黎献勇任委员；[14]华南农学院筹备委员会：主任委员丁颖、副主任委员李沛文、赵善欢，委员林孔湘、邝荣禄、李锦厚、蒲蛰龙、陆发熹、王仲彦、徐燕千。[15]两院筹委会成立后分别开始工作，积极进行把中山大学工学院、岭南大学工学院部分及华南联大工学院和广东工业专科并为华南工学院；把中山大学农学院、岭南大学的农学院合并为华南农学院。

广东省高等教育"一综四专"格局建立以后，政府以专门学院筹备委员会为基础，在专门学院建立新的行政组织，管理学校事务。根据零星资料推断，新任院系负责在政治上多靠拢新政权，或与群众关系较融洽。例如：

11 陈唯实：《陈唯实文选》，广州：广东人民出版社，1986 年。

12 马叙伦：《关于全国工学院调整方案的报告》（1951 年 11 月 30 日），何东昌：《中华人民共和国重要教育文献（1949-1975）》，海口：海南出版社，1998 年，第 131 页。

13 胡金昌：《理学院过去的一年》，《人民中大》，1952 年 6 月，华南理工大学档案馆藏。

14 华南工学院：《华南工学院筹备委员会第 1 号布告华工筹字第 1 号》，华南理工大学档案馆藏。

15 《贯彻政府彻底改革高等教育方针，本校院系调整正式开始》，《人民中大》，1952 年 10 月。

华南工学院筹备委员会主任委员罗明燏[16]，副主任委员陈永龄、罗雄才、张进[17]、徐学澥，委员：冯秉铨、李敦化、秦思平[18]，筹委会秘书李伯天[19]等。秦思平、李伯天及张进等都是中共党员，早年曾参加中共领导的革命运动，是南下接管广东的重要骨干和领导人。在 1955 年新的校务行政机构建立前，华南工学院和华南农学院的筹备委员会兼学校行政，负责学校各项事务。[20]

从 10 月中旬至 11 月中旬，广东省迅速完成了相关院校的搬迁和组建。11 月 17 日，华南工学院即举行了首届开学典礼，18 日起各系正式开始上课。与此同时，上级领导又紧急安排新迁入华南工学院的老师吕逸卿、刘俊贤、王进儒、周誉侃、黄燧基、陈炎发等 29 人，在中南区高等教育部的邀请下于迁校暂未完成时赴武汉参加中南区高等学校专业设置讨论会。[21]

三、安置教师

新的专门学院成立了。师生员工来自不同的学校，其中免不了仍有教师对专门教育认识不足，甚至有相互轻视的思想，并不能都十分安心地学习和工作。而新的学校领导，对教师们也有不同的安置。知识水平和学术水准不再是评判教师能否教学的唯一标准，政治背景和过往经历成为他们在新社会能否生存下去的重要影响因素。

表 3-1-3：1951-1953 年迁入华南师范学院的教师

来 源	迁入教师	迁入时间
中山大学	罗浚、叶佩华、方惇颐、杨荣春、邹鸿操、吴三立、周信铭、肖锡三、叶述武、叶桂燧、崔天民、袁浚、黄启宇、张登魁、李顾三、李淑群、黄凤璋、吴灶大和张为纲等 20 人。	1951 年 9 月

---

16 罗明燏（1905-1987），广州人，无党派人士。

17 张进（1910-1985），湖北赤壁人，1938 年加入中国共产党，解放前曾任江西省委宣传部副部长。

18 秦思平，广州军事接管委员会文教接管委员会秘书处处长，曾任南方大学三部任副主任，进入华南理工学院后任政治辅导处主任兼党总支书记。

19 李伯天，1948 年 5 月加入中国共产党，解放前在中山大学负责组织地下党员活动，进入华南理工学院后任调入政治辅导处组织科，任党总支副书记。

20 《华南工学院筹备开学情况介绍》，《华南工学院》，广州：华南理工大学档案馆藏。

21 《贯彻政府彻底改革高等教育方针，本校院系调整正式开始》，《人民中大》，1952年 10 月。

华南联合大学	王宝祥、陈劭南、周用、邓峻璧、胡天诒、黄轶球和胡继勤等 7 人。	1951 年 9 月
南方大学	陈唯实、赵育生、林石、白加、丹娘、杨友吾、林国栋、黄家驹、傅守祥、梁未闻、叶芳、老洪让、莫明波、廖衍沅、赵枫等 19 人。	1952 年 10 月
岭南大学	汪德亮、陈汉标、黄如文、钟香举、李镜池、司徒汉贤、刘桂灼、彭若芝、陈慕兰、黄绍勤、吴博儿等 12 人。	1952 年 10 月
海南师范学院	邝维垣、张寿祺、苏天视、罗学莹、刘丹青、王时才、雷香庭、罗汝忠、谢风华、张定昭、符孔林、吴汉晖、康白情、廖秉真、谢振民等 18 人。	1952 年 10 月
南昌大学	方辰、张名德 2 人。	1953 年 9 月
广西大学	邹有化 1 人。	1953 年 10 月
湖南大学	教师厉鼎勋、聂学森、何若钧 3 人。	1953 年 10 月
海南师范专修科	廖秉真、邝维垣、徐光仁、刘丹青、康白情、苏天视、罗雪莹、雷香庭、谢振民、陈千钧、杨世兰、郭光琼等 30 人	1953 年 8 月
广东法商学院	曾近义、黄明慧、吴大基、潘莳 4 人。	1953 年 10 月
华南工学院	彭海祥 1 人。	1953 年 10 月

资料来源：根据《海南师范专科学校合并华南师范学院人事物资处理初步方案》，华南师范大学档案馆藏档案，档号：1953-X2-6；梁国熙：《华南师范大学校史（1933.8-1995.12）》，广州：广东高等教育出版社，1996 年；等整理。

　　根据《海南师范专科学校合并华南师范学院人事物资处理初步方案》，迁入华南师范学院和华中师范学院的教师共有 30 人，并入华南师院的有 18 人。这些教师被分为可以继续教教书、不能继续教书两类。可以继续教书的又被分为两类：较好的、一般可以教书的。其中较好的教师有邝维垣、张寿祺、苏天视、罗学莹等数学科、语文科助教，一般可以教书的则是刘丹青、王时才、雷香庭等副教授、讲师。不能继续教书的教师原因有四类。第一类是罗汝忠、谢风华、张定昭三人，原因是"业务太低、无培养前途"；第二类是"年老、病弱"的符孔林、吴汉晖两人；第三类是"长期在反动派军政机关工作，无条件工作"的康白情、廖秉真、谢振民三个语文科教授；第四类是因"特别不负责任，继续教学困难"的陈千钧。具体原因是因为：康白情[22]，长

---

22 康白情（1895-1958 年），四川安岳人。中国新诗草创期的一位重要诗人和新诗理论家，代表作：诗论《新诗底我见》，诗集《草儿》等。

期在反动军政界任职；廖秉真，长期任伪法官；谢振民，曾在"伪考试院"任要职；陈千钧，曾任桂林反动报纸总编辑。[23]

四、学校类型

就学校类型结构而言。调整前，广东省公、私高等学校共21所。学校性质，有国立、省市立和私立，私立高校占很大比例。从层次类别上看，既有综合性大学，也有独立学院和专科学校。不同的学校开设有专科、本科及研究所（招收研究生）。公立大学教职员数量和文教学院学生数量较私立大学更充裕。私立大学研究生数量约是公立大学的两倍，在培养研究生上的能力优势更明显。学校有综合性大学、文理学院、高等工业专科、中等艺术类、中医类等学校，类型多样。经过调整，广东省高等学校全部转为公立性质，数量减少至5所。其中，综合性大学1所，新建的4所高等学校均为专门性学院。私立高等学校全部撤销、并入其他专门学校。中山大学原有的工、农、医等系科迁出，或与其他学校的工、农、医等系科合并成为专门学院。华南工学院则以原来广东省的工科学系及中南区内其他学校的相关工科学系合并为基础，成为一所多科性的工科学校。华南农学院及华南医学院也基本如此。

从大陆范围来看，院系调整后，高等学校在经历改造之后，类型结构也发生了很大变化。

表 3-1-4：1952 年和 1953 年调整前后各类高等学校设置情况统计表[24]

学校类别		总计	综合大学	普通大学	高等工业学校	高等师范学校	高等农林学校	高等医药学校	高等政法学校	高等财经学校	高等艺术学校	高等语文学校	高等体育学校	少数民族高等学校	共他
1952年调整前设置情况	共计	211	0	49	33	32	17	28	0	19	16	7	1	6	3
	大学	140	0	49	14	19	11	25	0	6	10	0	0	6	
	专科	71	0	0	19	13	6	3	0	13	6	7	1	0	3

23 《海南师范专科学校合并华南师范学院人事物资处理初步方案》，华南师范大学档案馆藏档案，档号：1953-X2-6。

24 《1949 年全国高等学校一览表》，刘英杰：《中国教育大事典：1949-1990 年》（下），杭州：浙江教育出版社，1993 年，第 1115-1118 页。

1952年调整后设置情况	共计	201	7	14	43	33	28	32	3	13	15	8	2	2	1
	大学	154	7	14	33	21	25	29	3	7	11	1	1	2	0
	专科	47	0	0	10	12	3	3	0	6	4	7	1	0	1
1953年调整后设置情况	共计	182	13		39	31	29	29	4	7	15	8	5	2	
	大学	153	13		36	26	28	28	4	5	6	0	2	5	2
	专科	29	0		3	5	1	1	0	2	9	8	0	0	

注： 1952 年调整前设置情况中其他栏专科学校为中华工商专科学校、西昌技艺专科学校及乐山技艺专科学校等三校；1952 年调整后设置情况中其他栏专科学校为西昌技艺专科学校。

经过院系调整，大陆的高等学校被分为三大类型：文理科性质的综合性大学、师范学院及工、农、医等学科分别独立筹建"专门"学院。综合大学的数量由 49 所减少至 13 所，专科学校由 71 所减少至 29 所。专门学院在院系调整过程中迅速发展起来。这有赖于政府在人力、财力和物力上的重点支持。强化工程技术等应用技术学院的地位，忽视综合大学的做法，容易导致人们对人文社会科学的轻视，不利于基础学科研究创新和知识积累。

五、区域分布

1953 年，《中央人民政府高等教育部关于一九五三年高等学校院系调整工作的总结报告》中声称：经过调整高等学校的区域分布趋于合理。日本学者大塚丰的研究也认为"经过院系调整，中国高等学校的地域分布不合理状况得到极大改善"。[25]事实并非如此。

长久以来，中国的高等学校大多设立在政治、经济和文化中心。院系调整前，就高等教育地域布局而言，沿海及省会城市的高等学校数量多。四川（36 所）、上海（36 所）、江苏（14 所）、北京（16 所）、天津（10 所）、广东（12 所）、湖北（11 所）等省市的高等学校就占到当时全国高校总数的 65.9%。[26]

如果说院系调整前，内陆尤其是西北、西南地区的高等学校数量极少，调整过程中实际上又把这些地区原来就不多的学校和一些学科迁到了武汉、重庆、上海和北京等中心城市。例如，整个中南区最好的工程技术系科都迁

25 日大塚丰，黄福涛译：《现代中国高等教育的形成》，北京：北京师范大学出版社，1998 年。

26 《1949 年全国高等学校一览表》，刘英杰：《中国教育大事典：1949-1990 年》（下），杭州：浙江教育出版社，1993 年，第 1115-1118 页。

入了武汉的华中工学院。广东作为中南区的边缘省域，也并不如上海、厦门、等地区吸收了大量重要的系科。反而将原有实力雄厚的财经、政法、社会学、人类学、哲学、语言学等重要的学科、学系迁往了中南区的中心城市武汉或首都北京。

表 3-1-5：1953 年全国高等学校院系调整后分类分布情况表[27]

学校分类地区	共计	综合性大学	多科高等工业学校	单科高等工业学校	高等师范学校	高等农林学校	高等医药学校	高等政法学校	高等财经学校	高等艺术学校	高等语文学校	高等体育学校	少数民族高等学校
共计	182	13	15	24	31	29	29	4	7	15	8	5	2
华北	38	2	3	8	6	5	4	1	2	4	2	1	-
东北	26	1	3	3	4	4	4	-	2	2	2	-	1
华东	50	4	5	8	8	8	9	1	1	4	1	1	-
中南	33	2	2	3	6	6	6	1	1	2	1	1	-
西南	19	2	1	2	4	2	2	1	1	2	1	-	-
西北	14	2	1	-	2	3	3	-	-	1	2	1	1
内蒙	2	-	-	-	1	1	-	-	-	-	-	-	-

说明：1. 一九五三年院系调整后仍设在综合性大学的四川大学及云南大学的工学院，武汉大学的水利学院，四川大学及云南大学的农学院，南开大学、西北大学及厦门大学的财经学院，山东大学、云南大学及兰州大学的医学院皆未计入。少数民族高等学校除延边大学、新疆民族学院外，另有八所民族学院因是干部培训性质，皆未列入。2. 原属教育部门领导，一九五二年调整后改为军事部门领导的学校，如中国协和医学院、南京医学院、大连俄文专科学校皆未列入。3. 人民革命大学与其他干部学校如中央政法干部学校皆未列入。4. 大连工业俄文专科学校（中央第一机械工业部创办），北京第五学校（系中央第二机械工业部创办），中南俄文专科学校（中央重工业部创办），北京俄文专科学校（系中央燃料工业部创办）等校未列入。5. 原列在一九五二年调整后二百零一所高等学校中之东北兵工专科学校现已改为中等技术学校，此表未列入。东北鲁迅文艺学院现已改为东北音乐专科学校及东北美术专科学校，此表已按两校统计。

资料来源：教育部，《关于 1953 年全国高等院校院系调整的计划》，广州：广东省档案馆藏档案，档号：235-2-6-183~188。

---

27 教育部：《关于 1953 年全国高等院校院系调整的计划》，广州：广东省档案馆藏档案，档号：235-2-6-183~188。

从 3-1-5 表中可知，经过综合大学的重组和专门学院新设，中国高等学校在地域范围上依然集中于华北、华东、中南三地的中心城市或沿海一线城市。实际上，院系调整不仅没有改变高等学校的地域布局，反而加剧了高等学校、重要学科、专业甚至人才在空间上的分布不均。

六、增加实用学科，添设短期培训班

政府认为，新中国要实现工业化急需大批干部和技术人才。可是，中国的大学教育要四年完成，培养人才、干部的速度显然"过慢"。为了"快出人才"、"多出人才"，在大量合并和裁撤基础学科的同时，政府开始要求各高等学校普遍增加实用学科，并减少正式本科的办学规模，转而添设各类专修科和短期培训班，招收大量青年入学。

华南师范学院建校之后集中了广东省原有的师范教育资源，开设教育、体育、中文、外语、历史、地理、物理、化学、生物 9 个系培养本科生。同时，各系大量招收一年制、两年制、三年制专修科学生，以及数学、物理、语文、政治常识等学科的半年制短期培训班和工农速成初等学校师资训练班。1952 年开始，学校又相继举办了教育学的函授进修班、语文和数学函授专修班。华南师范大学馆藏档案。华南理工学院建校后，1952 年 12 月 2 日召开教务会议，拟开设工科专修科，其中土木工程系中增加测量员、绘图员、监工员、土木工程、水利工程、水力发电等实用学科的训练班。[28] 从此，高等函授教育和短期训练班作为成人教育的教育形式被广泛的开展起来。

从裁并基础学科，筹办专门学院、增设实用学科或短期培训班的行为以及统一招生和调配考生的政策来看，政府对高等教育的定位十分明确，那便是从基础理论教育转向技术教育，使高等教育与工业、经济发展保持同步。由此，将高等专门学校转变为技术学校，成为一种普遍的趋势。

第二节　专业的设置及调整

经过思想改造和初步院系调整，政府对高等学校思想和组织管控大大加强。紧接其后的是高等教育改革的进一步深化。伴随政府对私营工商业的改

---

28 水利系：《水利系关于解决一年级水力发电土木专修科学习上存在问题的初步意见（摘要）》，《华南工学院》，1953 年 5 月 26 日。华南理工大学档案馆藏档案。

造，1952 年后期，中国 70%-80% 的重工业和 40% 的轻工业已为国家所有。[29]
围绕迅速实现工业化、建设强大国防的需要，高等学校专业化的设置成为教育事业发展新目标。

当时，政府认为通才教育常常因人设系，不能结合实际需要，结果往往导致学生所学理论与实际脱节，所学知识不能充分运用到实际中，且学习的知识也不精细，不能很好适应工作。苏联专家也提出仅仅建立专门学院还不够，中国的高等学校必须转变到与实践发生联系，转变到专门化，切合于工厂的、农业的、医院等部门的实践。为支持和保证国家工业化建设，发挥教育在经济中的作用，高等学校的学科、学系应该进一步同经济建设各部门对口。[30]
按照苏联的高等教育经验，中国的高等教育需要进一步改革，院系调整还要进一步深入，将教育计划与国民经济计划紧密相连，按产业部门和行业去设立专门学院、系科和专业。学校也应该以专业为基础，有计划地招生和培养。于是，在学系下面设置专业并调整成为 1953 年院系调整工作的重点。

一、专业的设置

中国的高等学校原来只有院、系，不设专业。有计划地按照专业培养人才是从 1952 年开始的。1953 年，高等学校开始普遍设置专业，并在此基础上着手进行专业调整。[31]

（一）"专业"的引入

"专业"是什么？怎样在高等学校中实行专业教育？为回答这些疑问，时任教育部副部长的曾昭抡在《人民教育》上发表了《高等学校的专业设置问题》一文。他指出：1953 年的院系调整重点在于有步骤地确定高等学校所开设的"专业"，使各校有明确的任务，集中力量培养某几行国家建设需要的专才，同时使各地区内的各校专业的设置得到适常的配合，减少人力物力的浪费，并使全国培养出来的高级专门人才，数量增多，质量提高。[32]

---

29 [美]R·麦克法夸尔、费正清：《剑桥中华人民共和国史：革命中国的兴起（1949-1965 年）》，北京：中国社会科学出版社，1990 年 8 月，第 84 页。

30 А·П·阿尔辛杰夫：《从苏联高等教育的经验略谈几个问题——1950 年 6 月 8 日在其一次全国高等教育会议上的发言》，《人民教育》，1950 年第 1 期，第 6 页。

31 《中国教育年鉴》编辑部：《中国教育年鉴（1948-1981）》，上海：大百科全书出版社，1984 年，第 239 页。

32 曾昭抡：《高等学校的专业设置问题》，《人民教育》，1952 年 9 月，第 6-7 页。

曾昭抡的这段话表明，虽然教育部早在 1950 年就有将高等教育向"专门化"发展的意向，但是原来高等学校组织结构复杂，不精简结构，向"专门化"发展就难以实现。进行专业设置才是院系调整的最终目标，更是这次高等教育改革由浅入深的一个步骤。

为什么要以"专业"为单位培养人才？曾昭抡介绍了苏联"专业"培养经验：

> "专业"就是一行专门职业或一种专长。按照苏联高等教育制度，"专业"是培养高级专门人才的目标；高等学校的教学设施，以专业为基础，系不过是学校里面的行政单位。政府培养人才的办法，是按照国家建设需要，确定专业的设置，并以专业为基础作有计划的招生。中国的经济，即将走上计划化。计划性的经济，必须由计划性的教育与之相配合，使建设所需干部，在质量上得到及时供应，方能及时完成。教育要有计划性，惟一的办法，是吸取苏联经验……而在此种改革中，确定专业的设置，是非常重要的一个环节。解放以前的旧教育，其特点是理论与实际脱节，学校与院系的设置漫无计划，学生因其所受教育理论与实际脱节的，毕业的大学生，必须在厂矿或其他事业，经过几年锻炼，才能担起他所应负担的任务。[33]

在宣传苏联高等学校以"专业"培养"专家"制度的优越性之后，他从中国经济发展的"计划"需要和"旧教育的阶级性"入手，彻底否定国民政府时期的通才教育模式，并以此论证师法苏联的必要性以及美好前景。民国时期，每所高等学校分成若干学院，学院下设学系，学系下分组，成为一种垂直系统：校（大学）——院——系——组。一个大学至少有三个学院，一个院至少要有三个系。曾昭抡认为，这样的安排使人们普遍认为"专门学院的地位低于大学"。这是一种"资产阶级的腐朽教育思想"，更是高等学校制度改革的"主要思想障碍。"而且，过去"学院"一级的机构存在"用处极少"，在制度上应该转为"校（大学或学院）——系（教研组）/专业/专门化）"。[34]

在新制度中，学校首先考虑的是专业设置问题。按照国家经济、文教、

---

33 曾昭抡：《高等学校的专业设置问题》，《人民教育》，1952 年第 9 期，第 6 页。
34 曾昭抡：《高等学校的专业设置问题》，《人民教育》，1952 年第 9 期，第 6-9 页。

政法等各方面建设的需要，首先决定学校设立哪些专业，然后结合各高等学校的师资设置条件，在每校设置一定的专业。专业决定后，几个性质相近的专业，可以结合成一系；一系也可以只有一个专业。校内的行政组织便可以简化为校、系两级，系主任直接接受校长、教务长领导。[35]

依曾昭抡所言，这就是将教育行政结构"校——院——系"中的"院"一级取消，改为"校（院）——系 / 专业、专门化"，而"专业及专门化根本不是行政上的层次"。他解释到："'专业'并不相当于旧制度中的'系'，'专门化'与'组'也根本不同。在新制度中，在系主任下并不设专管某一专业的行政人员。一个系里的学生，按照该系所设各种专业进行学习。系、专业、专门化的关系，主要表现在培养人才类别的划分，专业与专门化也可以说是培养人才的规格。三者之间并不是垂直的领导关系，因此与旧制度中的院、系、组的关系根本不同。"[36]

实际上，他反复否定"专业、专门化"与"系-组"在行政结构、性质上的相似性，并没有解释清楚二者的不同，而是急于撇清与"旧教育"的关系。此外，他提出反对高等学校设多种系，"一个学校都不应有多设系、多设专业；一所高等学校，不论规模多么大，所设系的数目一般要保持在十个以下，最多也宜有十二三个。多设院系的行为是铺张膨胀。"对于教师的不同意见，曾昭抡又将其定性为"一套旧思想"，而同意高等学校的专业设置则是"走上新方向的开始"。[37]

（二）专业的划分

在高等学校中应怎样划分专业？苏联专家福民对此做出了解释。福民的《苏联的高等教育改革》一文发表在《人民教育》1952 年 9 月号，紧接着曾昭抡的《高等学校的专业设置问题》之后，主要介绍苏联的高等教育改革经验。

简言之，苏联的高等学校就是按照国家建设的部门，把原有广泛的专业划分成若干种具体的专业。比如把铁路运输方面的专业分成机车车箱工程、铁路建筑工程、铁路运行组织、铁路运输的经济与计划等。[38]学生按专业来学

---

35 曾昭抡：《高等学校的专业设置问题》，《人民教育》，1952 年第 9 期，第 6-9 页。

36 曾昭抡：《高等学校的专业设置问题》，《人民教育》，1952 年第 9 期，第 6-9 页。

37 曾昭抡：《高等学校的专业设置问题》，《人民教育》，1952 年第 9 期，第 6-9 页。

38 福民：《苏联高等教育的改革》，《人民教育》，1952 年 9 月，第 10-11 页。

习，一方面可以缩短修业年限，同时也便于掌握一定的专门技术，毕业后能立刻担任起工程师的任务。因此，培养各类专门人才的基本问题是划分专业的问题。

为此，苏联高等教育部编订了全国统一的专业表。专业表中共设置 436 种专业，其中工科方面有 165 种专业，有些专业再专门化，分成二至五种的专门。根据统一的专业表，苏联高等教育部要求各学校设置专业必须考虑学校所在地区的生产需要，照顾到所设各专业间的彼此联系。如在产煤区设立采矿学校或采矿专业，在冶金业发达的地方就办冶金学院，开设冶金相关专业。考虑一个学校设立哪些专业，必须使学校的专业性质相近。这样可节省和充分利用教学设备。[39]

学校的专业确定后，把性质较为相近的专业并在一起成为学系。有的学系包括五六种专业，有的系之包括一二种专业。具体考虑一个系里要设哪些专业的问题，首先取决于学校的性质，比方化学工学院与土木工程学院的机械系就不一样。化工学院中的机械系，其专业是化工机械制造、热能动力机械装置等，而土木工程学院中的机械系的专业则为建筑机器及其设备等。[40]

从专业设置的方法和原则来看，苏联的高等学校早就脱离了传统学术研究中心的性质。现代大学的形成以来，高等学校的学科主要是以不同的研究方法和研究对象划分的，例如自然科学的物理、生物和化学，社会科学的历史、哲学等。然后，以学科的性质和特点为基础开设不同的学系，强调帮助学生在一领域获得更深入学习的机会。与之对应，高等学校是先有学校（院），然后再按照知识的分类以及研究方法和研究对象划分学系。

而苏联高等学校里所讲的专业则是根据社会分工需要而划分。它要求不同的学系按照社会生产部门甚至工业生产过程开设不同的专业，有的专业还要进一步细分为专门化（或称组），强调教会学生一门技能。从专业设置的过程来看，是先按照生产部门和生产过程设置专业，然后将性质相近的专业合并为系。从专业设置的过程来看，是先有不同的专业，然后将性质相近的专业合并为一个学系。苏联专家认为，这样作可以使机械工程师、土木工程师、电机工程师等的培养速度加快，缩短修业年限。[41]这与曾昭抡所讲并无

39 福民：《苏联高等教育的改革》，《人民教育》，1952 年 9 月，第 10-11 页。
40 福民：《苏联高等教育的改革》，《人民教育》，1952 年 9 月，第 10-11 页。
41 福民：《苏联高等教育的改革》，《人民教育》，1952 年 9 月，第 10-11 页。

二致。

早在1951年全国工学院院长会议后，教育部就已经开始着手进行专业设置的计划制定。但限于当时院系调整可能面临的阻力，并不能大范围的在高等学校执行。1951年11月9日，教育部召开了地质、采矿、冶金三个领域的调整会议，对地质、采矿、冶金三个领域的学系进行了分工和专门化的调整安排。1952年2月上旬，教育部接着召开了机械、电机、化工、水利、土木、建筑六大学系的调整会议，详细决定了各学系的分工及专门化，并制定了系一级的分工、专门化计划。[42]到1952年11月的院系调整前，工程学科的学系已经完成进一步分化，即专业设置的计划已经基本制定完毕。

根据教育部的规划，到1953年初，全国高等学校共设置专业215种，其中工科107种、理科16种、文科19种、农科16种、林科5种、医科4种、师范21种、财经13种、政法2种、体育1种、艺术11种。[43]1953年下半年至1954年上半年，高等教育部和教育部相继在北京召开了高等工业学校行政会议、综合大学会议、高等师范教育会议、高等财经教育会议和政法大学会议。这些会议分别讨论和决定了各类高等学校的专业设置的原则与具体方法，以及教学计划。在普遍设置专业的基础上，全国高等学校开始着手进行专业设置的调整。

二、工科院校的专业设置与调整——以华南工学院为例

从政府的角度看，仅仅是学校和院系的合并、重组对于高等教育专门化以及培养能直接胜任"工程师"的"专家"来说是远远不够的。在经过高等学校的院系调整之后，各大行政区的工学院基本上从原来的综合大学中独立出来，成为独立的单科性或多科性工业学校。在中南区相同院系的专门学院的迁并工作完成之后，专业的设置及调整也迅速被提上日程。

1951年11月30日，中央人民政府政务院批准的《全国工学院调整方案》中规定：将中山大学工学院、华南联合大学工学院、岭南大学工程方面的系科及广东工业专科学校合并成为独立的多科性工学院——华南工学院。1952年11月，华南工学院筹建成立，并相继吸收了湖南大学、武昌中华大学、武

---

42 胡建华：《现代中国大学制度的原点：50年代初的大学改革》，南京：南京师范大学出版社，2001年，第184页。

43 《中国教育年鉴》编辑部编：《中国教育年鉴（1949-1981年）》，上海：中国大百科全书出版社，1984年，第239页。

汉交通学院、南昌大学、广西大学 5 所院校工科方面的学系。之后，华南工学院就有了机械、电机、化工、土木、建筑与水利这 6 个工程系。按照上级要求，学校相继开设了机械、动力、土木、建筑、桥梁、铁路等轻工业和重工业等 29 个专业。[44]

为支持和保证国家工业化建设，将高等教育同经济建设各部门对口进行专业的设置和调整是 1953 年院系调整工作的重中之重。1953 年 7 月 15 日，高等教育部在北京召开了全国高等工业学校行政会议，决定对高等工业学校进行以专业设置为中心的改革。高等教育部在同年的 8 月 7 日制定了《1953 年全国高等工业学校专业调整方案》。

该方案总结了 1952 年院系调整后，全国工科院校的基本情况，并指出在专业设置上存在的具体问题。

1. 有些地区未能很好地结合着专业设置考虑院系调整，而是在院系调整后，再就师资设备条件拟定专业设置，有些迁就现状，学校的发展方向不够明确，学校间的重点分工不够清楚。2. 有些地区如中南、西南、西北尚未进行院系调整或尚未完成，只能就现状来考虑专业设置，重复分散的情形还很严重。3. 某些学校的专业设置多自学校局部出发考虑，未与当地或整个地区工业建设尽可能地密切配合起来。4. 有的学校专业设置过多过杂。例如华南工学院共设了 29 个专业，包括机械、动力、土木、建筑、桥梁、铁路、轻、重工业等各方面的专业。5. 有的性质相近的或相同的专业设置过于分散。例如华东地区 5 个高等工科院校都设有电信方面的专业。6. 有些学校设置某些专业缺乏起码的条件，既没有专业师资也没有必要的设备就设置了，以至困难重重，无法办下去。7. 没有很好地学习苏联中等技术学校，尤其是特别班的经验，只根据各产业部门提出的要求，就设置了专修科的各种各样的专业，但对于每种专修科专业的培养目标是什么，修业两年是否适宜，都缺乏研究。因而有许多不适宜专修科办的专业也办了起来。[45]

---

44 《华南工学院筹备开学情况介绍》，《华南工学院》，1953 年 9 月。华南理工大学档案馆藏。

45 《1953 年高等工业学校专业调整方案说明》，高等教育部档案，1953 年永久卷，卷 26。//转引胡建华：《现代中国大学制度的远点：50 年代初期的大学改革》，南京：南京师范大学出版社，2001 年。

因为有这些问题的存在，教育部要求高等工业学校进行专业设置的精简、调整和合并。据此，高等教育部又明确了1953年工业高等学校专业调整的原则，制定了以清华大学为首的全国39所重点工科院校的专业调整方案。

高等教育部要求各高等工业院校从国家需要的角度考虑专业设置，将"摊子摆得过多的、相同的专业或性质相近的专业"，按专业设置"适当集中"与"合理分布"的原则进行必要的调整。对条件极差无法续办的专业应调整至较有条件的学校或停办。对专修科各专业，在基本上保证完成原定招生任务原则下，将培养目标不够明确者，非建设急迫需要者，非专修科可以完成培养任务而一时又无苏联先进经验可供参考者，或现有中等技术学校已可负责培养者，根据不同情况或停止招生或减少招生。对个别一些专业，因国家目前尚不急需而学生来源又有限，拟采取隔年招生的办法，即专业不取消，本年暂停招生，次年继续招生。[46]

1953年，华南工学院根据中央高等教育部《1953年全国高等工业学校专业调整方案》的要求，参加了全国性的专业设置及调整。当时，调出的专业有：铁路建设、桥梁与隧道、中小型水力发电站、热力发电厂装置、发电厂配电系统等专业。调入的专业有：湖南大学和武汉大学的工业民用建筑专业、南昌大学及广西大学的电讯方面的专业。调整之后，华南工学院原有的29个专业只剩下15个，另设14个专修科。

表3-2-1：华南工学院1953年专业设置表[47]

学　系	专　业
机械工程系	机械制造工程、金属切削机床及其工具、热理发电厂装置等3个专业；金工切削加工、工具机等2个专修科。
电机工程系	发电厂配电网及配电系统、无线电通讯及广播等2个专业；发电站及变电所电机、无线电、有线电、工业用电等4个专修科。
土木工程系	工业及民用建筑、铁路建设、桥梁与隧道等3个专业；建筑结构、桥梁结构、工程测量等3个专修科。
水利工程系	中小型水力发电站建筑1个专业；水力发点土木1个专修科。

46　《1953年高等工业学校专业调整方案说明》，高等教育部档案，1953年永久卷，卷26。转引自：胡建华：《现代中国大学制度的远点：50年代初期的大学改革》，南京：南京师范大学出版社，2001年。

47　《华南工学院筹备开学情况介绍》，《华南工学院》，1953年9月，华南理工大学档案馆藏。

建筑工程系	房屋建筑学 1 个专业。
化学工程系	无机物工学、植物组织纸制造学、糖品工物学、食品工学、硒酸盐工学等 5 个专业，造纸、橡胶、制糖、盐电解等 4 个专修科。

资料来源：《华南工学院筹备开学情况介绍》，《华南工学院》，1953 年 9 月，华南理工大学档案馆藏。

三、综合大学的专业设置及调整——以中山大学为例

1953 年 9 月 10 日至 23 日，教育部在北京召开了全国综合大学会议。参加会议的代表有全国高等学校负责人 109 人。高等教育部部长马叙伦，副部长杨秀峰、曾昭抡分别作了报告。会议认为："综合大学的特定任务主要是培养在理论或基础科学方面从事研究工作或教学工作的专门人才。具体地说，就是培养科学研究工作者和高等学校的师资以及中等学校的师资。"[48]随后讨论并颁布了《关于综合大学 1954 年专业设置及发展规模问题的报告》。报告中针对综合大学的专业设置和调整的基本原则进行了详细说明。

其中有关专业设置的原则与工业学校的专业设置原则一致，即满足国家需要，从全国范围出发，进行适当的分工。[49]

报告中对综合大学的专业调整及具体方法有说明：

（一）专业的目标表示国家建设对这类人才要求的规格。凡目标过狭而教学计划中的课程不能成一完整体系的专业，拟暂不设立；目标过宽而教学计划中的课程虽已可分为几个体系，但为条之间所限未能立即分设的专业，如综合性生物专业及化学专业，可在少数学校中设立，将来再分设几个专门性的专业。

（二）带有地域性的专业，目前需要不多、条件不足而设置过多的，可在合理的分布下适当调整集中；地区有需要而目前条件虽不具备者，应逐步准备条件创设。如西北及兰州两校之自然地理专业。

（三）目前学生来源有限，条件亦不完备，而设置较多的专业，暂时可集中办理，如英语专业及经济系所属的专业等。国家建设需要虽大，但条件太差的专业，也应少办，如俄语专业等。目前缺乏

---

48 中央教育科学研究所：中华人民共和国教育大事记（1949-1982），北京：教育科学出版社，1983 年，第 36-37 页。

49 《关于综合大学 1954 年专业设置及发展规模问题的报告》，高等教育部档案，1953 年永久卷，卷 12。

条件，但为国家所必须的专业，应及早创造条件设立，如地质学专业。需要量不大、条件亦不甚好的专业，可以采取隔年招生办法，如心理学专业。专修科因系适应国家的急需暂时设置，应逐步少办，但尚无同类本科专业的专修科（如图书馆专修科）宜暂予维持。各种训练班非经中央高教部同意，不能创办。[50]

按照这一原则，高等教育部详细拟定了北京大学、南开大学、东北人民大学、复旦大学、南京大学、山东大学、厦门大学、武汉大学、中山大学、四川大学、云南大学、西北大学、兰州大学等 13 所综合大学的专业调整方案。这些综合大学的专业被分为社会科学（16 个专业）、数理科学（4 个专业）、化学科学（5 个专业）、生物科学（6 个专业）、地学科学（7 个专业）和专修科（7 个专业）六个大类，具体 45 个专业。[51]

在这 13 所综合大学中，北京大学开设有 28 个专业，是开设专业最多的综合大学；中文、历史学、数学、物理 4 个专业每个学校都有开设；波兰语、捷克语、化学、生物学、土壤学、地质学等 6 个专业是国家急需的专业，但这 13 所综合大学都尚未开设；新闻、法律、天文学、力学、胶体化学、海洋生物、地理、气候、气象、自然地理、物理海洋等专业仅有 1 到 2 所学校开设；社会科学类专业中的东方语言学、考古学、哲学 3 个专业只有北京大学开设；法律学专业只有东北人民大学开设；海洋生物专业只有山东大学开设；心理学专业只有北京大学和南京大学开设，却都没有通过教育部的审核认可；政治经济学专业有南开大学、四川大学和云南大学 3 所大学开设，也没有通过教育部审核。这些没有通过教育部审核认可的专业，后来大部分都被撤销。此外，教育部要求南开大学的俄语、英语专业、复旦大学的俄语专业、山东大学的英语专业、四川大学的英语专业、西北大学和兰州大学的自然地理专业于 1954 年进行调整，建议云南大学和西北大学 1953 年分别开设化学专业和生物学专业。[52]

---

50 《关于综合大学 1954 年专业设置及发展规模问题的报告》，高等教育部档案，1953 年永久卷，卷 12。转引自：胡建华：《现代中国大学制度的原点：50 年代初期的大学改革》，南京：南京师范大学出版社，2001 年。

51 胡建华：《现代中国大学制度的原点：50 年代初期的大学改革》，南京：南京师范大学出版社，2001 年，第 201-202 页。

52 胡建华：《现代中国大学制度的远点：50 年代初期的大学改革》，南京：南京师范大学出版社，2001 年，第 201-202 页。

按照教育部对综合大学专业设置要求，中山大学也需要进行专业设置和调整。这次调整从 1953 年 7 月下旬开始准备，9 月底正式进行。1953 年 11 月，学校按照教育部要求将原设的财经、政法各系调出至武汉大学、中南财经学院、中南政法学院等院校，语言系迁出至北京大学（1954 年夏，由系主任王力教授带领全系师生 48 人前往）。因为分析化学没能通过教育部的审核认可，后来被撤销。[53]调整后，中山大学只剩下数学、物理、化学、生物、地理、中文、西语、历史、语言等 9 个学系和语言学系民族组、俄文专修科 2 个专修科。这 9 个学系按照教育部的要求开设物理、数学、有机化学、动物、植物、自然地理、中国语言文学、俄罗斯语言文学、英国语言文学、历史等 11 个专业。其中，数学、物理、化学、生物、语言、历史等系各自仅仅开设 1 个专业。学生人数由 3000 多人减少到 1524 人，教师 304 人，职员 195 人，员工 235 人，全校正规工作人员 734 人。[54]财经、政法、天文、地质、语言、哲学等有较好研究基础的学科被连根拔除之后，中山大学成为一所只具备 9 个学系和 11 个专业的综合大学。

四、专业目录制定

根据实际的专业设置调整，高等教育部于 1954 年 11 月颁布了《高等学校专业目录分类设置》（草案）。草案中列举了 257 种专业的名称，注明了各专业所要达到的培养目标。

实际上，这一专业目录也是完全照搬苏联高等学校的专业目录制定。它按照社会生产部门分类将高等学校的专业分为工业部门、建筑部门、运输部门、农业部门、林业部门、财政经济部门、保健部门、体育部门、法律部门、教育部门、艺术部门等 11 个部门。各部门的专业又分为不同的类别，比如工业部门的专业被分为普通机器制造类、动力机器制造类、仪器制造类、电机制造类、电器仪表和电器制造类、动力类、无限电工程和电讯类、有用矿物的地质和勘探类、地下矿藏开采类、冶金类、天然与人工液体燃料工学类等 16 类。各类之下是具体的专业名称，例如普通机器制造类的专业包括了机器制造工艺、金属切削机床及工具、铸造工艺及机器、焊接工艺及设备、焊接

---

53 胡建华：《现代中国大学制度的远点：50 年代初期的大学改革》，南京：南京师范大学出版社，2001 年，第 201 页。

54 吴定宇：《中山大学校史（1924-2004）》，广州：中山大学出版社，2006 年，第 59 页。

工艺及设备、纺织机械设计、汽车、拖拉机、船舶制造、矿山机械制造、筑路机械及设备、农业机械等共 25 个专业。[55]每个类别之下注明了所要达到的培养目标。

其中，教育部又按照学校的类别将综合性高等学校分为"大学"和"高等师范"两种类型的学校。"大学"的专业类别被分为社会科学类、语言科学类、自然科学类三类。社会科学类包含：哲学、心理学、政治经济学、历史学、考古学及档案学等 6 个专业；语言科学类具体分为汉语语言学、汉语文学、俄罗斯语言文学、英国语言文学、德国语言文学、蒙古语、朝鲜语、越南语、暹罗语、印尼语、缅甸语、新闻学、图书馆学等 20 个专业；自然科学类则分为数学、力学、物理学、有机化学、动物学、地质学、地形学、经济地理、自然地理、地球化学、气候学、气象学等 21 个专业。

高等师范学校的专业即师范院校专业类，包括物理、化学、生物、图画及制图、地理、历史、学前教育、政治教育、音乐、美术、体育等 16 个专业。[56]

"大学"和"高等师范学校"有相同的专业，但是专业学习的内容不尽相同。相比较而言，师范类专业学习的内容更加浅显，目的多为培养中小学师资。

经过专业目录制定，高等学校专业的设置呈现出几大特点：（一）所有的专业尽量与国民经济的业务部门对口；（二）基础学科通常按照学科名称设置专业。很多学系只开设一个专业，如哲学、历史学、考古学等；（三）工科分得很细，按照工艺、设备甚至产品设置专业。譬如动力机器制造类，设置"锅炉制造、滑轮机制造内燃机制造、船舶蒸汽发动机及其装置、船舶内燃发动机及其装置、蒸汽机车制造、水力机械"等专业；最典型的要数普通机器制造工业，分别设置车辆制造、汽车、拖拉机、铸造工艺及机器、焊接工艺及设备、金属学及热处理车间设备等等专业；（四）职业岗位也是划分专业的依据。如：船舶驾驶、畜牧、兽医等专业；（五）工科类专业设置 147 种，占全部专业的比例达 57%以上。

---

55 《高等学校专业目录分类设置（草案）》，高等教育部档案，1954 年长期卷，卷 50。
   转引自：胡建华：《现代中国大学制度的远点：50 年代初期的大学改革》，南京：南京师范大学出版社，2001 年，第 201-202 页。

56 《高等学校专业目录分类设置（草案）》，高等教育部档案，1954 年长期卷，卷 50。
   转引自：胡建华：《现代中国大学制度的远点：50 年代初期的大学改革》，南京：南京师范大学出版社，2001 年，第 201-202 页。

通过这次专业设置及调整，大陆高等学校的文科、政法、财经各专业所占的比重急剧下降。1947年，文法商科在校生占高等学校学生总数的47.6%，1952年这一比重降到22.5%。[57]中南区专门院校的学科、专业达到前所未有的集中。动力机械制造专业集中于华中工学院，土木系的铁路建设、桥梁与隧道专业集中于中南土木建筑学院，经济、法律专业主要集中于中南财经学院、中南政法学院，美术、音乐等专业集中于中南美术专科学校和中南音乐专科学校。与中南区的湖北省相比，广东省的高等学校的力量日益虚弱。

五、统一招生和分配

时至1953年第一各五年计划开始。国家建设需要有更多的人才和干部。但是教育又不如生产领域，可以突飞猛进地增产增量。为此，在高等学校大量增加实用学科、添设短期培训班的同时，教育部开始考虑将高等学校自主招生逐步过渡到高等学校联合招生，再到全国高等学校统一招生，并对高等学校毕业生进行统一分配。

（一）统一招生和计划调配

高等学校的调整、招生数量的增长使得生源成为高等教育发展的一大阻碍。1949年及以前，中国所有的高等学校都实行单独招生。各个学校制定自己的招生计划和考试标准。1950年5月26日，教育部发布招生规定，号召高等学校联合或相互委托招生。当年，华北十七校、东北九校、华东十三校分别组成联合或统一招生委员会，在本区或外区设考点，统一招生。全国201所高等学校中，有73所高等学校联合招生，大部分一次足额。[58]在此背景下，广东省高等学校延续了单独招生办法。7月1日，《人民中大》创刊即刊载了招生委员会成立的消息，这是中山大学在人民政府成立以来的第一次招生。文、法、理、工、农、医、师范学院预计招收新生1550名，报名时间为7月28日至31日（湛江、汕头、梅县为8月3、4日），设广州、上海、汉口、厦门、桂林、长沙、汕头、梅县、湛江等报名点和考区。[59]在社会各界的热烈支

---

57 《中国教育年鉴》编辑部：《中国教育年鉴（1949-1981）》，上海：中国大百科全书出版社，1984年，第239页。

58 《中国教育年鉴》编辑部：《中国教育年鉴（1948-1981）》，上海：大百科全书出版社，1984年，第337页。

59 《本校1950年度招考新生办法确定》，《人民中大》，1950年7月16日。

持下，考生报名踊跃，8 月下旬，中山大学便顺利完成了招生任务。

1952 年 4 月，政策又发生了变化，教育部要求实行全国统一招生，统一命题，统一规定报考条件、考试科目、政治审查标准、健康检查标准、录取新生的原则以及招生考试的方针、政策和办法。[60]1952 年开始，大陆所有的高等学校都参与了统一的招生考试。[61]当年，政府预计高等学校拟招收新生 5 万名，工学院招 2.95 万名，其他所有院系共招 2.05 万名。工学院所招名额中，约 55%的学生需要转为两至三年的专修科或专科学校培养。[62]通过统一招生和考生调配，1952 年本来预计全国招生 5 万人，最后实际共录取了新生 65893 人。[63]政府还规定，本年被录取者次年不能再考，这使得 1952 年高校新生报到率达到了 90%以上。[64]

在政府看来，进行统一招生可以节省人力物力，保证招生数量。但是统一招生和调配考生的做法给一些高等学校和学生带来了很多不满。

对于高等学校来说，一些青年学生的学业水平不符合学校的选拔标准。1949 年，全民推行家庭成分划分和干部制度，教育普及和"教育向工农开门"成为全国教育界最重要的口号和方针。[65]对工农子弟，政府制定了许多照顾政策。在 1950 年颁布的高等学校招考新生的规定中：有三年以上工龄的产业工人；参加工作三年以上的革命干部及革命军人等优先录取。后来这一规定又几经修改，但都又明确说明工农青年以及参加革命五年以上者、少数民族学生、华侨学生、复员军人以及工农毕业生和烈士子女与其他学生成绩相同时，要优先录取。[66]

1951 年 8 月，在教育部颁布的《关于改革学制的决定》中大学和专门学

60　《中国教育年鉴》编辑部：《中国教育年鉴（1948-1981）》，上海：大百科全书出版社，1984 年，第 337 页。

61　[日]大塚丰：《现代中国高等教育的形成》，黄福涛译，北京：北京师范大学出版社，1998 年，第 259 页。

62　《中央人民政府教育部关于全国工学院调整方案的报告》，《人民日报》，1952 年 4 月 16 日，第 1 版。

63　《全国高等学校统一招生工作完成》，《文汇报》，1952 年 9 月 27 日，第 1 页。

64　高等教育部：《关于对考生进行升学指导教育工作的计划要点》，1953 年 7 月 23 日。

65　高等教育部办公厅：《高等教育文献法令汇编（1949-1952 年）》，北京：高等教育部办公厅，1958 年，第 45 页。

66　高等教育部办公厅：《高等教育文献法令汇编（1949-1952 年）》，北京：高等教育部办公厅，1958 年，第 45 页。

院以及专科学校均招收高级中学及同等学校毕业生或具有同等学力者。[67]1953年，教育部又允许各大行政区还可以向高等学校选送优秀小学教师，选送优秀师范毕业生，抽调中等学校政治辅导员到高等师范学校专修科学习。

1951 年，广东省高等学校在采取单独招生时，已经体现出与已往的招生办法不同的特色。学生在报考时，"凡属老解放区之考生、工农干部、革命干部、革命军人、兄弟民族学生或非英籍华侨学生，可申请免考外国语。但经录取入学后，须补行外国语甄别试验，并按试验结果分别以补修机会（投考外国语言文学系者除外）；在录取时，"凡届（甲）有三年以上之产业工人，或（乙）参加工作三年以上之革命干部及革命军人，或（丙）兄弟民族学生，或（丁）华侨学生，考试成绩虽稍差，得从宽取录"；新生入学后，"凡清寒学生如需要申请人民助学金者，应照规定于报考时在报名处填具申请书，并缴验家境清寒证明书，办理申请手续。自费生入学后则不得再行申请人民助学金。[68]

大量招生青年学生或同等学力者入学，无法保证生源质量。一些学生基础很差，学习跟不上，造成教师教学的困难。广东在院系调整前属于高等教育较发达的地区，优质生源历来是高等学校招生的首要选择。但是，在全国统一录取、调配新生的背景下，分配给广东高校新生相较此前单独招生的质量有所下降。1953 年，华南师范学院录取新生 1023 人，能按时到校报到的有971 人，报到率达到 94.8%。这其中除了参加全国统一入学考试的学生 412 人之外，另有从中南区各省份选送而来的优秀小学教师 171 人、优秀师范毕业生 240 人及抽调中等学校政治辅导员 200 名，统招生仅占总数的 40%。除了统考的学生被安排在各个院系之外，这些选送而来的青年干部也是学校各院系重要的新生组成部分。他们被充实在各院系的本科、专修科之中，和统考生接受一样的教育。1954 年，华南师范学院录取新生 1130 人，到校报到者1108 人。[69]其中，统考生有 602 人，其余的学生皆选送生或港澳生。[70]

---

67 高等教育部办公厅：《高等教育文献法令汇编（1949-1952 年）》，北京：高等教育办公厅，1958 年，第 49 页。

68 《本校 1950 年度招考新生办法确定》，《人民中大》，1950 年 7 月 16 日。

69 华南师范学院教务处：《一九五四年度录取我院新生情况表》，华南师范大学档案馆藏。

70 华南师范学院招生委员会：《一九五四年选送优秀小学教师及港澳学生数量统计》（1954 年 9 月 15 日），华南师范大学档案馆藏。1952 年 8 月，新成立的华南师

表 3-1-6：华南师范学院一九五三年新生报到情况统计表（1954 年 1 月
　　　　　8 日）

学生来源	分配数	报到人数	报到率
统考生	412	392	95.1
选送优秀小学教师	171	165	96.9
选送优秀师范毕业生	240	239	99.6
抽调中等学校政治辅导员	200	175	87.5
总计	1023	971	94.8

　　对于政府来说，进行全国高校统一招生的一个重要原因就在于缓解生源
数量的紧张。解决生源紧张问题成为高等教育事业能否顺利发展的重要环

范学院开始了第一次招生。学生入学时，要填写一份履历表，内容包括姓名、籍
贯、系科、是否党员、曾参加何党派团体、入学来源、是否侨生或港澳生、家庭
住址、家庭经济来源、家庭成分、本人成分等等内容。其中入学来源、家庭成分
和本人成分之下列多种选项，要求学生选择。入学来源即：统考、小学教师、师
范生、机关干部等 4 类备选。家庭成分和本人成分都被分为 12 个类别，家庭成
分包括：工人、贫农、中农、城市贫民、自由职业、小商人、旧公务员、资本家、
旧军人、富农、地主、房屋出租者等 12 类，由学生选填对应的选项；个人成分则
分为工人、贫农、中农、城市贫民、教工、商人、旧公务员、学生、旧军人、富
农、革命职员及雇农等 12 类，同样由学生选填。根据学生履历表统计可知，华
南师范学院 1952 年新招收的学生中，有 40% 家庭成分为富农，19% 为资本家、旧
公务员或地主。以中文系为例，32 名学生中，有 17 名家庭成为为富农，1 位家
庭成分是资本家，2 位是地主家庭，2 位是旧公务员家庭，3 位是商人家庭，剩下
的多是中农、自由职业，极少有工人家庭成分的学生就学。地理系本科生中，1951
年入学共 22 人，其中小地主出租者家庭出身者 2 人、中农家庭出身者 5 人、手
工业家庭出身 2 人、地主家庭出身者 4 人、自由职业兼小地主出租者 2 人、工商
业兼地主家庭者 3 人，工商业家庭出身者 2 人、医生家庭出身 1 人，剩余 1 位没
有填写此项。地理系专科学生中，情况大致类似，多数学生家庭成分位富农、地
主、商人等，极少有工人家庭出身。《无声的革命：北京大学与苏州大学学生社会
来源研究（1952-2002）》中曾指出："1949 年后，工农子女不仅在精英大学中占
据一定比例，甚至在某些省属精英大学里成为多数。"在广州，在华南师范学院，
这种情况至少是到 1954 年才出现。1954 年 9 月，华南师范学院制作了一份《学
生一般情况表》，对各院系学生的年龄、籍贯、宗教信仰、整治情况、干部情况、
生源类别及家庭成分进行了统计。全校统招生及港澳生共计 991 人，这其中工人、
中农、贫农、富农、地主等工农家庭出身者共计 632 人，占总人数的 63% 以上，
工人家庭成分的学生有了大的增长。梁晨、李中清等：《无声的革命：北京大学与
苏州大学学生社会来源研究（1952-2002)》，中国社会科学，2012 年，第 1 期，
第 99 页。华南师范学院教务处：《1951-1954 地理系学生名册》，华南师范大学档
案馆藏；《一九五四年度学生一般情况表》，华南师范大学档案馆藏。

节。[71]政府对高校的定位是培养国家建设所需的干部和人才，但学生填报的学校和专业志愿常常难以同国家需要保持高度一致。按计划对考生进行调配，既可以保证生源数量，又可以对学生填报的志愿进行分配。这样很大程度上能够保证高校和专业完成招生计划，是一举多得的办法。统一调配生源使得学生所填报得志愿与实际录取学校和专业相距甚远。

因为政府大力宣传发展经济、工业，社会上形成一种普遍重视实用学科、专门学院和忽视综合大学、基础学科的氛围。很多学生认为工科、医科等实用学科急需人才，于是工学、医学这样的热门系科常常出现考生志愿扎堆的现象。一些理科基础很差的学生也来报考工科和医科。那些为国家建设所急需，但条件较为艰苦的学校和专业常常备受冷落，填报学生人数较少。为了完成招生任务，招生委员会职能对学生进行调配。这导致一些考生的个人志愿难以被满足，而且造成学生与学校、专业的相互矛盾。

中山大学就有很多学生对调配专业感到不满。外文系一同学写道："我去年参加统一考试时，填报了三个工科志愿。……但到放榜时，出乎我意料之外，被分配在从未想过的外文系，这真使我十分的失望和苦恼。我想，学其他系科还好，却偏要我学英文。英文是帝国主义国家的文字，难道将来还要我为帝国主义服务？当个奴才吗？"[72]

数学系的一个学生感到同样的苦恼，他讲到："今年我高中毕业后，怀着无比兴奋的心情，报考高等学校。我填的志愿是工科，因为我希望将来能够做一个工程师。后来放榜了，我找遍了各个工业学校，都没有自己的名字，这真是晴天霹雳，使我大为失望。最后，终于发现了自己的名字被安排在中山大学数学系。当时使我感到很奇怪，尤其是数学系这个名称，更使我奇怪。在中学时，甚少听过这个名称。"[73]

在国家发展需求面前，无论是高等学校还是学生个人，都将成为计划经济体制的一个组成部分。1953 年 5 月 25 日，《人民日报》发表社论指出："高校统一招生和生源调配没有兼顾地方各高校、高级中学的力量的有效发挥，

71 曾昭抡：《为全部实现高等学校招生计划而努力》，《人民日报》，1953 年 9 月 18 日，第 3 版。

72 外文系二年级学生陈永培：《我从不愿读英文专业到安心钻研》，《中山大学周报》，1953 年 10 月 22 日，第 1 版。

73 数学系学生关伟德：《我被分配到数学系的思想转变》，《中山大学周报》，1953 年 10 月 22 日，第 1 版。

适应各校、各系科的特点不够，结合学生的在校成绩和志愿不够，影响了一部分新生的学习积极性"，[74]并因此提出"由高校直接参与新生录取"。但实际上，高等学校只是负责审查学生的入学资格。从 1953 年的全国统一招生情况来看，工科、师范学科的招生人数所占比例仍是最大，财经、政法、文科、理科等备受歧视。[75]为此，高等教育部决定从 1954 年开始，"废止全国统一录取、调配，将统一招生的形式改为中央统一计划、大区组织执行，并由各校直接负责审查录取。"[76]

表 3-1-7：1953 年高等学校分类招生情况表[77]

类别	工科	师院	医药	理科	文科
学生数	34,100	20,200	7,700	5,500	4,400
百分比	42.10	24.94	9.5	6.79	5.43
类别	农林	艺术	财经	政法	体育
学生数	4000	800	2，300	1，200	800
百分比	4.93	0.99	2.84	1.49	0.99

在全国实行统一招生之前，各高等学校的招生考试方式均由高校自己负责，考试内容和科目也由本校教师自行安排。1952 年开始统一招生之后，全国高等学校统一招生的考试科目为：政治常识、国文、外国文（俄文或英文），中外史地、数学、物理、化学、生物。报考体育、音乐、美术等类系科的考生，还要加试术科。

1954 年，教育部规定："为适应各系科专业对考生学业成绩的不同要求，考试科目分作两大类别：（1）理科、工科、卫生科、农科、林科等类专业考试科目：本国语文、政治常识、数学、物理、化学、生物、外国语。（2）文科、政法科、财经科、体育科、艺术科等类专业考试科目：本国语文、政治常识、

74 《社论》，《人民日报》，1953 年 5 月 25 日，第 1 版。

75 《中国教育年鉴》编辑部：《中国教育年鉴（1949-1981）》，上海：中国大百科全书出版社，1984 年，第 258 页。

76 高等教育部、教育部：《关于全国高等学校一九五四年暑期招考新生的规定》，1954 年 5 月 17 日，高等教育部办公厅编：《高等教育文献法令汇编（第二辑）》，1958 年 7 月，第 248 页。

77 《中国教育年鉴》编辑部：《中国教育年鉴（1949-1981）》，上海：中国大百科全书出版社，1984 年，第 258 页。

地理、历史、外国语；音乐、美术、戏剧、体育等西系科招收新生，除了考试上述科目外，加试数学。"[78]

无论 1952 年还是 1954 年，工农青年、干部、少数民族学生、中等专业学校和中等技术学校毕业生、在职人员、转业军人都可免试外国语。为使报考青年可以系统地温课备考，1954 年起，高等教育部会同教育部颁发各学科考试大纲。

（二）统一分配

为了让毕业学生更好地为国家经济建设服务，满足各地区各业务部门的需要，新政府也早已着手对高等学校的毕业生分配也进行统一管理。基本做法是改变毕业生自谋职业的一贯方式，统一安排分配大学毕业生的工作。

1950 年 6 月 22 日，中央人民政府政务院发出《关于全国公私立高等学校本年度暑假毕业生工作安排的通令》，要求教育部门和人事部门有计划地合理统筹分配公私立高等学校的一万八千名毕业生。同时决定从华东、华南、西南三个大行政区调出一部分毕业生支援东北建设，并由中央和东北组织招聘团分赴三个大行政区进行动员和招聘工作。《通令》还指出，"对毕业生一般应说服争取他们听从政府的分配，为人民服务，愿自找职业的，可听由自行处理。"[79]

南粤学子一向安土重迁，颇有怕远离家乡的思想。政府要求学生放弃个人利益服从集体利益。但是，要抛弃温暖湿润的家乡和日夜相伴的亲人，遥望千里之外的东北寒地，"弃小我"实非易事。

华南联合大学理工学院的毕业生廖益谦刚从香港回到广州升学的时候，看见当时的毕业同学中有很多是服从统一分配的，便猜测他们可能是单身汉，当然可以这样做；对那些不愿意服从分配而后又留在广州工作的，心里非常羡慕。他自己下定决心毕业后一定要留在广州工作，否则不惜以种种借口来争取。[80]岭南大学经济系应届生何安娜有一次到石牌中山大学集中学习，临行前，妈妈郑重地对她说"要尽量向组织提出困难，坚持留在广州！"

---

78 《中国教育年鉴》编辑部：《中国教育年鉴（1949-1981）》，上海：中国大百科全书出版社，1984 年，第 258 页。

79 中央教育科学研究所：《中华人民共和国教育大事记（1949-1982）》，北京：教育科学出版社，1983 年，第 27 页。

80 《高等学校毕业生举行座谈》，《南方日报》，1952 年 9 月 2 日。

何安娜当时很坚决地答复她"放心吧，我已经下决心留在广州，纵使他们用大缆来拉我也拉不动。"[81]

新政权急需专门人才投入生产建设，而学生们又常常难以从国家建设层面出发去考虑问题。针对这种情况，教育部要求"各大行政区教育文教部及各校负责人需向同学讲明提前毕业的政治意义，以提高其认识，消除顾虑。贯彻毕业分配政策的主要工作也与"三反"及思想改造运动结合起来，以服从统一分配作为中心内容。"[82]

1950 年 7 月初，中南区教育部派员专程由汉口到中山大学，指导毕业生统一分配工作。《人民中大》也为此发表评论《毕业生的光荣任务》。该文指出："为了紧密配合整个国家建设计划的实施，政府已决定统一分配本年各大学毕业生的工作。这是历史上从来不曾有也不可能有的事情"，号召毕业生奔赴最需要人才的东北地区去。该报还指出："依政府规定，各机关所需要的工作人员，须向教育部请派，不得自行决定聘用。[83]

1951 年，《关于改革学制的决定》中规定："高等学校毕业生之工作由政府分配"。[84]1952 年政务院下发通知，要求"高等学校毕业生统一分配工作的基本方针是集中使用，重点配置"[85]。这其实是要求国家机关、学校和企事业单位只接受国家分配的毕业生。[86]在私营企事业单位消失的时代，这些规定决定了不接受统一分配，毕业生就可能找不到一份满意的工作。然而即便如此，学生们对统一分配还是顾虑重重，十分抵触。这种顾虑和不满，立即成为学校口中"自私自利"的"个人主义"思想，也成为政治思想教育、思想改造运动中学生们检讨和批判的重点。

廖益谦在学校学习期间，参加了筑路工程和"五反"运动之后，"一下子决定要无条件服从政府统一分配"。可是每当他回家看到母亲、爱人、孩子和

81　《高等学校毕业生举行座谈》，《南方日报》，1952 年 9 月 2 日。

82　《华东区高等学校毕业生统一分配委员会通知》，江苏省档案馆，档案号：7011-003-0450。

83　《毕业同学的光荣任务》，《新政府、新措施、毕业生统一分配工作》，《人民中大》，1950 年 7 月 16 日。

84　教育部：《关于改革学制的决定》，何东昌：《中华人民共和国重要教育文献（1949-1975）》，海口：海南出版社。

85　中央人民政府政务院：《关于 1952 年暑期全国高等学校毕业生统筹分配工作的指示》，《人民日报》，1952 年 7 月 19 日。

86　《关于毕业生分配的规定》，《光明日报》，1951 年 7 月 20 日。

妹妹的时候，便又想到如果一旦离开他们又感到苦恼极。后来，在学校开展的思想改造运动中，他的思想上又有了矛盾。他在学校则觉得应该服从政府的统一分配，但在家里又觉得不忍远离。直到经过反复的思想斗争以后，他想起三年来党和人民对自己的教育和培养，想起他离开家庭后并不是真有什么不能克服的困难，而后激发起了爱国的热情，终于完全在思想上解决了问题，准备愉快地走上光荣的工作岗位。[87]

何安娜后来在同学帮助下，开始对政府的"集中使用，重点配备"方针有了初步认识，并开始初步地联系思想实际来检查自己。她看到有许多更困难的同学，他们似乎更应该留在广州，但他们却不强调，还有很多人坚决标示服从统一分配。接着，她发现自己原来存在着严重个人主义思想，只管个人顺利，不顾国家需要；只希望政府和人民在广州安排一个好职位，而没有去考虑应如何好好为人民服务。这是把自己的利益放在了第一位。想到这些，她便不再强调留在广州了。[88]

当然，也有学生并不为此烦恼。华南工学院化工系盐电解二班的学生左起鹏就对自己所学专业的就业感到骄傲，他讲到：

> 我们快要毕业了，我很高兴，因为我将走上第一个五年计划建设的光辉道路。祖国建设需要各项建设人才，在冶铁方面，在机械方面，在电机方面。但是在化工方面的人才亦是十分需要的，尤其是生产化工原料之工业尤其重要，电解食盐工业生产着碱、氯气、氢气；在精炼石油、在燃料工业、在漂白操作、在味精工业、在医药上，以及大量利用在农业杀虫方面，都十分重要的啊！我热爱着它，我一定愉快地为这专业贡献自己的力量。

> 在学校的两年中，我的确不可能学到很多的东西，在工作岗位上必定要碰上很多困难，但是我绝不能为困难所吓倒，我是保证着极大的信心迎接这次祖国对我的分配。只要我们热爱自己的专业，在工作中虚心向工人同志学习，努力提高政治及业务水平，是能够在工作钟发挥出光和热的。[89]

---

87 《解决了思想矛盾，说服了妈妈：廖益谦进行了反复的思想斗争》，《南方日报》，1952 年 9 月 5 日。

88 《何安娜谈客服自私决心的经过》，《南方日报》，1952 年 9 月 5 日。

89 左起鹏：《热爱专业，服从分配》，《华南工学院》，1954 年 4 月。

经过政策宣传和思想上的动员，最终学生们大部放弃了个人利益，服从了政府的统筹分配。1952年8月，华南师范学院本科毕业生84人，中等学校短期师资训练班（培养初中教师）262人，工农速成初等学校师资训练班44人，全部按照政府的分配，走上工作岗位。[90]1952年8月28日，《南方日报》牵头邀请广东省各高等学校应届毕业生20人举行座谈会，座谈他们即将走上工作岗位，参加国家建设的感想，和对服从政府统一分配的看法。这些学生代表们不仅表达了对新政府的感激，还批判了自己最初对服从政府统一分配的错误看法。他们倾吐自己在参与了土地改革、"五反"、思想改造等运动之后，"愿意服从祖国的统一分配"的思想转变过程。他们一致认为"看到祖国的建设和美丽前途，有什么理由为个人打算呢？"[91]

---

90 华南师范学院教务处：《1951学年度第二学期毕业生名册（第一届）》、《华南师范学院一九五一学校学年度第二学期结业生名册》，华南师范大学档案馆藏。

91 《高等学校毕业生举行座谈》，《南方日报》，1952年9月2日。

第四章　课程和教学的"专业化"

经过系科及专业设置调整之后，高等学校的格局基本定型。课程与教学作为培养人才的重要内容和途径，必然随着高等教育目的的转变而发生改变。为了保证知识的传授和培养的学生能够满足业务部门的"对口"需要，自 1953 年下半年起，高等教育改革的主要精力开始逐步转移至课程和教学工作上，目标是推动全国高等学校课程和教学"专业化"的实现。在专业"对口"的要求下，学校的课程和教学发生了哪些改变？教师和学生又是如何适应这种转变的？

第一节　新课程规定的实施

为了培养出能直接参与生产流程的专业"工程师"和建设干部，与苏联专家同步来华的课程体系、教学方法成为高等教育改革彻底"专业化"的内容和方向。新政府要求旧中国的高等学校都必须加以彻底的但是稳步的改造。这种改造的中心环节便是教学内容的改造，特别是课程的改造。[1]

一、文法科课程

随着高等学校系科和专业等组织结构的调整，课程改革被迅速提上日程，新政府也早已为此做好了准备。针对文法科和理工科，教育部分别根据苏联经验分别制定了不同的方针原则。而无论是文法科还是理工科，都在不

1　钱俊瑞：《当前教育建设的方针》，《教育丛刊资料》，人民教育出版社，1952 年 4 月，第 50 页。

断强调为专业、为政治服务的实用价值。

（一）1949-1950 年的文法科课程

1949 年新政权建立后的一段时期，高等学校课程改革的主要内容是废除文法科课程中的"旧课程"，添设"政治课"。1949 年 10 月 11 日，华北人民政府高等教育委员会颁布《大学专科学校文法学院各系课程暂行规定》，指出"文法各院系课程的实施原则是废除反动课程（如国民党党义、六法全书等），添设马列主义的课程，主动地改造其他课程。"[2]1949 年 11 月，广东省高等学校经过接管后，无论公私立高等学校都主动废除了"党义"、"三民主义"等旧的"训育"课程，并主动适应新形势，添设"实践论"、"唯物论"、"社会发展史"和"政治经济学"等从老解放区来的新型政治课程。

第一次全国高等教育会议召开之前，教育部聘请京津各大学、科学院及有关部门一部分教授、专家为高等学校课程改革委员，组成 9 个课改小组，并向有关产业部门征求意见、召开联席会议。他们以《大学专科学校文法学院各系课程暂行规定》为依据，起草了文、法、理、工、农 5 个学院 24 个系及专修科的 54 种课程草案。草案详细规定了各系的任务、课程实施原则以及公共必修、本系必修、分组必修及选修课程的开设。[3]其中，文、法两个学院讨论和修改了文学院的中国语文、外国语文、哲学、历史学和教育学等 5 个系和法学院的政治学、经济学、法学及社会学等 4 个系的课程草案，合并称为《高等学校文法两学院各系课程草案》。这是新政府关于文法科课程改革的第一份具体文件。

教学任务是教学和课程所要达到的预定目标。从《高等学校文法两学院各系课程草案》中规定的课程任务和课程设置原则可以看出，无论哪个学系，要培养的都是对应工作部门的干部或中等学校以上师资。譬如：中国语文系以"培养文艺工作和一般文教工作的干部"为任务，历史系培养"中等以上学校历史课程的师资，以及有关历史部门的工作干部"，哲学系"以培养中等以上学校的师资"，政治系"培养各级政府行政干部、外交干部、研究工作干部即中等以上学校的师资"，经济系培养"新民主主义经济建设实际工作干部和研究工作干部"，法律系培养"法律工作干部与师资；目前主要培养一般的

2　《认真实施文法学院的新课程》，《人民日报》，1949 年 10 月 1 日，第 1 版。

3　何东昌主编：《中华人民共和国重要教育文献（1949-1975）》：海口：海南出版社，第 41 页。

司法干部",社会系则以培养"政府及其他有关部门,如内务部、劳动部、民族事务委员会等所需干部及中等学校以上师资"。[4]在政策层面,文法科学系的主要任务已经由学术领域的研究转变为培养中等以上学校的师资或培训在职干部。

对于课程实施的原则,《草案》则要求文法学院各系,力求理论与实际的结合,避免教条主义与狭隘的实用主义。革命的政治课是文法两学院首要的基本课程,并以科学的观点和方法切实改造其他一切课程。[5]这也就是说,"革命的政治课程"需要提供改造、阐释文法各学科的教学内容的观点和方法,而这一观点和方法必然是马列主义辩证法和唯物论。

根据教学任务和课程实施原则,《课程草案》对每个学系要开设的课程进行了分类。每个学院、学系开设的课程统共被分为公共必修课、本系必修课和选修课三类。文法学院的公共必修课共有:政治课 3 门(社会发展史、新民主主义论、政治经济学)、国文与写作、外国文、中国近代史、毕业论文或专题报告。其次,本系必修课中,不仅对系一级的必修课名称有所规定,而且对各个课程的教学内容范围、教学目的、教学方针都提出了简要要求。中国语文系十分强调写作,写作实习分为 4 门课,分别进行散文报导、文艺、理论文、应用文的习作,修满 12 学分,为文法两学院必修课学分之冠。有的学系还要在学系内共同必修课之下设分组必修课。如经济系除了非常重视经济理论、经济史课程等共同必修课,经济计划、财政、贸易、劳动、统计和会计等 7 个组还需要另外开设经济学必修课;政治系需要另外设行政、外交、理论 3 个组的必修课;社会学系设理论、民族、内务和劳动 4 个组的必修课。无论经济系还是社会系,系内所细分的"小组"其实都是按照业务部门设置,对应的是专门职业领域,而非学术知识领域,所开设的课程也多数是业务部门的实际业务工作。

再者,《课程草案》还强调了选修课的重要性,在有的学系中选修课要计入学分。如哲学系规定:"从第三学年起,除哲学必修课程外,可选修若干哲学课程,选修的哲学课程不得少于 15 个学分"。这些选修课被分为哲学课程

---

4 《中国教育年鉴》编辑部:《中国教育年鉴(1949-1981)》,上海:大百科全书出版社,1984 年,第 250 页。

5 《中国教育年鉴》编辑部:《中国教育年鉴(1949-1981)》,上海:大百科全书出版社,1984 年,第 251 页。

和科学课程两个组，科学课程组的课程被分为社会科学和社会科学史、数学和数学史、物理科学和物理科学史、生物科学和生物科学史 4 类。

根据《课程草案》的规定，中山大学政治系的教学任务确定为："在新民主主义的教育方针下，以学习马列主义的立场、观点、方法，分析时事政治问题的知识，培养新中国的一般行政工作干部、外交工作干部及中等学校政治课的师资。"[6]故而，中山大学政治系决定从 1950 年 9 月起对三年级的学生进行分组授课，分为行政、外交和理论 3 组（当时尚未进行专业设置，这里的组相当于后来的专业），一、二年级仍旧以上基础课为主。每一个小组完成学校公共必修课之后，要完成学系必修课，还有小组必修课和一定学分的选修。行政组的小组分组必修课程包括：行政组织及管理、地方行政、市政学、财政学；外交组的分组必修课程是中国外交史、世界外交史、条约论、国际公法；理论组的分组必修课程是辩证法唯物论、历史唯物论、思想方法、中国政治思想史、西洋政治思想史。各组的学系共同必修课是：社会主义国家、资本主义国家、马列主义基础、国家组织、政策法令等。[7]

《高等学校文法两学院各系课程草案》中的原则和规定说明，在政策取向上，文法学科已经已经彻底脱离了在学术领域的探索，转而走向为国家政治建设和业务部门服务。

（二）1951-1952 年的文法科课程

1951 年起，教育部开始有计划地进行院系调整工作，高等学校里选修课的课时数逐渐削减。1 月 23 日，教育部召开全国高等学校 1950 年度教学计划审查会议，审查 51 所院校的各系教学计划以及文法两学院的部分教学计划，并将结果进行通报。[8]同年 6 月，教育部又召开了高等学校课程改革讨论会，对文、法、财经相关学系的课程草案进行修订，对课程的指导思想、教学大纲、政治课教学、政治课学时等进行了详细规定。[9]各高等学校的相关学系

6 《中山大学同学录（1951 年）》。转引自：张紧跟：《百年历程：1905-2005 中山大学的政治学与行政学》，广州：中山大学出版社，2005 年，第 144 页。
7 《中山大学同学录（1951 年）》。转引自：张紧跟：《百年历程：1905-2005 中山大学的政治学与行政学》，广州：中山大学出版社，2005 年，第 144 页。
8 《中国教育年鉴》编辑部：《中国教育年鉴（1949-1981）》，上海：大百科全书出版社，1984 年，第 251 页。
9 《中国教育年鉴》编辑部：《中国教育年鉴（1949-1981）》，上海：大百科全书出版社，1984 年，第 251 页。

基本上都按照这一规定进行了课程的重新设定。

高等教育部颁布的《法学院法律系课程草案的课程表修正初稿》中要求："1. 各课程的内容，应从新民主主义实际出发，贯彻爱国主义思想，并以社会发展史的观点，阐明中国新法制之进步性及优越性。2. 讲授课程有法令者根据法令，无法令者根据政策、命令、决议、决定、指示、通报或参照判例总结及其他有关材料，如无具体材料可资根据参照，则以马列主义、毛泽东思想为指导原则，并以苏联法学教材及著述为讲授的主要参考资料。"[10]教育部认为政治课应该是各学校的基本课程，并重视系统理论知识的讲授，同时结合实际有重点地解决学生的主要思想问题。纠正轻视政治课、任意侵犯政治课时间或以社会活动取代政治课的现象。[11]

1952 年，中央教育部根据"以培养工业建设人才和师资为重点，发展专门学院，整顿和加强综合性大学"的调整方针，进行了第一次高等学校院系调整。当时，全国设有文科的高等学校有 44 所。年底，在教育部关于下达试行全国统一教学计划的通知中，关于中国语言文学、编辑和历史学等 3 个专业的课程设置进行了详细的要求，包括学时、课程门类等等。[12]其中，政治课已经被提升到最重要的地位。各专业的总学时规定有 3000-3400 余，而 4 门政治课总共要 1920 个学时，占到 2/3 的课时量。只有剩余约 1080 个学时是留给专业必修课的时间。学生课上学习政治课、专业课，课余时间还要参加小组讨论和汇报，以及政治活动，留给专业课的学习时间少之又少，这很难保证专业知识的学习。

（三）1953-1954 年的文法科课程

1953 年下半年，中国的高等学校已经进行了普遍的专业设置与调整，课程设置除了显示出越来越浓厚的"爱国主义"思想之外，更极具"专门化"特色。1953 年 9 月 10 日，在全国高等学校普遍设置专业的基础上，高等教育部召开了全国综合大学会议。会议批评各地教育行政部门未能理解综合大学的作用，对文、史、财经、政法等科系的重视不够，方针任务不明，培养目标不

---

10 《中国教育年鉴》编辑部：《中国教育年鉴（1949-1981）》，上海：大百科全书出版社，1984 年，第 250 页。

11 教育部指示高二字第 1011 号：《指示各校拟定一九五一度教学计划时应注意的几项原则》，1951 年 8 月。

12 《中国教育年鉴》编辑部：《中国教育年鉴（1949-1981）》，上海：大百科全书出版社，1984 年，第 250 页。

够清晰。因此，会议重新确定了综合大学的目标，即"培养在理论科学或基础科学方面从事研究和教学工作的专门人才，也就是为各研究机关培养科学研究工作者，为高等学校和中等学校培养师资。"[13]对于课程设置的指导思想，综合大学会议也给出了意见："对待以往的或资产阶级的文化科学问题，应根据其历史的作用和本身的内容不同而分辨采取批判、吸收和利用等不同的对待态度，对一切反动的观点和思想体系要彻底批判和坚决抛弃"。[14]

扬弃有别、辩证式批判自有其合理之处。但在新意识形态里，"批判"早已等同于"否定"，一切传统的、西方的理论和知识都要按照新的理论观点进行批判和否定。这也就是要求知识的发展和创新全部要围绕专业人才培养、经济建设和理论领域的批判来进行，不能"为学术而学术"。人文学科和社会科学更要不折不扣地服务于方针政策的阐释、意识形态的斗争和革命干部的塑造。这在政治、哲学、历史等系的课程安排中有非常明白的体现。

综合大学会议之后，高等教育部再次组织文科有关学科专家讨论和研究修订教学计划、编写教学大纲和编译苏联教材。以历史学专业为例，高等学校开设马列主义、中国史、汉族以外中国各民族史、苏联与亚洲人民民主国家史、中国与苏联以外的亚洲史、西方国家史、国际关系史、考古学 8 个专门化（专业下设专门化），每个专门化开设有专业必修课（国别史、断代史、专门史等）、史科学、史学史、专题讲授、专题讨论、专门语言。课程设置采用苏联教学体系，但都需要结合历史和民族的特点。其中，中国古代史很长，文献又很丰富，近代史比较短，但具有重大政治意义，所以 4 年内 8 个学期里，中古代部分要 3 个学期讲完，近代、现代部分各 2 个学期讲完。另外亚洲史在世界史中的地位、内容和比重占到四分之一以上，另设亚洲各国史，以讲授远东各国史为重点。[15]西方国家史、国际史等只有极少的课程讲授。

教育部副部长钱俊瑞曾讲过："学习理论不是因为别的任何原因，仅仅是因为它能帮助我们正确和有效地解决实际问题，学习理论的唯一目的就在于

---

13 《中国教育年鉴》编辑部：《中国教育年鉴（1949-1981）》，上海：大百科全书出版社，1984 年，第 250 页。

14 《中国教育年鉴》编辑部：《中国教育年鉴（1949-1981）》，上海：大百科全书出版社，1984 年，第 250 页。

15 《中国教育年鉴》编辑部：《中国教育年鉴（1949-1981）》，上海：大百科全书出版社，1984 年，第 252 页。

应用"。[16]经过改革，没有直接经济价值的文法科包括财经科本身的发展变得无足轻重，所开设的课程开始明显地服务于专门人才、干部和师资的培养，在过度张扬对业务部门的应用价值同时，这些学科自身知识体系的发展和完善不断被忽视和贬低。

二、理工科课程

1949 年及以前，中国的综合大学通常由文、法、理、工、农、医等学院组成，其中的理学院、工学院和医学院相当于现代大学中的理科、工科和医科。1952 年第一次院系调整前，中国共有 49 所这样的综合大学。1952-1953 年的院系调整中，以大行政区中某一所大学为基础，同一城市或同一大行政区内的各学院合并，组成新的专门工学院、农学院或医学院，这样的应用型工科、农林科和医学院由原来的 50 所增加到 92 所。院系调整和专业设置的目的在于集中人力和财力用于发展应用型专门学校，培养专业人才，尤其是工科方面的人才。按照这种逻辑，在大力提倡工业建设的目标之下，农林科和理科也必将得到一定程度的发展。因为农林业的发展可以为工业建设提供原材料，而理科则是工农医各科的基础。但实际的理工科课程设置却是另外一种让人意外的做法。

（一）课程精简运动

1951 年 11 月，高等教育部会同青年团中央委员会、中共北京市委员会等高等学校委员会组织，专门成立一个工作组，研究理工科"学生中发生的功课负担过重"问题。根据高等教育部的调查，全国理工科的学生都发生了不同程度的功课负担过重和超过规定学时的现象，其中以工科一、二年级学生较为严重。许多学生学习紧张，以至于没有时间参加政治时事学习和各种社会活动。[17]据此，高等教育部根据社会各部门的"精简节约"运动在教育界发起"课程精简"运动。因为对于学校来讲，"精简节约就是把现有的人力、物力和财力集中使用到教学工作中去。……这不仅符合国家的利益，而且也

---

16 钱俊瑞：《团结一致，为贯彻新高等教育的方针培养国家高级建设人才而奋斗——一九五〇年六月九日在全国高等教育会议上的结论》。转引自：北京师范大学高校干修班：《中国高等教育文献法令选编》（第 2 辑），北京：北京师范大学出版社，1950 年，第 44 页。

17 《高等教育部会同有关单位成立一个工作组，研究解决高等学校学生功课负担过重问题》，《华南工学院》，华南理工大学档案馆藏。

符合学校和个人的利益。"[18]

　　广东省高等学校在经过短暂的酝酿期后，立即响应政府号召，在学校开展起"精简课程"运动。1951年初，中山大学工学院土木、化工两系举行师生代表座谈会，结合具体情况，商讨课程精简问题。"有同学代表提出各科习题负担不平衡，不重要的课程习作太多，影响重要课程的习作；有些老师们没有很好的掌握学习进度，使同学们的自修常常超过学时，这样就使学习忙乱，影响身体健康。"[19]"土木二班过去要修应用天文和最小二乘方，这两种是服从于大地测量一科用的，而大地测量在土木系是否必修尚待研究，可这内容进度却与天文系和数学系大致一样，因此，大家认为这两科是可以精简。如三年级要修大地测量时，可以合并讲授。"[20]1954年，新成立的华南工学院为解决学生超学时学习问题，还特意制定出"解决超学时学习办法"，要求各系、专业改进教学内容和方法，精简内容；采取不定期测验的方法进行测验，让同学们不必突击某一课程而偏废其他课程；重新编排上课时间表；减少某些科的习题；教师及时答疑等等。[21]

　　实际上，此次精简课程暗含着另外一个目的——减轻学生负担，以增加政治学习及参加政治活动的时间。"政治课要使得学习的人掌握初步的马列主义毛泽东思想作为武器，还需要有一定的社会活动时间"。[22]学校里学生功课任务繁重，哪里有时间参与社会活动？中南区教育部部长潘梓年就讲到："原有课程的钟点和分量可否减少一点呢？国民党办学校为了要使教员、学生忙于功课，无暇'乱动'，把课程的钟点和分量都堆得很重，这是我们早已公认了的。如果减少课程钟点和分量，教职员、学生都有好处，能减少教职员和学生一点负担，有利于他们改造"。[23]

18　中央高等教育部计划财务司副司长张健：《高等学校要继续深入地进行精简节约》，《华南工学院》，华南理工大学档案馆藏。

19　《工学院土木、化工两系举行师生代表座谈会》，《人民中大》，华南理工大学档案馆藏。

20　《工学院土木、化工两系举行师生代表座谈会》，《人民中大》，华南理工大学档案馆藏。

21　《土木系初步订出解决超学时办法》，《华南工学院》，华南理工大学档案馆藏。

22　《关于召开中南区教育工作会议的材料及华中区教育工作会议记录》，武汉：湖北省档案馆藏，档号：GM-7-1-3。

23　《潘部长关于现阶段教育方针的报告》，武汉：湖北省档案馆藏档案，档号：GM-7-1-4。

中山大学物理系教授高兆兰曾讲过："科学本身虽然无阶级性，但是当答复科学为谁服务这个问题时却决定了科学的阶级性。"[24]既然如此，理工科的课程怎样才算是无产阶级的？又将怎样利用无产阶级的观点和方法呢？高兆兰教授根据毛泽东对马克思主义理论与实践的关系，指出对自然科学的正确理解应该是认识到自然科学不单是根据自然现象认识自然世界的规律，又必须回到改造世界的实践中去，用到生产实践和科学实验的实践中，去为革命的民族斗争和阶级斗争的利益服务。[25]

华南工学院土木系力学教研组在编写课程计划时提出"学习苏联先进经验贯彻爱国主义教育"，要求讲明白：（1）理论力学的对象、范畴及其在科学中地位。（2）说明马列主义是正确了解自然的基础，马克思主义的唯物辩证法是研究科学的基础。（3）理论力学的研究方法。（4）理论力学的发展与实践应用的关系。（5）理论力学的起源及其发展史。祖国、俄国及苏联在理论力学发展中的作用。[26]简而言之，理工科的课程同样要有马列主义理论作为指导思想。

理工科学生要学好政治必然也得从政治课开始。但理工科的学生在思想中往往存在一种"单纯技术观点"，认为理工科学习应该与政治分开，只要"把数学学好"、"把技术学好"，也是"为人民服务"。所以，他们对政治课常常抱有无可奈何的态度。加之与文法科学生相比，理工科学生不仅要进行课堂学习，还有大量习题和实验要做，甚至要到工厂具体的工作岗位实习，学习负担很重。因此，理工科学生普遍抱怨政治课耽误时间，为什么不单纯"搞好业务课"？不仅是广东高等学校，其他地区的高等学校也有同样的情况。有些学生并不同意学校削减专业课程的做法，但学校常将学生的这种想法定义为"学习上的贪多思想"。[27]

由于专业设置过于狭窄，专修科学习时间太短，学生们常常对安排在某个专业或专修科感到不满。一是因为学两年专修科学不到什么知识，二是感

24 物理系教授高兆兰：《我对自然科学的看法几年来的一些体会》，《中山大学周报》，1953年10月1日，第2页。

25 物理系教授高兆兰：《我对自然科学的看法几年来的一些体会》，《中山大学周报》，1953年10月1日，第2页。

26 《土木系理论力学教研组编写绪论讲稿，学习苏联先进经验贯彻爱国主义教育》，《华南工学院》。

27 《土木系初步订出解决超学时办法》，《华南工学院》，华南理工大学档案馆藏。

到读专修科是很丢脸的事情。有学生自述："我一直不安于学习，心里总是这样想：学施工倒也没什么问题，为什么要分配我念专修科呢？二年的时间究竟能学到什么？我的年纪还轻，毕业后做工作也很不便，能多读两年多好啊！每当朋友问我读哪一专业时我可以迅速地告诉他：工业民用建筑。本科还是专科？这个问题太难为我了，因为我认为读专修科是很丢脸的事。我很不好意思地回答：专修科。马上脸红了一阵又一阵。"[28]

为了改变学生这种想法，学校里专门设立了一门新生课程：参观学校和实习工厂。1953 年 11 月，华南理工学院开学后，机械系邓锡俊主任即在学校的安排下向新生进行专业思想教育，包括工具机械专修科的培养目标的报告，并决定在开学第一周的周五带领新同学到广州通用机器厂参观工业生产。通过对新生的思想教育和培养目标的学习，让他们产生强烈的责任感和目标感；通过参观生产实习场所，让学生认识到工业生产的规模和对技术人才的需求，认识到专修科学习的必要和价值。学生们经过这样的入学参观学习，普遍能够改变原来的想法，认同"一切为了祖国的需要"，从心理上接受学校的安排。[29]

对高等学校来讲，对冗余或不合理的课程制度进行改革，自然是正常合理的行为。但是通过精简专业课程把时间节约出来用于政治学习和参加政治运动，定会使学习专业知识的时间和精力大为缩减。

（二）业务部门参与学校课程设置

1954 年前后，高等学校理科开始按照自然科学的数学、物理学、化学、天文学、地学、生物学等一级学科（基础学科）设置专业。工科学校则参照苏联高等工业学校的专业目录，按地质、矿业、动力、冶金、机械、电机和电气仪器、无线电技术、化工、粮食食品、轻工、测绘水文、土木建筑、运输、通讯等 15 大类别，设置百种以上专业。在大规模专业设置和调整之后，高等学校的课程设置不可能不发生变化。

政府认为，把高等学校交予生产部门对口管理，将更有利于经济建设。1953 年 5 月 29 日，《关于修订高等学校领导关系的决定》对各高等学校的直

---

28 土木工业与民用建筑专修科学生曾绚梅：《每一个专修科的设置都是祖国所迫切需要的》，《华南理工学院》，1954 年 2 月，华南理工大学档案馆藏。

29 《机械系对一年级同学进行专业思想教育》，《华南理工学院》，1954 年 9 月。

接管理工作作出了明确的分工。"综合性大学由高等教育部直接管理；与几个业务部门有关的多科性高等工业学校由中央高等教育部直接管理，但如中央高等教育部认为必要，得与某一中央有关业务部门协商，委托其管理；对某些高等学校，中央高等教育部及中央有关业务部门直接管理暂时有困难时，得委托学校所在地的大行政区行政委员会或省、市人民政府或民族自治区人民政府负责管理。"[30]但是，未经高等教育部批准，不得擅自命令学校"停课、放假或改变学校的教学计划"。[31]这使得业务部门对高等学校办学有了管理权。尤其是工科院校，业务部门的影响逐渐渗透到学校的课程中，甚至可以直接参与学校课程的设置。这样做的目的是使高等学校的教学和课程与生产部门实现对口，教学与生产对接。

1954 年 4 月 19 日，华南工学院化工系举行有关课程设置的座谈会，并请中央轻工业部轻工业管理局设计公司的技术室主任区寿康总工程师和程耀芳工程师参加指导。座谈会上，来自北京的程耀芳工程师向教师门讲解了当时工业设计的大致程序，区寿康总工程师再针对设计程序进行更为详细的解释。他们强调："因为缺乏管理经验，所有未能发挥现有设计力量的最大效能，赶不上我国工业极速发展的需要。"这也就是要求学校课程设置与业务部门对口。化工系主任苏鲠生主任也就广东当地的设计条件进行了解说，提出华南工学院的有关专业和课程设计应针对北京来的专家所述的问题给与解决和帮助。[32]这些说法，本质上都是在要求学校的课程设计要符合业务部门需要，与实际的生产程序保持一致。

化工原理教研组在化工原理这一基础课程的设计上充分体现了这一特点。"（1）化工原理课程要求学生掌握已学过的化工原理及其他有关课程，独立地解决课程设计的实际问题，并通过设计以培养学生的独立工作能力。（2）在完成设计的过程中，使学生在听课、习题、实验与生产实习中所获得的化工原理知识联系起来，更进一步了解课程设计中单元设备的构造与操作。"[33]

---

30 《中国教育年鉴》编辑部：《中国教育年鉴（1948-1981）》，上海：大百科全书出版社，1984 年，第 236 页。

31 中央人民政府政务院：《关于修订高等学校领导关系的决定》（1953 年 10 月 11 日），《高等教育文献法令汇编（第一辑）》，第 47 页。

32 《化工系举行有关课程设计座谈会》，《华南理工学院》。

33 化工原理教研组：《我们是怎样进行课程设计的》，《华南工学院》。

三、实习课程

1950 年，教育部《关于实施高等学校课程改革的决定》中明确规定："高等学校应与政府各业务部门及其所属的企业和机关，建立密切联系"。[34]这就要求高等学校的课程需要联系生产和工作，作出适当的配合。于是，中国的高等教育在师法苏联之时，还有一项特色课程被引入——实习课程。把实习课程列入学校课程体系之中，作为一项必须进行的教学环节，目的是进一步为强教学与实际的结合。这也是政府对旧教育制度、教学内容实行社会主义改造的重要举措之一。

1951 年教育部又规定："应在教学计划中订定实习时期及时间长短，将实习作为学习过程的一个重要组成部分。高等学校每一年级的学生都要参与实习。"

这样的要求提出以后，高等学校的实习课程就被分为三个部分，分三次完成。第一次是第一学年末或第二学年末举行。初次实习时，学生主要学习生产中的局部工作，连续在两三个劳动地点实习，初步了解生产过程的性质。在最后一次实习时，任务是广泛研究生产各部分，以领导者的额外助理资格参加工作，因而获得生产上的组织、管理、监督等实际经验。学生在这一次实习中，同时准备材料，以便起草毕业论文。生产实习最终以毕业论文的写作和答辩结束。学生定出若干月专做毕业论文，写作论文的题目通常是按照一个具体工厂的利益和任务拟定，学生要与工厂联系，并实地解决问题。[35]

实习课程同样以苏联高等学校的做法为摹板，以配合工业生产的需要和毕业后直接进入工厂工作为目标。经过 1951-1952 年的院系调整，中国建立起大量高等工业专门学校。1952 年，《关于各高等工业院校制订教学计划的指示》又对此作进一步规定："高等工业院校四年制本科教学计划种，实习（包括教学实习和生产实习）共 16-28 周。第一学年学生一般只进行教学实习，第二、三学年除个别专业得进行必要的教学实习外，一般进行校外生产实习；第四学年于毕业论文设计之前，必须进行毕业论文设计前的生产实习。"[36]高等工科院校的学生开始在政府号召下，积极进入厂矿、工地等工业生产部门

---

34 《教育部关于实施高等学校课程改革的决定》（1950 年 7 月 28 日）。转引自：何东昌：《中华人民共和国重要教育文献（1949-1975）》，海口：海南出版社，第 48 页。

35 《高等工业学校学生的生产实习》，《华南工学院》，广州：华南理工大学出版社。

36 《中国教育年鉴》编辑部：《中国教育年鉴（1949-1981）》，上海：中国大百科全书出版社，1984 年，第 302 页。

工作，体验理论与实践的结合。

实习课程的安排同样有一套"苏联模式"的程序。通常情况下，先由专家到厂矿进行实地考察，拟定实习提纲。其次，联络学校相关学系和组织学生。然后，由专家带领学生进入工厂车间，指导学生实习。期间，指导教师需要留在厂里指导。实习结束后，学生写作实习报告，经厂方检查审阅之后带回学校。

作为提高学生工作技能水平的重要途径，广东省的高等学校一直都颇为重视学生的实习课程。1953 年 5 月，华南工业学院为搞好第一次大规模的生产实习工作，特地按程序进行了充分准备。学校首先派出各系教师若干，到湖南、湖北、天津等地的厂矿进行联系，解决学生实习场地。然后将实习作为一门正式课程，准备实习提纲。各系各专业在派出教师和学生实习之前，必须订立出实习提纲的草案，供教师和学生参考。如电机系无线电专业的实习提纲，是经过教师和实习单位数度联系，并和广州电讯局工程师举行座谈会讨论之后才确定的。[37]其中对实习的目的和任务、实习学生的基本情况（学生的已修课程、未修课程）、实习地点和时间分配、实习内容、实习日程表（起床、早操、早餐、小组答疑、报告、午餐、文体活动）等等内容进行了详细的叙述和分配。然后是实习动员学习。学校为了动员学生积极参加实习工作，每次学生参加生产实习前学校都要进行动员学习，并有固定的学习日程表。引人注意的是，实习课程的安排十分紧凑，可是日程表中仍然要求学生每天晚上的 20：00-20：30 进行时事学习。[38]

表 4-1-1：华南工学院参加生产实习动员学系日程表[39]

时　　间	上午 8 时到 12 时	下午 3 时到 4 时 30 分	晚上 7 时 30 分到 9 时
6 月 22 日	阅读关于保密的文件	同上	
6 月 23 日	冯秉铨先生实习报告	小组讨论	汇报
6 月 24 日	李美真医生保健、卫生报告；秦思平劳动纪律及保密报告	小组讨论保密及劳动纪律报告	汇报

37 参见附录：《华南工学院电机系无线电本科二年级及专修科一年级实习提纲草案》，《华南工学院》。华南理工大学档案馆藏。
38 《华南工学院电机系无线电本科二年级及专修科一年级实习提纲草案》，《华南工学院》，华南理工大学档案馆藏。
39 《参加生产实习动员学习日常表》，《华南工学院》，华南理工大学档案馆藏。

6月25日	各系分别由领队教师报告实习计划	党团员大会	看电影
6月26日	准备行装	准备行装	
6月27日	出发		

资料来源:《参加生产实习动员学习日常表》,《华南工学院》,华南理工大学档案馆藏。

实习动员学习之后,学校再派出教授 20 人,副教授 5 人,讲师 14 人,助教 21 人,以及学校化工系正副主任带队,同学生一起到广东造纸厂和广州正泰胶厂实习。同时,土木、水利两系的师生六百多人还准备在学校附近举行八周的测量教学实习。[40]

政府为了鼓励和加强对生产实习的组织领导,1950 年 5 月还成立了教育部直属高等学校学生生产实习指导委员会,并制订相应的组织规程。1953 年,这一管理组织发展改称"中央生产实习指导委员会",负责全国范围高等学校和中等技术学校学生生产实习的组织领导工作。

1954 年 8 月,在教育部颁发的各专业教学计划中,每一专业都列入了生产实习课程。以法律专业为例,规定高等政法院系 4 年中有 12 周进行生产实习,在法院、检察署及其他机关进行。[41]实习课程被植入各个专业的教学整体进程中予以考虑,是教师教学活动的重要组成部分。学生参与相关实习,结束时需要写作工作实习总结、实习日记、实习报告等等,对实习情况进行总结反思。实习的成绩将会由学校和实习单位部门同时进行成绩评定,并列入学生成绩表。

来自苏联的专家认为,在高等工业学校里面,教学过程应当建立在理论与实际的统一和互相联系基础上。当学生掌握专门理论知识和实际工作经验,学校就算完成了培养一个"具有高度技术水平工程师"的工作。学生参与实习,一方面是为了认识企业部门的一般情况,另一方面是为了使学生产生一种愿望,希望能以生产中的一员参与到企业部门的工作中去。[42]实习课程

---

40 《各系教师积极准备生产实习工作,木土、水利两系将在暑期举行测量教学实习》,《华南工学院》,华南理工大学档案馆藏。

41 《中国教育年鉴》编辑部:《中国教育年鉴(1949-1981)》,上海:中国大百科全书出版社,1984 年,第 302 页。

42 苏联技术科学硕士阿良姆斯基:《高等工业学校学生的生产实习》,《华南工学院》,华南理工大学档案馆藏。转载自:《光明日报》,1954 年 6 月 25 日。

的安排本质是为了保证学生在离开学校后，能够直接参与生产部门的生产活动。到 1954 年上半年，全国 40 所高等工业学校，有 4.7 万余学生在 4400 余教师的指导下进行了实习。[43]

当然，文法、财经学科的学生也要参与实习。中山大学政治系的学生，不仅是在课堂上听教授讲解和书本上的钻研，同时还要到各个相关的业务部门实习。修习市政学的同学要到广州做市政考察，四年级的学生利用寒假到广州市人民政府民政局实习，二三四年级的同学也要到市政府参观，"把书本上的理论联系到实际工作中去"，"克服学习方法上的教条主义"。[44]

院系调整之前，在高等学校大多数教师看来，教育能给予学生的是宽广的知识面，学科的基本知识，而非专门的生产的知识。高等学校曾通过继承、借鉴欧美形成了特色鲜明的通识教育课程发展模式，包括预科课程、主辅修课程和共同必修课等等。学校普遍以系为单位组织教师教学，学生按照所在学系拟定的课程进行学习。通识教育提倡综合化的课程结构，有利于将多学科的思想观点和方法融会贯通，给予学生比较学习和开阔视野的机会，开放思维，拓宽知识面。

新政权以前，广东省高等学校的文法、财经和理工科教育管理严格、有条不紊。但是经过课程的改革，不可能再这么正规化地发展了。从文法科课程及理工科课程的改革、实习课程的增设等这些课程设置的根本性调整上已经可以看出，随着政治思想教育不断强化、理工科课程内容的不断削减、实习课程的广泛开展，学校课程内容逐渐服务于改造思想和发展经济和工业。学生的上课时数、实验或实习时数、学生自习时数，都按照精密的规定执行，学校所有课程的定位即为国家经济、工业建设服务，发展专业性与职业性。学生进入学校，专业一旦选定就难以改变。从大一就开始进入专业知识的学习，课程系统单一，专业壁垒森严。除了公共必修课（外语、政治）外，其余课程都是围绕一个狭窄的专业培养目标进行设置。这样的课程体系不仅表现为文法科与理工科的疏远，即便文科，此专业与彼专业之间也存在着隔阂，以致相关课程内容缺乏纵横协调联系。专业与专业之间的森严壁垒，虽然可

43 《中国教育年鉴》编辑部：《中国教育年鉴（1949-1981）》，上海：大百科全书出版社，1984 年，第 302 页。

44 张紧跟：《百年历程：1905-2005 中山大学的政治学与行政学》，广州：中山大学出版社，2005 年，第 144 页。

能会造就一些单科人才，却在无意中扼杀了现代社会亟需的创造型"通才"。通过缩短专业课程的学习时间和参与业务部门和生产部门的实习，学校的课程实际上已经脱离了学术领域，转而与生产活动和业务部门的业务对口。尤其是那些新成立的专门学院，学生们很难通过学校的课程或教学获得学业上的深入和精进。

第二节　教学的"专业化"

学校的课程内容和计划无论怎样变化，最终都是要通过教师来实现。从1952年开始，为了加快经济工业建设干部的培养，教育部要求全国高校采用全国统一教学计划，展开标准化教学活动。[45]综观这一时期各高等学校的教学改革措施，有两个基本内容。其一，按照全国统一的教学计划制定学校各层级教学计划；其二，各高等学校普遍成立教研组，按照苏联教育方法进行教学和科研。

一、统一教学计划

编制教学计划是高等学校新出现的一种新的教学行为，是学校培养专门人才和组织教学过程的主要依据。[46]在苏联，几乎每个专业都有一套具体的教学计划，教师都要按照教学计划去教学。[47]1950年底，中央教育部发布通令，要求各高等学校参照苏联模式编制教学计划，并直接汇报中央教育部审查。[48]但是这一要求和执行课程改革、院系调整等其他一些改革措施一样，在高等学校里遇到阻力，行动并不如预期迅速。

（一）统一教学计划的制订

1951年1月23日至26日，中央教育部召开"全国高等学校1951年度教学计划审查会议"，就教学计划存在的相关问题作出通报：全国206所高校

---

45 [美]R·麦克法夸尔、费正清编，谢亮生等译：《剑桥中华人民共和国史：革命的中国 1949-1965年》（上册），北京：中国社会科学出版社，第178-197页。

46 《中国教育年鉴》编辑部：《中国教育年鉴（1949-1981）》，上海：中国大百科全书出版社，1984年，第234页。

47 苏联技术科学硕士阿良姆斯基：《高等工业学校学生的生产实习》，《华南工学院》，华南理工大学档案馆藏。转载自：《光明日报》，1954年6月25日。

48 《中国教育年鉴》编辑部：《中国教育年鉴（1949-1981）》，上海：中国大百科全书出版社，1984年，第234页。

中，已呈报教学计划的有 135 所学校，还有 71 所学校尚未呈报教学计划，"这是需要提出批判的"；已经呈报的教学计划，也"存在着不少缺点"。49

　　高等学校都忙着进行思想改造和院系调整，没有特别重视这一要求。时间很快到了 1952 年年底。教育部再次下达关于实行全国统一教学计划的通知，指出："为了配合祖国大规模经济建设与文化建设的到来，有计划地培养各种建设人才，彻底改革旧教育，制定全国高等学校各专业统一的教学计划就成为高等教育改革的中心环节之一。"因为前面有被"点名批评"的经历，50各类高等学校、各专业开始真正的重视起这次通知，并根据指定的任务，吸取苏联各专业教育计划的经验，制定学校统一教学计划草案，以实现全国高等学校的教学方法和教学内容的"统一规定"和"高度计划性"，并保证培养的人才合乎一定的规格。51

　　1953 年 10 月，中央人民政府政务院《关于修订高等学校领导关系的决定》中规定，全国高等学校各类专业，使用统一教学计划、教学大纲和统编教材。翌年 7 月，中央人民政府高等教育部先后颁发了综合大学理科、文科和财经学院专业的教学计划。其中，财经类专业教学计划有政治经济学、国民经济计划、工业经济、农业经济、贸易经济、财政学、货币与信贷、供小于消费合作社、手工业生产合作社、统计学等等。

　　全国统一的专业教学计划制订一般都经历了三个阶段。先由高等教育部门牵头由各类高等专门学校制订相关专业的教学计划，然后提交给高等教育部审核，审核完成后再下发给相关高等学校照计划执行。以高等工业学校的教学计划为例。1953 年 9 月，高等教育部先在上海召开高等工业学校重点修订教学计划座谈会，修订工业与民用建筑、工业与民用建筑结构、河川结构及水电站的水工建筑、机械制造工艺等 5 个四年制本科专业和金属切削加工、工业与民用建筑两个二年制专修科的统一教学计划。几个月后，高教部又正式发文委托有关高等学校修订四年制本科及二年至专修科各专业统一的教学计划，并对各专业的培养目标及业务范围进的确定提出了原则。本科生

49 柏生：《中央教育部召开高等学校会议，审查课程改革实施情况，钱副部长指出各校课程改革的优缺点》，《人民日报》，1951 年 1 月 31 日，第 3 版。

50 《未送教学计划学校名单》，1951 年 3 月 24 日。转引自：陈红：《1949-1952 高校教学改革研究》，华东师范大学学位论文，2011 年，第 83 页。

51 [美]R·麦克法夸尔、费正清编：《剑桥中华人民共和国史：革命中国的兴起（1949-1965 年）》（上卷），北京：中国社会科学出版社，第 189 页。

以培养"工程师"为目标，二年制专修科以培养"高级技术员"为目标。其次，对教学过程、开学日期、寒暑假、考试时间、毕业设计时间、生产实习、教学实习，总学时数、周学时、课程设置门数、考试考察门数、课程设计和作业等细枝末节的问题都作出了规定。

华南工学院此次被委托修订"工具机专修科"、"糖品物工学本科"、"橡胶制造本科"等四个专业的全国统一教学计划。[52]为了顺利完成上头布置的任务，学校筹委会特意邀请轻工业部橡胶工业管理局的林源局长和苏联专家亚历山大洛夫及周国榲等生产企业和单位代表与化学系的主任、教授等共同讨论。苏联专家在讨论会上指出："在苏联，学校与生产部门的联系是一件很重要的工作。是理论与实际联系的关键。苏联高等学校和生产部门联系主要是通过生产实习和毕业论文设计。毕业论文设计的题目一般都是生产上有待解决的问题。……华南工学院已开始和生产部门建立联系，这是一个良好的开始。"[53]

华南工学院的专业教学计划上交之后，教育部又集中了其他高等工业学校的其他专业教学计划，进行讨论、改进及至颁布，成为全国高等工业学校相关专业的统一教学计划。很明显，这种由某一学校根据自身实际制定的计划具有很强的地域性和局限性。但是，经过高等教育部的发布，并没有影响它们作为全国性的专业教学计划被相关高等学校遵循实施。

按照这种方式，1953 年，高等教育部首先推出 5 个工科本科专业的教学计划，19 至 1955 年 4 月为止，这个数量增长到 193 个。除了专业的统一教学计划，教育部还修订教学大纲 348 种，其中工科基础课、基础技术课和部分专业课的教学大纲 210 种，农科 44 种，医科 57 种，理科、文科 11 种，师范 21 种。采用苏联教材的课程，共有 620 门。[54]这使得大陆高等学校每一个相同专业的课程内容、教学进度、授课时数，甚至教学方法完全一致。[55]

---

52 《中央高等教育部委托本院修订四个专业教学计划》，《华南工学院》，华南理工大学档案馆藏。

53 《化工系加强与生产企业单位联系：进行修订糖品、橡胶等专业教学计划》，《华南工学院》。

54 《中国教育年鉴》编辑部：《中国教育年鉴（1949-1981）》，上海：中国大百科全书出版社，1984 年，第 234 页。

55 中华人名共和国高等教育部：《1954 年的工作总结和 1955 年的工作要点》，高等教育文献法令汇编，第 59 页。

（二）校级教学计划的制订

1953 年 11 月，中山大学筹委会（相当于校务委员会）制定《本校一九五三年度教学工作计划大纲》，从基本情况与工作要求、本学年教学工作的内容、工作进度及重点三个层面的进行计划制定，提出从 1953 年起筹委会的工作任务开始由院系的调整、专业的设置转入教学改革为中心。1953 学年度，学校的教学工作的中心内容是"提高教学质量，培养师资，办好专业"。[56]

按照全国综合大学会议给定的统一教学计划，学校开始要求各专业制定并切实执行专业的教学计划，各学系于学期终结时撰写教学总结，送教务处核转校长审核。其次，巩固、建立和健全各种教学组，设立教研室、组和教学小组。第三，改进教学内容和方法。采用苏联高等教育方法和教材，明确本学科及各章节的目的要求，贯彻爱国主义教育，健全课代表制度，加紧对学生的专业训练。第四，年度工作进度及重点要求。其中包括 1953-1954 学年的开学、放假时间安排，及各学期如何推进各系科拟定教学工作计划及专业发展计划的工作计划和规章制度。[57]

与中山大学同时期颁布教学工作计划的广东省高等学校还有华南工学院、华南师范学院等。这些学校的教学计划中大致都包括三方面内容：一、明确教学计划的指导方针。二、提高教学质量，改进教学的办法。三、学校工作时间表或计划时间表，等等。[58]内容上大同小异，基本上都以提高教学质量、贯彻各专业教学计划，明确各系培养人才规格的问题为主要内容。以华南工学院 1953 年度第二学期教学工作计划为例，工作要点执行计划如下表：

表 4-2-1：华南工学院 1952 年度第二学期工作要点执行计划表[59]

序号	内　容	执行者	完成日期	准备时期
1	各科教学大纲（第二学期开设课程）	各教研组	3 月 3 日前交至系室	寒假内

56 中山大学筹委会：《本校一九五三年教学工作计划大纲》，《中山大学周报》（第 40 期），1953 年 11 月 12 日，第 4 页。

57 中山大学筹委会：《本校一九五三年教学工作计划大纲》，《中山大学周报》（第 40 期），1953 年 11 月 12 日，第 4 页。

58 华南工学院：《一九五三年度教学工作计划》，《华南工学院》，1953 年 11 月。

59 教务处：《一九五三年度第二学期教学工作计划的补充说明》，《华南工学院》，1954 年 1 月。

2	第二学期各科教学日历	各教师	3月3日前交至系室	寒假内
3	各教研组及教学小组工作计划	各组	3月8日前交至系	寒假内
4	各系室的工作计划	各系室	3月8日前交至教务处	寒假内及开学后一周
5	个人工作及进修计划	各教师	3月20日前交至系室	3月10日以前
6	初级俄文学习班	教工会教务处	3月底开班	3月10日以前
7	俄文进修小组	各系组	3月底前举办	3月10日以前
8	培养师资的具体计划	各系室组	3月15日前交系室，4月1日前交教务处	3月10日以前
9	考试大纲	各系	5月1日前交教务处	4月份
10	生产实习提纲	各系	毕业班5月1日前；其他班6月20日前交教务处	3至5月
11	科学研究工作计划	各系、个别教师	学期内	本学期内
12	成立全院力学及工程画教研室	教务处土木机械系	8月30日前	本学期内

资料来源：教务处，《一九五三年度第二学期教学工作计划的补充说明》，《华南工学院》，1954年1月。[60]

　　学校发布教学工作计划之后，各系、教研组、教学小组及至教师个人，甚至学生，都需要根据学校的教学计划和教育部发布的专业教学计划再制定各自的教学计划或学习计划，以保证教学和学习任务的完成及进程统一。期中和期末，各教研组和学系需要开教研组会议和系教务会议，按照教务处拟定的检查提纲进行检查。[61]

（三）教师个人的教学计划

　　当政府提出"整顿巩固、重点发展、提高质量、稳步前进"和"学习苏联先进经验与中国实际相结合"作为教学改革的方针之后，华南工学院号召各系组织教师订立个人工作计划，以贯彻教学改革的方针任务。但是，当时

60　教务处：《一九五三年度第二学期教学工作计划的补充说明》，《华南工学院》，1954年1月。

61　《我院期中教学工作检查已经结束，各系、室、组在贯彻统一教学计划和统一教学大纲上做了许多工作》，《华南工学院》，1954年4月。

对于大部分教师来说，忽然转变教学方法，订立步骤和内容极为明确的教学计划，有些无从下手。为了应付这种任务，教师们的教学计划内容基本一致：教学方面要充备课，和课代表密切联系，对成绩差的同学加强辅导等；政治学习方面定每周阅读文件 3 小时，写好发言提纲等等，甚至每天早操十分钟也要写在计划之内。而对于一个学期的工作任务是什么、中心工作在哪里、何时开始、结束等内容却没有体现。[62]学校认为，这类教学计划难以看清楚个人为人民到底出了多少力力量，个人对国家计划到底完成了百分之几。[63]

后来，教师们带领学生去实习，在实习中观察到工厂按照国家生产计划制订的生产计划和作业设计。工厂按月按日甚至按小时定出生产计划，每一份计划定的比国家计划要高一些。为了保证生产计划的完成，工厂严格执行技术管理和作业计划，并划定了许多图表。每个车间、每个工段以至于每个人，无论何时都要依照指示图标的要求均衡地、有节奏地进行生产。并且，一旦在生产环节种检查出薄弱环节及关键性问题，便能迅速去解决和提高。工厂中的每一个人都能认识到"国家计划就是法律"。如果当月不能完成计划，他们便认为自己是欠了国家一笔债，下个月无论如何要超额完成。[64]

从工厂回到学校之后，大部分教师都转变了认识，意识到个人工作计划是国家计划的一部分，并努力根据学校、教研组的计划，列出自己的年度工作任务，包括教学工作量、教学方法、科学研究、翻译工作、社会活动等等，而且可以按照工作的轻重缓急列成进度表，注明开始和完成的时间，并附说明书说明工作内容的要求，用什么办法来完成，等等。[65]从 1954 年秋季各个教师提交的个人工作计划表中可以看到，教师们的计划日程表甚至可以精确到每周，全年工作时数精确到 1440 个小时（其中上学期占 720 小时，寒假实习占 108 小时，下学期估 612 小时）。[66]

教师们制订个人计划后，学生再根据教师的教学计划以小组为单位制订

---

62 制糖教研组教授杨倬：《我怎样拟定个人工作计划》，《华南工学院》，1954 年 8 月。

63 制糖教研组教授杨倬：《我怎样拟定个人工作计划》，《华南工学院》，1954 年 8 月。

64 制糖教研组教授杨倬：《我怎样拟定个人工作计划》，《华南工学院》，1954 年 8 月。

65 建筑系中国建筑史教研组助教赵振武：《我订个人计划的过程及体会》，《华南工学院》，1954 年 8 月。

66 参见附录：杨倬：《一九五四——一九五五年度个人工作计划》，《华南工学院》，1954 年 8 月。

小组学习计划，以保持学习的计划化和生活的规律化。[67]整体来看，无论是学校、教师还是学生，都被安排在"计划"之内，在既定的流程内按部就班地工作和学习。

二、教学研究组的设置及运行

（一）组织

民国时期，受欧美教育界的影响，中国的大学教师是独立的。新政权建立后，政府按照苏联的做法，改变了这个局面。来华的苏联专家介绍说，在他们国家，高等学校中各学科的教师组成教学研究指导组。物理教师们组成物理学教学研究指导组，数学教师们组成数学教学研究指导组，苏联历史教师们组成苏联历史教学研究指导组等等。某一专业的教学研究指导组成立，通常意味着这所学校有超过 2 位的这一专业的教师。如果某一专业没有超过2 位教师，则该专业可以和其他性质相近的专业合并，组成一个共同教学研究指导组。教学研究指导组的成立取决于教师人数的多寡，也取决于高等学校规模的大小。[68]

在苏联规模较大的高等学校中，每一专业照例都有一个教学研究指导组，所有该专业的教师都应该加入其中。即便该学校的校长、系主任、或其他行政人员，如果他兼任教师职务，同样要加入所在专业的教学研究指导组。因为他是教学研究指导组的成员，所以也就要担任教学研究指导组的一切工作。假如政府某一部门的工作人员或厂矿的工程师在学校中兼课，他一样要加入教学研究指导组，而且不能脱离领导。[69]

中国的高等学校也采取了这样的做法。教学研究指导组被细分为三级结构：教研室-教研小组-教师。

1953 年 11 月，高等学校在通过综合大学会议传达报告的学习之后，认识到学校目前的主要任务时配合国家过渡时期总方针，为国家培养专门人才，参加经济建设和文化建设的工作，[70]由此而进行专业设置和调整工作。一

---

67 物理系三年级第一小组:《我们是这样订立和执行学习计划的》,《人民中大》,1952
年 12 月 13 日, 第 2 页。

68 苏阿尔辛杰夫:《关于苏联高等学校的教学研究指导组问题》,《人民教育》,1950
年 2 月, 第 34 页。

69 苏阿尔辛杰夫:《关于苏联高等学校的教学研究指导组问题》,《人民教育》,1950
年 2 月, 第 34 页。

70 《中山大学周报》,1953 年 11 月 19 日。

个或两个及两个以上的专业组成系，每个系按照苏联教学研究指导组的形式成立一个教研室（或称教研组），教研室（教研组）下设各专业的教学小组，小组之内是某个专业的教师。每个教研组设正副主任各 1 人，一般由有经验和学识的教授来担任。组主任需经过高等教育部的核准。每个教研组还需配备秘书 1 到 2 人，由教研组的规模及人数多寡决定，一般由新教师担任。教研组下设置若干专业教学小组。这样一来，教学单位的层级得到拓展，每个教师都被纳入到教学小组和教研室（组）之内。以华南工学院土木系教研组为例：

表 4-2-2：华南工学院土木系各教研组结构

组别＼职位	建筑力学教研组	测量教研组	钢木结构设计教研组	钢筋混凝土教研组	工程材料及实验教学教研组	施工教研组
主任	方棣棠	黄禧骈	关振文	朱士宝	伍金声	朱福熙
副主任		周先扬				
秘书	何逢康梁启智	关学海马大崎	吴椿龄	谢兆监	杜一民	罗润生

土木系的各个专业都设置了教研组。教研组内设正副主任和秘书。正副主任一般是资格较老的教授，而秘书多是新教师。而每一教研组除了正副主任、秘书，还有数位教师。譬如：测量教研组共有教师 11 人，研究生 1 人。总之，每一位教师都被列入教研组，接受统一领导。

华南师范学院建立之后设置中文系、俄文系、历史系、地理系、数学系、物理系、化学系、生物系、教育系、体育系、政治系等 11 个系，每个系又成立 3 至 5 个教研组，组内按照教授、副教授、讲师、助教进行成员划分。中文系共有 5 个教研组，分别是中国古典文学教研组、中国语文教研组、中国现代文学教研组、世界文学教研组和教学法教研组，其中教授、副教授、讲师、助教共 20 人；俄语系分苏俄语文教研组、公共俄语教研组，共 31 人，其中包括未开课教授、副教授各 1 人；历史系分世界近代史研究组、中国上中古史教研组、世界上中古史教研组、中国近代史教研组等 5 个教研组，成员有 29 人；数学系分数学分析教研组、数学法教研组、代数教研组、集合教研组等 4 个教研组，共有教师 33 人。所有学系的教研组加起来有 41 个，其中教授共计 64 人，副教授 33 人，讲师 109 人，助教 128 人，共 334 人。教研组内设正副主任各 1 名，多由教授担任。行政人员兼职教学者也要加入相应的教研组。[71]

经过划分，广东省每所高等学校都设置了为数众多的教研组。作为高等学校的基本教学和科研单位，教研组有何功能？又是如何运行的？

（二）功能及运行

从整体来看，教研组的任务主要在于两个方面：直接负责本系或本专业的教学和科学研究工作。

首先是教学工作。第一，教研组要保证教学工作。讲课可以由教研组主任来讲，或由组内其他教师来讲，需要由教研组内最有经验的教师来担任。第二，教研组要保证学生的实习与分组研究工作。学生在实验室或工厂里实习，照例是由教研组的教师与助教指导，教研组的教授也可以参与指导这项工作。分组研究工作则多是文法学科，如马列主义基础、社会发展史等等。分组研究工作是按照一定题目或一定著述来进行的，事先由教研组负责拟定计划，由教研组教师和助教指导完成。第三，教研组要保证解答学生问题工作做的好。教研组要预先公布解答问题的时间表，在学生预备去实习或分组研究工作之前进行，并帮助和领导学生自修。第四，教研组要保证能领导学生按照所学科目到生产部门（工厂）实习。教研组教授或教师应当先了解实习厂矿单位，起草实施计划，并经教研组核准后，再实现这一计划，并在实习结束后审阅学生对于生产实习的报告。第五，教研组要保证测验与考试的顺利进行。第六，教研组要编排讲课内容，负责本学科、本专业教学大纲、实习与分组研究的计划，生产实习的计划制订。

其次是科学研究工作。教研组除了进行教学之外，科学研究也是其工作内容之一。当时，高等学校里的科研工作被分为一般科学性质的理论与实验研究；解决对国民经济有重大意义的科学技术问题研究；对政府、企业、科学研究所及其他各机关部门委托的问题等的研究等几大类别。[72]教研组要领导教师进行这些问题的研究。此外，教研组还要编著教科书、参考书、专题著述等，包括进行科学技术成就普及。

---

71 教务处：《华南师范大学教研组一览表》，华南师范大学档案馆藏，档号：1955-30002~4。

72 教务处：《华南师范大学教研组一览表》，华南师范大学档案馆藏，档号：1955-30002~4。

除了指导教学和科学研究之外，教研组在实际工作中往往还有其他附加的工作。例如组织教学检查、培养师资等。以华南工学院土木系测量教研组的工作内容[73]为例：

根据土木系的工作计划和测量组的具体情况，测量教研组将1953年度下学期的工作计划分为六个层面。

其一，建立工作制度。据土木系的工作计划，土木测量教研组1953年的下学期要开设八门课。为了提高教学质量，土木测量教研组建立了会讲制度、审查制度、试讲制度、了解情况、教学检查制度和分工制度等工作制度。

会讲制度：教研组每个两周要召开一次会议，以汇报工作、交流经验和解决教研组的重要问题；

审查制度：个人教学计划、教学大纲及教学日历都要经教研组审查通过。其中，教学大纲的审查要经过三个步骤，教研组审查、小组讨论和教研组通过；

试讲制度：每周试讲一次，由全体教师轮流担任，试讲办法有具体规定；

了解情况：教研组推定专人负责了解各班各课的教学情况，随时向组主任报告；

教学检查制度：学期中间进行重点的检查，检查后并进行小结，检查前由教研组主任商请有关教师组织检查小组负责进行，并请系派人参加。学期终了，进行学期工作总结，并汇报上级。

分工制度：个教师明确分工，集体负责，具体工作分派清楚。

其二，提高教学质量。

（1）除了工作制度要严格执行，教研组还必须集体选定某些苏联教材，集体研究。（初选定的教材有切巴塔廖夫著《普通测量学（下册）、奥尔洛夫测量学教程》）。研究的方法也有具体规定：由参加教师共同确定学习的进度，订定集体学习实践，告一段落后，个人提出问题共同讨论，如某些问题中有深入研究的需要，即分配专人负责深入研究，并定时提出报告，共同研究，第二周开始学习。

（2）提高业务。主要结合当前教学工作，由负责指导教授与个有关教师共有研究定出长期的有系统的有步骤地提高业务计划，并定出检查制度，具

---

73 土木系测量教研组：《土木系测量教研组一九五三年度下学期工作计划》，《华南工学院》，1954年2月。华南理工大学档案馆藏。

体分工：陈永龄教授负责指导：马大崎、金国雄、关学海；黄禧骈教授负责指导：叶景钢、胡学明、谢尊洲；周先扬教授负责指导：黄耀铸、陈华材、秦会鹏。

三位指导教授与叶景钢组成业务提高小组，全面掌握上述培养师资与提高业务计划，于开课前一周内由指导人与相关教师初步确定后，再初步定出具体计划交指导人审定，第二周内提交业务提高指导小组研究，最后由小组提交教研组第四周会讲审查通过，付诸实施。计划内应包括检查办法，以保证能依照计划执行。

（3）培养师资。

根据教学工作的需要和个人情况，首先明确培养方向，再则商请有经验的教授负责指导，经培养人与被培养人的共同研究后，定出具体的培养计划即检查制度交教研组第四周会讲审查后实施。

被培养教师	培养方向	指导教授	拟定期限
金国雄	大地测量	陈永龄	应在 1954 年度下学期前具有开课的能力
胡学明	地形制图	黄禧骈	应在 1954 年度下学期前具有开课的能力
陈华材	地理系普通测量	周先扬	应在 1954 年度下学期前具有开课的能力

（4）订个人计划。教研组没人都要订立个人工作计划，交教研组指导教师初步审查，指导教师也须订立个人计划，相互审查，均在教研组第四周例会中提出经审查批准后执行，并经常检查。

（5）试讲。由试讲人拟定出试讲内容、重点、时间、地点等，于周前交给听讲人，并收集意见，是将结束后开会讨论提出优缺点，以达到互相学习改进教学方法的目的，试讲日期列于工作日程表内。

其三，学习苏联科学。

（1）为学习苏联科学技术，教研组还应负责翻译俄文教材。每周每人按照翻译两页为标准拟定计划，每周规定两小时集体阅读和翻译，互相讨论疑难问题，参加翻译人为周先扬、马大崎、关学海、叶景钢、金国雄，由陈永龄教授审阅。

（2）俄文为学习苏联科学的必要工具，教研组成员应参加俄文初级版学习，一年以内初步掌握基本文法，能够阅读俄文专业书籍。

其四，推行口试制度、课程设计。为了进一步学习苏联经验，进行教学改革。教研组还要推行口试制度和课程设计。口试制度要求在教学第十周之前提交报告和计划。

其五，加强与生产实际机关的合作，做好实习课程的准备工作。教研组内要组织成立"与业务机关合作小组"，吸取业务机关的工作经验，帮助业务机关研究解决技术上的问题。本学期主要与珠江水利局、市政府财经委员会等机关联系，以取得合作。

其六，检查制度制订。为了督促教师按照教学计划工作，建立经常性的教学检查制度和总结性检查制度。

总之，按照教研组的组织和运行，每一位教授都被安排在对应的教学小组之中，接受教研组的领导。至1954年，中山大学的教研组（教学小组）数量由1952年的15个、1953年的21个增长至32个。[74]在教研组的指导下，教师们撰写教学计划，开会讨论各类教学问题，接受教研组的经常性的检查和监督。

通过组建教研组，实现了各个专业课程实施过程和方法的统一化。教师们在系级组织之下，按照一门课程或性质相近的数门课程成立教研室，开展教学与研究工作，并接受领导的检查监督。课堂上，教师要按照经过教研组审定的教学计划、课程内容甚至讲授方法去讲授课程，这些内容通常都很局限，很难讲述到与课程内容相关的拓展知识。课下，教师要频繁参加教研组的会议，讨论和总结各项自己的教学情况，交流教学经验，改进教学相关的内容。此外，还要负责组织学生参与生产实习。实际上他们很难有时间真正去做科学研究。学生门多数时间也只能按照所在院系拟定的专业课程、学习计划进行学习。他们不仅要参与实习，还要参与学校组织的各类社会运动，也难以抽出空闲学习到专业之外或与专业相关的知识。

蔡元培曾宣称，"大学乃囊括大典，网罗众家之学府"，[75]"无论何种学派，苟其言之成理，持之有故，……虽彼此相反，而悉听其自由发展。"[76]在"循思想自由原则，取兼容并包主义"思想的庇护下，学校的教师们拥有自由探

---

74 中山大学校史编写组：《中山大学校史（征求意见稿）》（下），第五章第234页。此书未出版。

75 蔡元培：《〈北京大学月刊〉发刊词》，陈学恂主编：《中国近代教育文选》，北京：人民教育出版社，2001年，第356页。

76 蔡元培：《〈致公言报〉函并附答林琴南君函》，陈学恂主编：《中国近代教育文选》，北京：人民教育出版社，2001年，第362页。

索学问、按照自己的研究领域和专长设置课程的权利。"所谓大学的水准，就是要给与青年以这样的教育或者知识，不仅是为了现在，而且为了将来；不仅为了应用，而且为了创造"。[77]教师们有教的自由，学生有学的自由。

这种教育理念，随着新政府的课程改革和教学改革发生转变。新政府要求"学生所学的必需分得很细很专，以便毕业之后，可即刻进入工厂，能担负一定的工作。"[78]尤其院系调整以后，在苏联专家的指导下，制定出精密的课程改革方案和统一教学计划，规定各专业所开设的课程名称，基本内容、课时数、教学方法，完全将高等学校的教学环节纳入统一管理的计划体制当中。

随着高等学校环境的改变，教师们为了维持自身的生存，也逐渐改变了对待教学和科研工作的态度，并且不断调整自身的工作方式，以更好地适应当时的环境。教师和学生按计划工作和学习，按要求讲授和学习特定的内容。这表明，高等学校在接受政府改造的同时，也通过课程和教学的改革不断改造教师和学生的思维方法和知识结构。这种统一课程与教学计划的标准化人才培养流程，使得高等学校转化专门"生产"人才的"工厂"。

---

77 翦伯赞：《大学与专科的任务不同》，《文汇报》，1950年6月6日。

78 周培源：《从高等学校的院系调整谈肃清崇美思想》，《人民日报》，1951年12月2日，第4版。

结束语：院系调整对中国现代高等教育的影响

蔡元培曾有言："吾国今日之大学，乃直取欧洲之制而模仿之，并不自古之太学演化而成也。"[1]换言之，中国现代高等教育制度正是从 1901 年开始，[2]伴随传统教育体制的解体，依据外来高等教育理念和高等教育制度建立起来的，历史比较短。

共和国初建，高等教育正处于一个非常重要的转折关口。一方面，国民政府统治被推翻，但自由民主精神在人们心目中的影响扎下根基；另一方面，国民政府虽已对传统教育进行改革，但最终又回到"党化教育"的宣传和推行。新的教育目的和政策需要取代国民政府统治后期的党化教育目标。在如何建立新教育，特别是制定怎样的教育方针这样一个重大问题上，教育界的主张显得极为重要。第一次全国高等教育会议的议题和决策，成为此后中国高等教育改革的基础。会议上关于改革的分歧与共识，奠定了中国高等教育改革的基本格调。

中美关系的持续恶化，朝鲜战争的爆发，加剧了新政府对资本主义意识形态的敏感。来自苏联高等教育理论和经验，要求运用马克思主义的革命理论分析和阐释高等教育问题，提倡教育的阶级性，批判资产阶级的教育思

---

1 蔡元培：《大学教育》，中国蔡元培研究会编：《蔡元培全集》（第 6 册），杭州：浙江教育出版社，1997 年，第 594 页。
2 袁征：《孔子·蔡元培·西南联大——中国现代教育的发展和转折》，北京：人民日报出版社，2007 年，第 133、136 页。

想，与中国共产党长久以来的教育理念一脉相承。这不仅为新政府推进对旧教育的改造提供了解释和根据，更为新政府进行高等教育改革提供了方针政策和路径方法。民国以来坚持大学是研究高深学问的机构的基本观念、以通识教育为主要方向的高等教育发展模式及其潜在的弊病开始受到全面审视和批判。

广东因近代以来划为较早的对外通商口岸，毗邻港澳，较早接受西方现代文化冲击，高等教育有着独特的时代烙印和地方特色。新政府建立以后，广东省公私立高等学校都面临着一个全新的时代境遇。政府对公私立高等学校采取了截然不同的处理步骤，最终将高等学校的一切行政、人事都置于监管之下。而无论公立高等学校还是私立高等学校，在面对国家权力的监督与改造之时，可谓完全接受，亦步亦趋地遵行。作为高等教育布局上的一枚"棋子"，广东省必然要跟上高等教育改革的步伐。但经济、政治及思想人文因素决定了广东省教育界和思想界的复杂性和特殊性，也预示了广东省高等教育改革可能面临的境遇。

经过土改、"三反、五反"运动和高等学校教师思想改造，教师们学习新理论、反省历史，统一了思想，达到对新政权的政治认同和对"人民教师"的身份认同。在思想改造的基础上，广东省高等学校的教师对移植苏联高等教育模式达成共识，院系调整得以在学校里顺利推进。

调整前，广东省公、私高等学校共21所。学校性质有国立、省市立和私立，私立高校占很大比例。从层次类别上看，有综合大、独立学院和专科学校（文理学院、高等工业专科、中等艺术类、中医类等），类型多样，开设有专科、本科及研究所（招收研究生）。经过1951年至1953年上半年以系科为主的调整与合并，广东省的高等学校全部转为公立性质，数量由接管时期的20所，减少至5所。其中，综合大学仅剩下1所，其他4所为专门性学院。校系之间的学院一级建制取消，改为校系两级管理。中山大学原有的工、农、医等系科迁出，或与其他学校的工、农、医等系科合并成为专门学院，并相继撤销了天文学、地质学、哲学、人类学、语言学、社会学、经济学等偏重理论的基础学科和学系，成为只具备极少数文、理科的大学。通过1953年下半年至1954年的专门学院的设立和专业设置及调整，广东省大力发展专门学院和实用学科，以专业为单位培养人才。这些专业按照国民经济的业务部门的应用划分，文理科及医科皆按一级（基础）学科设置专业；工科的不少专业则以特定产品、行业、技术、工艺为导向设置，与直接生产部门甚至生产程序对口。高等教育建立起"专业化"为特征的发展模式，高等专门学校开始注重单科、技术性教学，不再是传统意义上的学术研究中心。这些举措转变了广东省高等学校的学术建制、历史传承，对此后的发展产生了重要影响。

民国时期，政府只规定高等学校学科设置的门类，并不干预学校里开设什么学科。学校里的学科设置往往强调以文理基础学科为主，并开设多种学科，以求各学科之间可以相互影响，实现科学与人文的融合，并以区别于"专业教育"或者"职业技术教育"为特质。这是源于西方私立大学的通识教育传统。因为最早的私立大学是私人出钱办的教育，主要招收的是贵族子弟。学校里通行通识教育，力图提升学生的文化修养，而不会专门开设职业技术类的课程。

直到现在，一些国际顶尖的大学仍秉持通识教育理念。哈佛大学作为一所在全世界具有重要影响的私立大学，成立之初只有文、法、医、神四大学院，以人文学科为主，后来增设设计学院、科学院等理工科为主的学院，但是人文学科、基础学科和基础研究仍是其重点，文、法、医、商科的研究依旧处于世界领先。学校为本科生开设通识教育课程、主修课程和自主选修课程，既要保证学生所学知识的宽度，又体现出对知识深度的要求。学生第一、二学年都要首先系统学习通识教育课程，主修课程则是后面阶段的任务。[3] 即使是单科性大学，学校里的学科也并非纯粹单一，而是多种学科的组合，力求不同的学科之间相互联系和影响。[4] 麻省理工学院不仅开设有理工科，还开设有语言与哲学系、政治科学系、人类学系等人文和社会学科，本质上也是一所综合大学。学校不仅在理学和工程技术方面的研究排名位列世界前茅，管理系、哲学系等学系更是处于学术领域的前沿地位。这不仅顺应了科学发展从笼统综合走向高度分化，又在高度分化基础上走向融合共生的趋势，而且体现了高等学校研究高深学问和提供广博教育的本职功能。

政府通过对高等学校及系科的大规模重新组合排列，实现了综合大学重组和专门学院新设。这一行为更多是从国家经济和工业建设的紧迫需要出发考虑，较少考虑到高等教育发展的内在逻辑。首先，就综合大学而言，因经

---

3 陆挺：《美国大学艺术教育的模式、特点及其对中国大学艺术教育的启示》，《艺术家》，2014年第4期，第16页。
4 庞青山：《大学学科论》，广东：广东教育出版社，2006年，第46页。

费欠缺，大规模兴办理工农医专业能力有限，聘请著名教授发展文理法等基础学科在一定程度上成为兴旺的捷径。广东省高等学校的文法、理工、农商、医科的实力历尽艰辛才得以累积起来，实属不易。而裁减基础学科的政策，不仅会造成高等学校学科体系的偏狭，压抑学校自身的发展活力，更会极大限制了教师和学生的创造性，根本不利于学校的发展与繁荣。

其次，在一些世界一流的大学里，学生一般在前两年不分专业，用跨学科选课的方式修习文学、写作、人文、数学、社会科学、自然科学等通识课程；在学校的后两年学习中，才会选择自己感兴趣的主修、辅修课，进入比较专业的领域。譬如，法国里昂应用科学学院主要从事生物化学、土木工程、电机工程、机械工程的教学及研究，共分为生物化学系、城市规划工程系、电气工程系、材料工程系、信息系、机械制造工程系等9个系和1个第一阶段系。系与系之间相互联系，所有学生入学后的第一和第二年均在第一阶段系学习基础课和人文社会科学课程。在第二阶段分到各系学习专业课。[5]这些学校普遍规定，只要符合学校的相关规定以及完成相应的课程学分，学生可以根据自己的兴趣爱好，选择专业领域，具有极大的灵活性和适应性。正是这种"百科全书式"的教育，使这些学生拥有广阔的视野，不容易在自己的领域中走得太窄，并能较快地适应新环境。

全盘按照苏联模式，举全国之力兴建新型的高等专门学校，实行统一的教育制度，或许能够在较短的时间内培养大批适应短期内国家工业化和计划经济发展的人才。然而，由国民经济各部门参与对高等教育制度进行决策，所获得的成果并不会理想。一般来说，业务部门更看重生产，他们希望学校通过专门课程培养更多专业性强、富有生产经验的技术工人，要求通过课程和教学给学生传授某种特定的劳动生产技能，以便在学生毕业后通过统一分配进入特定的行业。为此，学校选择那些实用的、浅显的知识进入殿堂，专注于实用性、单一化的知识体系，转而抛弃那些学术性、真理性知识。这极有可能造成学生专业知识的浅薄。根据社会生产部门应用甚至生产程序划分高等学校中的专业，造成了专业之间的森严壁垒。专业与专业之间知识的割裂，又将导致学生专业知识基础的狭窄。仅仅掌握技术而无法洞察科学理论层次上的技术发展于与变革，必然导致工艺生产技术的老化和落伍。过分专

---

5 《人文社会科学课程教育内容与课程体系改革的研究与实践》项目组:《跨世纪的思考》，武汉：华中理工大学出版社，1997年，第179页。

业化和对基础理论的轻视，势必使学生不能具备较高的知识修养，不能成为具有跨学科研究和解决综合性技术问题的现代专家。

再者，政府把实现国家工业化的希望寄托在高等教育上，希望通过确立工科在高等学校中的核心地位来推动高等学校为专门化人才的培养服务。因而，那些能直接见到成效的工程技术系科和师范、医科等实用学科，被当作重点，从综合大学中剥离出来，组合成单科性或多科性的专门学院。有利于工业生产的汽车制造、船舶动力、车床制造等专业知识有了重要价值，那些不能迅速看到经济效益的哲学、社会学、人类学、心理学、法学、政治学、逻辑学和经济学等基础学科则被置于微不足道的地位，受到大力压缩和整顿，甚至被撤销学科建制。这在较长的历史时期里制约了基础学科的发展，更是对理论知识的积累和发展造成难以估量的影响。人为割断基础学科与应用学科的联系，必然会制约技术工艺的创新。如果是为发展经济，那就不应当压制经济学研究；如果要发展工业，基础理论和学科更不可忽视。这是最简单的逻辑。

通过院系调整，高等学校被彻底纳入计划经济体制，保证了高等教育进一步与生产部门或业务部门的需要接轨。政府主张在中国全方位移植苏联的专门化高等教育，看重的是这种专门化的高等教育在促进经济发展和工业发展方面具备的潜质。政府通过裁撤文法学科、合并相同学系、增加实用学科和添设短期培训班的方式筹建起各类专门学院，通过统一招生和分配保证了学校的生源和工业发展所需的技术人才，在一定程度上适应了 20 世纪 50 年代初中国发展工业和经济的需求。

在此过程中，高等学校按照经济、工业建设开设专业，按照统一的专业教学计划和课程培养专门人才和干部，这使得高等学校不再是传统意义上的学术中心，而成为为国家培养建设干部和专业人才的业务生产部门。高等教育成为"国家按计划需要所定制的一种特殊'产品'"，高校毕业生的统一分配则是按照国家计划分配这种"产品"。[6]如果说专业的设置和调整实现了政府对知识体系广度的影响，那么统一的课程和教学计划则实现了政府对知识深度的把握。统一的课程内容、统一的教学进度和知识影响了学校和教师的创造性，深化了学科、专业、课程、教学的"专门化"趋向。学校的作用仅在

---

6 李朝军：《大学毕业生统一分配制度研究（1950-1965）——以上海为中心的考察》，复旦大学博学位论文，2007 年，第 198 页。

于贯彻既定的政策和要求，为学生提供教育服务的职能转变成为社会生产部门培训技术工人，由注重学术研究转向强调单科、技术性教学。

现代学校要为社会提供有创造性的人才和有创造性的研究成果。知识的创新往往发端于大学里的学者，知识的标准也常常由知识分子掌握。如果一所大学接纳或排斥某些学科、某些知识类型，很大程度上代表了这所学校的性质与目的。就综合大学而言，学校里的学科设置往往强调以文理基础学科为主，并开设多种学科，以求各学科之间可以相互影响，实现科学与人文的融合，并以区别于"专业教育"或者"职业技术教育"为特质。裁汰基础学科的政策，不仅会造成高等学校学科体系的偏狭，压抑学校自身的发展活力，更会极大限制了教师和学生的创造性，根本不利于学校的发展与繁荣。虽然，综合性大学仍然重视知识的系统性传授，但是文、理、工科分家，教学与科研相分离，导致了大学学科向纵深、综合化发展的趋势被急切的社会需要所取代，独立性和自主性迷失。

在这场高等教育的社会主义改造过程中，政府以行政力量为手段，以思想改造为辅，匆忙结论，大刀阔斧"破旧"，彻底改变了大学生态。通过行政权力集中教育资源并重新进行分配的改革方式，为中国高等教育此后的发展埋下了隐患。一方面，院系调整之后，由于高等教育管理权完全集中于政府教育行政部门，高等学校的办学传统、办学理念、学术思想都难以发挥应有的力量。在"全国一盘棋"的形势下，高等学校改革的动力和阻力均来自于政府行政力量。"成也萧何，败也萧何。"只要是国家的需要，政府允许，高等学校就可以进行某些学科、专业、课程的变革；如若国家不需要，政府不允许，那么学校、教授创新的研究就难以被规章制度和行政机构所接纳。这不仅增加了高等教育后来从整体上进行学科布局的难度，也使得高等学校因地域分配不均、高等教育资源过分集中而导致改革的难度增大。

另一方面，由于当时"一刀切"、"全盘苏化"的社会主流认同使得政府官员、人民等校外人士形成了一种普遍不尊重专业分工和专业学者的认知习惯。政府以行政权力推动高等教育改革的同时，因行为超出了一个民主政府授权范围，而违反了大学独立、学术自由的精神，侵犯了大学的学术自由权利。随着高等教育改革的不断深化，人们对于大学独立和学术自由的认识和理念呈现出不可持续的特征。由于政府对大学的使命和本质缺乏深刻的认识，他们决定通过专门化人才培养而在短期内取得经济、工业发展结果的同时，难以认识到自身的局限性和存在的严重问题。于是，随着高等教育改革的继续深化，高等教育管理权的集中、高等学校学科、专业、布局的集中和固化日益成为中国的大学进一步发展成为知识创新和研究中心的阻碍。

从以上几个层次来看，院系调整是 20 世纪 50 年代中国高等教育发展史上的一道分水岭。中国高等教育所面临的国际环境及其自身的发展水平，决定了高等学校里的学科和专业设置需要进一步改革。20 世纪 70 年代以后，苏联的高等教育结构已经发生很大的变化，文理科性质的大学基本上都向综合性的方向发展。而中国的高等教育结构基本上还是沿袭院系调整时期，没大的变化。直到 1978 年，教育界开始反思 50 年代以来高等教育改革的经验和教训，并开始着手大力恢复、整顿、扩建或新建一批新的综合性大学，调整、撤并、增设新的学院、学系，力图突破五十年代院系调整以来的"专业化"学科模式的局限。经过调整，大部分学校的规模不断扩大，学科门类普遍增多。有关高等学校开始恢复、整顿、扩充或新建，中断多年的学科如教育学、心理学、美学、法学、社会学等，也先后恢复教学和研究工作。实力较强的大学还创建形式多样的研究所、研究中心，科研受到重视。同时，新兴的综合性学科、跨学科研究也得以获得发展机会。从学科的发展规划及专业设置改革等方面来看，中国高等教育逐步走上中西融通模式，朝国际化发展。

20 世纪 90 年代以来，自然科学、社会科学走向新的发展起点，中国高等学科的分类和专业的设置方式更加成熟，办学自主权也逐步扩大，自主进行学科计划和设置专业的政策及法律规定进一步完善。一批高等学校通过增设专业、扩大招生规模、合并等方式进行学校管理体制的转型。通过调整、合并、共建，大部分高等学校的办学规模扩大，并开始依托自身的优势与特色学科，进行学科建设。或人文学科依靠强势的理工科，或在综合性学科、交叉学科、应用学科上寻找突破，抑或以基础学科、基础研究为重点，形成了独具特色的学科发展模式。

现有研究者几乎一致性地提出高等教育要适应社会、政治、经济的发展，培养更多"专业化"的人才。但是作为科学研究，我们还需要真正从高等教育发展的内在逻辑上考虑，对政治、经济保持适度的疏离和清醒，促使人们对当前高等教育所普遍认同的价值取向进行反思，重视高等教育对社会、政治、经济及文化发展的"引领"和"导向"作用。布鲁贝克在《高等教育哲学》中对高等教育进行了认识论和哲学论两个层面上的探讨，提出从认识论出发，探索高深学问时要摆脱价值的影响；从哲学论出发，探究高深学问要考虑价值问题，以社会需要作为标准。[7]我们需要注意的是，高等学校有为社会服务的功能，却并不需要违背大学自由、学术自由的意志。

学术界已有对院系调整的许多研究认为：通过院系调整，高等教育建立起完备的工科教育体系，培养了大批专业人才，促进了国家经济和工业建设的发展。但是，经过研究发现，从重复设置的系科合并、省内私立高等学校撤销，到大行政区内相同专业迁并、专业设置细化，将高等学校原有的财经、政法、哲学、人类学、语言学等优势学科合并或撤销，实为从根本上削弱这些基础学科的理论水平，根本无益于经济社会的持续发展。而且，这种做法以牺牲高等学校的学术自由和地方高等教育资源为代价，有悖高等教育独立自主发展的理性法则。高等学校模式统一、学科类型单一，多样性缺乏，地域分布不均衡，在长时期内导致中国高等教育的发展动力不足，后劲缺失。

1950 年以后，政府在高等教育管理和办学体制上建立起高度集中统一的体制，使高等学校所有权完全归国家所有，建立起从未有过的庞大体系。在建立全盘苏化"的高等教育体制同时，旧的高等教育结构及其基础被彻底清除。作为政权转型、社会转型的产物，50 年代的高等学校本身就是进行政治、经济、文化等社会改造的重要场所。"培养适应经济发展、工业发展、全心全意为人民服务的专业人才"这一带有强烈"时代感"话语，成为政府介入高等学校、以经济发展需求取代高等学校自身发展需求的缘由。本质上，政府更关心的是高等教育的外显意义而非内在逻辑。总体来看，这场对高等教育的改造无疑是最具彻底性和颠覆性的。在由社会政治制度的根本转变和社会转型造成的高等教育改革浪潮中，从旧中国脱胎出来的所有高校在办学定位、科类设置和空间布局方面都经历了前所未有的变革。最重要的是，院系调整适应了共和国初期改革"旧教育"的需要，顺应了当时"全盘苏化"的社会潮流，从而实现了中国现代高等教育的一次重要转向。

---

7 [美]约翰·S·布鲁贝克著，郑继伟等译：《高等教育哲学》，杭州：浙江教育出版社，1987 年。

参考文献

一、档案

1. 广东省档案馆藏，五零-五三年广东省文教建设概况，203-3-170-010~016。

2. 广东省档案馆藏，关于华南区 1952 年工作计划纲要向毛主席、中央和中南局的报告，204-1-2-01。

3. 广东省档案馆藏，南方大学介绍性报告提纲（广东各地党代表会议大会资料之七），204-1-2-045。

4. 广东省档案馆藏，关于处理归国华侨学生报考问题的初步意见，204-1-2-050。

5. 广东省档案馆藏，在广东省革命干部学校的讲话摘要〈传达 1950 年工作任务〉，204-1-8-154。

6. 广东省档案馆藏，文教情况综合报告，204-1-20-61。

7. 广东省档案馆藏，在南大第二期举行开学典礼上讲话，204-1-2-107。

8. 广东省档案馆藏，关于广州区大学的行政领导问题请示，204-1-63-087。

9. 广东省档案馆藏，如何完成广东全省土地改革的计划——方方在南方大学作的报告，204-1-154-025。

10. 广东省档案馆藏，请示接管伪校，204-1-245-082。

11. 广东省档案馆藏，调整广州五个高等学校的方案，204-1-272-071。

12. 广东省档案馆藏，关于广州区高等学校调整方案报告，204-1-272-072。

13. 广东省档案馆藏，对广州高等学校调整方案的意见，204-1-272-077。

14. 广东省档案馆藏，关于编制 1957 年度高等教育计划（草案）的通知，214-1-407-009~013。

15. 广东省档案馆藏，广州军管会本部干部表，204-2-27-074。

16. 广东省档案馆藏，南方大学土改干部名册，204-2-77-001~026。

17. 广东省档案馆藏，参加过土改的科职以下干部名单，204-2-77-230。

18. 广东省档案馆藏，妇女干部调查统计表，204-2-303-029。

19. 广东省档案馆藏，在中大、工、农、师院教师思想改造运动大会上的报告，204-3-36-165~173。

20. 广东省档案馆藏，华南联合大学合并经过及经验总结，204-3-103-034-038。

21. 广东省档案馆藏，接管私立海南大学及筹办南方大学海南分校经过报告，204-3-104-016~026。

22. 广东省档案馆藏，文教接管工作初步总结报告，204-3-1-146~158。

23. 广东省档案馆藏，广东省师范学校概况统计表-1950 学年度第二学期（1951 年上半年），204-3-79-051~060。

24. 广东省档案馆藏，广东省教育统计表，204-3-79-076~088。

25. 广东省档案馆藏，广东省公私立高等学校各项统计表，204-3-79-089~097。

26. 广东省档案馆藏，广东省私立教会学校统计表，204-3-80-008~024。

27. 广东省档案馆藏，一九五二年度第二学期教学工作报告，204-3-162-001~011。

28. 广东省档案馆藏，广东省一九五三年暑假高等学校毕业统计表，204-3-166-001。

29. 广东省档案馆藏，广东经济建设五年计划概况，206-1-97-149~177。

30. 广东省档案馆藏，国立中山大学生钧会本月二十日命令的报告，211-1-09-12。

31. 广东省档案馆藏，中央人民政府教育部关于一九五三年全国高等学校院系调整的计划，235-2-6-183~188。

32. 广东省档案馆藏，1950 年以来高等学校毕业的干部定期统计报表，255-2-233-040~042。

33. 广东省档案馆藏，私立海南大学概况调查表，314-1-11-7。

34. 广东省档案馆藏，全国第一届高教会议传达报告，314-1-12-1~9。

35. 广东省档案馆藏，1950 年中南区的教育工作，314-1-12-16~23。

36. 广东省档案馆藏，抄转中央教育部"私立高等学校呈请立案之程序等问题"的复函，314-1-12-26~28。

37. 广东省档案馆藏，令体专合并于中大体育系，314-1-12-48~52。

38. 广东省档案馆藏，广东省大专学校解放前后变迁表，314-1-20-1~1。

39. 广东省档案馆藏，广东省十五年来各级教育概况表，314-1-20-5。

40. 广东省档案馆藏，广东省公私立高等学校概况表，314-1-20-28~40。

41. 广东省档案馆藏，中山大学教师统计表，314-1-26-12~25。

42. 广东省档案馆藏，华南工学院教师统计表，314-1-26-26~33。

43. 广东省档案馆藏，华南农学院教师统计表，314-1-26-34~39。

44. 广东省档案馆藏，1951 年夏第 1 学期省公私立高校学生教职工人数统计表，314-1-44-21~33。

45. 广东省档案馆藏，文法财经师范院系学生人数统计表，314-1-44-17~17。

46. 广东省档案馆藏，1953 年教育事业效果及计划执行情况，314-1-103-1~5。

47. 广东省档案馆藏，关于追加 1953 年教育支出预算的通知，314-1-104-9~10。

48. 广东省档案馆藏，制发 1953 年院系调整迁运差旅费开支及领报暂行办法的通知，314-1-104-130~133。

49. 广东省档案馆藏，抄转院系调整中有关经费处理办法，314-1-104-134~73。

50. 广东省档案馆藏，在广东教育会议上的讲话，314-1-107-1~9。

51. 广东省档案馆藏，广东省教育厅工作计划要点，314-1-123-9~12。

52. 广东省档案馆藏，关于认真贯彻教学为主，大力提高教育质量的几点意见，314-1-189-68~73。

53. 广东省档案馆藏，我省各类学校师资情况表，315-2-18~41。

54. 广东省档案馆藏，广东省高等学校教学改革的综合情况及初步意见，315-2-20-46~50。

55. 广东省档案馆藏，中南区广州私立岭南大学概况调查表，038-003-1-001~002。

56. 广东省档案馆藏，私立岭南大学概况，038-001-1-054~065。

57. 广东省档案馆藏，私立岭南大学概况，038-001-1-095~099。

58. 广东省档案馆藏，关于岭大院系调整的文，038-001-4-114~117。

59. 广东省档案馆藏，岭南大学概况报告与调查表，038-001-12。

60. 广东省档案馆藏，岭南大学校报，038-001-87~89。

61. 广东省档案馆藏，私立岭南大学概况调查情况的文，038-003-1-017~049。

62. 广东省档案馆藏，岭南大学校务改进初步计划草案，038-003-1。

63. 广东省档案馆藏，校务委员会第四次会议记录，038-003-2。

64. 广东省档案馆藏，广东广州区高等学校院系调整工作会公函，038-003-30-084~085。

65. 广东省档案馆藏，关于进一步加强各高等学校科研部门在发展技术上的协作问题，306-1-24-32~34。

66. 广东省档案馆藏，光华医学院概况调查及统计，59-1-27。

67. 广东省档案馆藏，中山大学现状，211-1-9-1。

68. 广东省档案馆藏，广东省立法商学院概况调查表，211-1-16-117。

69. 广东省档案馆藏，私立岭南大学现状，211-1-17-1。

二、杂志和报纸

1. 人民日报（1949-1954）[N]，北京：新华日报社。

2. 人民教育（1950-1954）[N]，北京：中国教育报刊社。

3. 光明日报（1949-1955）[N]，北京：光明日报社。

4. 解放日报（1949-1955）[N]，上海：解放日报社。

5. 新华日报（1949-1955）[N]，北京：新华日报社。

6. 文汇报（1949-1955）[N]，上海：文汇报社。

7. 新华月报（1949-1956）[N]，北京：人民出版社。

8. 南方日报（1949-1955）[N]，广州：南方日报社。

9. 广州日报（1952-1954）[N]，广州：广州日报社。

10. 人民中大（1950-1953）[N]，广州：人民中大报社。

11. 中山大学周报（1953-1954）[N]，广州：中山大学周报报社。

12. 华南工学院（1953-1954）[N]，广州：华南工学院。

13. 华南师范学院（1953-1954）[N]，广州：华南师范学院。

14. 岭南学报（1948-1952）[N]，广州：私立岭南大学。

15. 高等教育通讯（1953-1955）[N]，北京：中国教育报刊社。

16. 长江日报（1949-1952）[N]，武汉：长江日报报社。

17. 岭南大学校报（1949-1950）[N]，广州：私立岭南大学校报社。

19. 南大工程（康乐再版，1949年）[J]，广州：私立岭南大学。

20. 南风月刊（1949）[J]，广州：私立岭南大学。

三、中文著作

1. 澳约翰·柯莱威利，《中国学校教育》[M]，石家庄：河北教育出版社，1995年。

2. 德卡尔·雅斯贝尔斯，《大学之理念》[M]，上海：上海人民出版社，2007年。

3. 法雅克·韦尔热，《中世纪大学》[M]，上海：上海人民出版社，2007年。

4. 加许美德，《中国大学1895-1995：一个文化冲突的世纪》[M]，北京：教育科学出版社，1999年。

5. 加许美德，《中外比较教育史》[M]，上海：上海人民出版社，1990年。

6. 美阿特巴赫、美彼得森主编，《新世纪高等教育：全球化挑战与创新理念》[M]，陈艺波、别敦荣主译，青岛：中国海洋大学出版社，2009年。

7. 美杜威，《我们如何思维》[A]//乔·安·博伊兹顿，刘放桐主编，《杜威全集·中期著作·第六卷（1910-1911)》[C]，王路等译，上海：华东师范大学出版社，2012年。

8. 美菲利普·G·阿特巴赫，《高等教育变革的国际趋势》[M]，蒋凯等译，北京：北京大学出版社，2009年。

9. 美菲利普·G·阿特巴赫，《国际高等教育的前沿议题》[M]，陈沛等译，上海：上海交通大学出版社，2014年。

10. 美菲利普·阿特巴赫，（摩洛哥）贾米尔·萨尔米主编，《世界一流大学：发展中国家和转型国家的大学案例研究》[M]，王庆辉等译校，上海：上海交通大学出版社，2011年。

11. 美傅高义，《共产主义下的广州：一个省会的规划与政治（1949-1968)》[M]，广州：广东人民出版社，2008年。

12. 美格里德尔，《知识分子与现代中国》[M]，南宁：广西师范大学出版社，2010年。

13. 美杰西·格·卢茨，《中国教会大学史（1850-1950)》[M]，杭州：浙江教育出版社，1987年。

14. 美R·麦克法夸尔、费正清，《剑桥中华人民共和国史：革命中国的兴起（1949-1965年)》[M]，北京：中国社会科学出版社，1990年。

15. 美史景迁，《天安门：知识分子与中国革命》[M]，北京：中央编译出版社，1998年。

16. 美史景迁，《文化类同与文化利用》[M]，北京：北京大学出版社，1997年。

17. 美孙隆基，《中国文化的深层结构》[M]，桂林：广西师范大学出版社，2004年。

18. 美雅罗斯拉夫·帕利坎，《大学理念重审：与纽曼对话》[M]，北京：北京大学出版社，2008年。

19. 美约翰·S·布鲁贝克著，《高等教育哲学》》[M]，郑继伟译，杭州：浙江教育出版社，1987 年。

20. 苏加拉什尼科可，《三十年的苏联教育》[M]，暨南大学图书馆电子资源，1950 年。

21. 日大塚丰，《现代中国高等教育的形成》[M]，黄福涛译，北京：北京师范大学出版社，1998 年。

22. 日菊池秀明，《末代王朝与近代中国：清末、中华民国》[M]，马晓娟译，桂林：广西师范大学出版社，2014 年。

23. 包惠僧，《包惠僧回忆录》[M]，北京：人民出版社，1983 年。

24. 北京师范学院教育教研室编，《教育社论选辑（1939-1960）》[M]，北京：北京师范学院教育教研室，1960 年。

25. 蔡克勇编，《高等教育简史》[M]，武汉：华中工学院出版社，1982 年。

26. 蔡克勇、张秀梅主编，《知识经济与教育创新》[M]，北京：中国经济出版社，1999 年。

27. 蔡元培，《大学教育》[A] // 中国蔡元培研究会编，《蔡元培全集（第 6 册）》[M]，杭州：浙江教育出版社，1997 年。

28. 曹思彬等编，《广州近百年教育史料》[M]，广州：广东人民出版社，1983 年。

29. 陈国钦、袁征，《瞬逝的辉煌：岭南大学六十四年》[M]，广州：广东人民出版社，2008 年。

30. 陈国坚，《华南理工大学人文建筑之旅》[M]，广州：华南理工大学出版社，2011 年。

31. 陈徒手著，《故国人民有所思 1949 年后知识分子思想改造侧影》[M]，北京：生活·读书·新知三联书店，2013 年。

32. 陈唯实，《陈唯实文选》[M]，广州：广东人民出版社，1986 年。

33. 陈其津，《我的父亲陈序经》[M]，广州：广东人民出版社，1999 年。

34. 陈洪捷，《德国古典大学观及其对中国的影响（第 3 版）》[M]，北京：北京大学出版社，2015 年。

35. 陈平原，《大学何为》[M]，北京：北京大学出版社，2006 年。

36. 陈平原，《大学有精神》[M]，北京：北京大学出版社，2009 年。

37. 陈平原，《老北大的故事（增订版）》[M]，北京：北京大学出版社，2009 年。

38. 陈远，《燕京大学 1919-1952》[M]，杭州：浙江人民出版社，2013 年。

39. 程方平，《新中国教育调查回顾》[M]，天津：天津教育出版社，2010 年。

40. 戴均良，《中国城市发展史》[M]，黑龙江人民出版社，1992 年。

41. 董标，《毛泽东教育学》[M]，香港：时代国际出版有限公司，2011 年。

42. 董宝良，《中国近现代高等教育史》[M]，武汉：华中科技大学出版社，2007 年。

43. 董黎，《中国近代教会大学建筑史研究》[M]，北京：科学出版社，2011 年。

44. 丁晓和，《中国百年留学全记录》[M]，广东：珠海出版社，2004 年。

45. 窦以松主编，《中国水利百科全书·水利科研·教育·信息出版·学术团体分册》[G]，北京：中国水利水电出版社，2004 年。

46. 杜国庠，《杜国庠文集》[M]，北京：人民出版社，1962 年。

47. 杜魏华，《在苏联长大的红色后代》[M]，北京：世界知识出版社，2000 年。

48. 杜小明、王迎军，《口述华园》[M]，广州：华南理工大学出版社，2012 年。

49. 范硕著，《叶剑英在关键时刻》[M]，沈阳：辽宁人民出版社，2011 年。

50. 高等教育部办公厅，《高等教育文献法令汇编（第 2 辑）》[M]，1955 年。

51. 高等教育部办公厅编，《高等教育文献法令汇编（第 3 辑）》[M]，1956 年。

52. 高齐，《中国高等教育思想史》[M]，北京：人民教育出版社，2001 年。

53. 高齐主编，《中国教育史研究·现代分卷》[M]，上海：华东师范大学出版社，2009 年。

54. 龚伯洪编著，《广府文化源流》[M]，广州：广东高等教育出版社，1999 年。

55. 郭查理著，《岭南大学简史》[M]，李瑞明译，杭州：浙江教育出版社，1988 年。

56. 郭圣莉，《城市社会道构与新生国家政权建设—建国初期上海国家政权建设分析》[M]，天津：天津人民出版社，2006 年。

57. 国家统计局编，《新中国的四十年 1949-1989》[G]，北京：中国统计出版社，1989 年。

58. 顾明远主编，《教育大辞典（第 3 卷）》[M]，上海：上海教育出版社，1991 年。

59. 广东省广州区高等学校院系调整委员会印发，《院系调整学习资料》，1952 年。

60. 广东青运史研究委员会办公室编，《广东青年运动回忆录》[M]，广州：广东人民出版社，1986 年。

61. 广东省档案馆编，《华南党组织档案选编（1945-1949 年）》[M]，广东省档案馆内部资料，1982 年。

62. 广东省地方史志编纂委员会编，《广东省志·教育志》[M]，广州：广东人民出版社，1995 年。

63. 广东省教育厅编，《广东教育年鉴》[M]，广州：广东教育出版社，2008 年。

64. 广州市地方编纂委员会编，《广州市志·教育志》[M]，广州：广州出版社，1999 年。

65. 广州市地方编纂委员会编，《广州市志（卷十四）》[M]，广州：广州出版社，1999 年。

66. 广州市地方志办公室，《广州话旧羊城今古精选 1987-2000 下》[M]，广州：广州出版社，2002 年。

67. 广州青年运动史研究委员会编，《广州学生运动史（1919-1949）》[M]，广州：华南理工大学出版社，2002 年。

68. 何东昌，《中华人民共和国重要教育文献（三册）》[M]，海口：海南出版社，1998 年。

69. 何国华，《民国时期的教育》[M]，广州：广东人民出版社，1996 年。

70. 贺国庆，《德国和美国大学发达史》[M]，北京：人民教育出版社，1998 年。

71. 何晓明，《百年忧患——知识分子命运与中国现代化进程》[M]，上海：东方出版中心，1997 年。

72. 何晓夏、史静寰，《教会学校与中国教育近代化》[M]，广州：广东教育出版社，1996 年。

73. 何辛编著，《广东教育 50 年（1949-1999 年）》[M]，广州：广东高等教育出版社，1999 年。

74. 胡建华，《现代大学制度的原点——50 年代初的大学改革》[M]，南京：南京师范大学出版社，2001 年。

75. 胡宗刚，《华南植物研究所早期》（1928-1954），上海：上海交通大学出版社，2013 年。

76. 黄利群，《中国人留学苏（俄）百年史》[M]，北京：中国文史出版社，2002 年。

77. 黄福涛，《外国高等教育史》[M]，上海：上海教育出版社，2008 年。

78. 黄天骥，《中大往事》[M]，广州：南方日报出版社，2004 年。

79. 黄新宪，《教会学校与中国社会的变迁》[M]，福州：福建教育出版社，1996 年。

80. 黄义祥编著，《中山大学史稿（1924-1949 年）》[M]，广州：中山大学出版社，1999 年。

81. 华南师范大学校史编写组，《华南师范大学校史》，广州：广东高等教育出版社，2003 年。

82. 华中农业大学校史编委会，《华中农业大学校史 1898-1998》[M]，武汉：华中农业大学出版，1998 年。

83. 江西省教育厅编，《江西苏区教育资料选编（1-6 卷）》[M]，南昌：江西教育出社，1960 年。

84. 蒋祖缘、方志钦主编，《简明广东史》[M]，广州：广东人民出版社，1993 年。

85. 金冲及，《二十世纪中国史纲》[M]，北京：社会科学文献出版社，2009 年。

86. 金春明，《中华人民共和国简史（1949-2007）》[M]，北京：中共党史出版社，2001 年。

87. 金一鸣，《中国社会主义教育轨迹》[M]，上海：华东师范大学出版社，2000 年。

88. 马叙伦，《我在六十岁以前》[M]，北京：生活·读书·新知三联书店，1983 年。

89. 毛礼锐、沈灌群主编，《中国教育通史（第六卷)》[M]，济南：山东教育出版社出版，1989 年。

90. 《毛泽东同志论教育工作》[M]，北京：人民教育出版社，1958 年。

91. 梅县地方志编纂委员会，《梅县志》[M]，广州：广东人民出版社，1994 年。

92. 莫岳云编著，《新中国成立初期城市管理研究》[M]，北京：中国经济出版社，2006 年。

93. 李刚，《现代知识群体的话语转型 1949-1959》[M]，合肥：合肥工业大学出版社，2007 年。

94. 李国芳，《初进大城市——中共在石家庄建政与管理的尝试(1947-1949)》[M]，北京：社会科学文献出版社，2008 年。

95. 李华兴，《民国教育史》[M]，上海：上海教育出版社，1997 年。

96. 李均，《中国高等教育研究史》[M]，广州：广东高等教育出版社，2005 年。

97. 李立志，《变迁与重建：1949-1956 年的中国社会》[M]，南昌：江西人民出版社，2002 年。

98. 李涛、田正平，《借鉴与发展：中苏教育关系研究（1949-1976)》[M]，浙江：浙江教育出版社，2006 年。

99. 李修宏、周鹤鸣主编，《广东高等教育（1949-1986)》[M]，广州：广东高等教育出版，1996 年。

100. 李玉荣，《中国共产党接管城市的理论与实践》[M]，北京：首都师范大学出版社，2000 年。

101. 廖似光，《风雨征程六十年》[M]，广州：广东省人民出版社，1996 年。

102. 梁承邺，《无悔是书生：父亲梁方仲实录》[M]，北京：中华书局，2016年。

103. 梁国熙，《华南师范大学校史（1933.8-1995.12）》[M]，广州：广东高等教育出版社，1996年。

104. 刘葆观，《在神州大地上崛起：中国人民大学回忆录（1950-2000)》（上、下）[M]，北京：中国人民大学出版社，2007年。

105. 刘节，《刘节日记（1939-1977)》（上、下册）[M]，郑州：大象出版社，2009年。

106. 刘捷、谢维和，《栅栏内外——中国高等师范教育百年省思》[M]，北京师范大学出版社，2001年。

107. 刘可风主编，《中南财经政法大学校史》[M]，武汉：湖北人民出版社，2008年。

108. 刘琅、桂苓主编，《大学的精神》[M]，北京：中国友谊出版公司，2004年。

109. 刘良华，《教育研究方法（第2版）》[M]，上海：华东师范大学出版社，2014年。

110. 刘少雪，《中国大学教育史》[M]，太原：山西教育出版社，2007年。

111. 刘少奇，《刘少奇选集》（上、下册）[M]，北京：人民出版社，1981年。

112. 刘未斌，《中国共产党对大城市的接管（1945-1952)》[M]，北京：北京图书出版社，1997年。

113. 刘一凡，《中国当代高等教育史略》[M]，武汉：华中理工大学出版社，1991年。

114. 刘战主编，《桃李飘香》[M]，广州：华南理工大学出版社，1996年。

115. 刘振群编，《张进在华南工学院》[M]，广州：华南工学院出版社，1987年。

116. 林亚廉等，《中共中央华南分局文件汇集（1949.4-1949.12)》[M]，出版地不详：中央档案馆、广东省档案馆，1989年。

117. 岭南文化百科全书编纂委员会编，《岭南文化百科全书》[M]，北京：中国大百科全书出版社，2006年。

118. 陆键东，《陈寅恪的最后 20 年》[M]，北京：生活·读书·新知三联书店，2013 年。

119. 罗定县地方志编纂委员会编，《罗定县志》[M]，广州：广东人民出版社，1994 年。

120. 罗永明主编，《我们的中大》[M]，广州：中山大学出版社，2001 年。

121. 罗志田，《再造文明之梦——胡适传》[M]，成都：四川人民出版社，1995 年。

122. 罗志田，《乱世潜流：民族主义与民国政治》[M]，上海：上海古籍出版社，2001 年。

123. 吕芳上，《从学生运动到运动学生：民国八年至十八年》[M]，台北：中央研究院近代史研究所，1994 年。

124. 欧阳光华，《董事、校长与教授：美国大学治理结构研究》[M]，北京：高等教育出版社，2011 年。

125. 潘懋元主编，《中国高等教育百年》[M]，广州：广东高等教育出版社，2003 年。

126. 庞青山，《大学学科论》[M]，广东：广东教育出版社，2006 年。

127. 彭华，《马寅初的最后 33 年》[M]，北京：中国文史出版社，2005 年。

128. 曲士培，《抗日战争时期解放区高等教育》[M]，北京：北京大学出版社，1985 年。

129. 曲士培，《中国大学教育发展史》[M]，山西教育出版社，1993 年。

130. "人民教育"社编，《老解放区教育工作经验片断（第 1 辑）》[M]，上海：上海教育出版社，1958 年。

131. "人民教育"社编，《老解放区教育工作经验片断（第 2 辑）》[M]，上海：上海教育出版社，1959 年。

132. 《人文社会科学课程教育内容与课程体系改革的研究与实践》项目组，《跨世纪的思考》[M]，武汉：华中理工大学出版社，1999 年。

133. 沈志华，《苏联专家在中国（1948-1960）》[M]，北京：中国国际广播出版社，2003 年。

134. 苏渭昌、雷克啸主编,《中国教育通史（第 8 卷）》[M],济南：山东教育出版社，2000 年。

135. 沈志华、唐启华,《金门：内战与冷战美、苏、中档案解密与研究》[M],九州出版社，2010 年。

136. 沈志华,《毛泽东、斯大林与朝鲜战争》[M],北京：社会科学文献出版社，2013 年。

137. 沈志华,《处在十字路口的选择：1956-1957 年的中国》[M],广州：广东人民出版社，2013 年。

138. 沈志华,《无奈的选择：冷战与中苏同盟的命运》[M],北京：社会科学文献出版社，2013 年。

139. 沈志华主编,《一个大国的崛起与崩溃：苏联历史专题研究（1917-1991）》[M],北京：社会科学文献出版社，2009 年。

140. 孙健,《中华人民共和国经济史（1949-90 年代初）》[M],北京：中国人民大学出版社，1992 年。

141. 唐孝祥,《岭南近代建筑文化与美学》[M],中国建筑工业出版社，2010 年。

142. 涂又光,《中国高等教育史论》[M],武汉：湖北教育出版社，1997 年。

143. 王红岩,《20 世纪 50 年代中国高等学校院系调整的历史考察》[M],北京：高等教育出版社，2004 年。

144. 王绽蕊,《美国高校董事会制度：结构、功能与效率研究》[M],北京：高等教育出版社，2010 年。

145. 文辅相,《中国高等教育目标论》[M],武汉：华中理工大学出版社，1995 年。

146. 吴定宇,《中山大学校史（1924-2004)》[M],广州：中山大学出版社，2006 年。

147. 吴宓,《吴宓日记续编：1949-1953 年》[M],北京：三联书店，2006 年。

148. 吴宓,《吴宓日记续编：1954-1956 年》[M],北京：三联书店，2006 年。

149. 萧迎宪、彭宏伟,《萧向荣传》[M],北京：中央文献出版社，2010 年。

150. 谢泳，《逝去的年代：中国自由知识分子的命运》[M]，北京：文化艺术出版社，1999 年。

151. 熊明安，《中国高等教育简史》[M]，重庆：重庆大学出版社，1983 年。

152. 熊贤君，《中国教育管理史》[M]，武汉：华中师范大学出版社，1989 年。

153. 熊贤君，《中国近代教育行政史》[M]，北京：人民教育出版社，2014 年。

154. 许锡挥编，《许崇清文集》[M]，广州：广东教育出版社，1994 年。

155. 杨东平主撰，《艰难的日出——中国现代教育的 20 世纪》[M]，上海：文汇出版社，2003 年。

156. 杨凤城，《中国共产党的知识分子理论与政策研究》[M]，北京：中共党史出版社，2005 年。

157. 杨绛，《洗澡》[M]，北京：人民文学出版社，2004 年。

158. 杨奎松著，《忍不住的"关怀"》[M]，桂林：广西师范大学出版社，2013 年。

159. 杨奎松，《中华人民共和国建国史研究 1-2》[M]，南昌：江西人民出版社，2009 年。

160. 杨万秀，《广州通史·当代卷（上册）》[M]，北京：中华书局，2010 年。

161. 叶剑英传编写组，《叶剑英传》[M]，北京：当代中国出版社，2006 年。

162. 叶曙明，《百年激荡：20 世纪广东实录》[M]，广州：广东教育出版社，2000 年。

163. 易碧胜，《罗明燏传》[M]，广州：华南理工大学出版社，2013 年。

164. 易汉文主编，《中山大学编年史（1924-2004）》[M]，广州：中山大学出版社，2005 年。

165. 易新农、夏和顺，《容庚传》[M]，广州：花城出版社，2010 年。

166. 余英时，《中国知识分子论》[M]，郑州：河南人民出版社，1997 年。

167. 袁晞，《武训传批判纪事》[M]，武汉：长江文艺出版社，2000 年。

168. 袁征，《孔子·蔡元培·西南联大——中国教育的发展和转折》[M]，北京：人民日报出版社，2007 年。

169. 袁征，《中国教育问题的哲学思考》[M]，深圳：海天出版社，2009 年。

170. 曾建昭，《青运春秋·广东专辑》[M]，北京市：中国青年出版社，2006年。

171. 曾志，《曾志回忆录·百战归来认此身》[M]，北京：人民文艺出版社，2011 年。

172. 张东昌编，《中华人民共和国重要教育文献汇编（1949-1975）》[M]，海口：海南出版社，1998 年。

173. 张谷、王辑国编，《王力》[M]，武汉：湖北人民出版社，2002 年。

174. 张健主编，《中国教育年鉴（1949-1981）》[M]，北京：中国大百科出版社，1984 年。

175. 张紧跟，《百年历程：1905-2005 中山大学的政治学与行政学》[M]，广州：中山大学出版社，2005 年。

176. 张培忠，《文妖与先知：张竞生传》[M]，北京：生活·读书·新知三联书店，2008 年。

177. 张宪文，《中华民国史（第 4 卷）》[M]，南京：南京大学出版社，2006年。

178. 张耀荣，《广东高等教育发展史》[M]，广州：广东高等教育出版社，2002年。

179. 郑朝波，《固守教坛：陈序经的人生之路》》[M]，海口：海南出版、南方出版社，2008 年。

180. 郑笑枫、舒玲，《陶铸传》[M]，北京：中共党史出版社，2008 年。

181. 中国人民政治协商会议广东省广州市委员会文史资料研究委员会编，《广东文史资料（第十辑）》[M]，广州：广东人民出版社，1963 年。

182. 中国人民政治协商会议广东省广州市委员会文史资料研究委员会编，《广州文史资料（第十一辑）》[M]，广州：广东人民出版社，1964 年。

183. 中国大百科全书出版社编辑部，《中国大百科全书·教育》[M]，北京：中国大百科全书出版社，1985 年。

184. 《中国教育年鉴》编辑部编，《中国教育年鉴（1949-1981）》[M]，北京：中国大百科全书出版社，1984 年。

185. 《中国教育年鉴》编辑部编，《中国教育年鉴·地方教育（1949-1984）》

[M]，长沙：湖南教育出版社，1986 年。

186. 中国人民政治协商会议广东省广州市委员会文史资料研究委员会编，《广州百年大事记》[M]，广州：广东人民出版社，1984 年。

187. 中国人民政治协商会议广东省广州市委员会文史资料研究委员会编，《广州近百年教育史料》[M]，广州：广东人民出版社，1983 年。

188. 中共广州市委党史研究室编，《广州接管史录》，广州：广东经济出版社，2009 年，第 529 页。

189. 中共广东省委党史研究室，《方方文集》，广州：广东人民出版社，1996 年。

190. 中共中央文献研究室编，《建国以来重要文献选编》[M]，北京：中央文献出版社，1984 年。

191. 中共广东省委党史研究室编，《中国共产党广东历史大事记（1949:10-2004:9)》[M]，广州：广东人民出版社，2005 年。

192. 中共广州市委党史研究委员会编，《朱光文集》[M]，广州：广东人民出版社，1989 年。

193. 中华人民共和国教育部计划财务司编，《中国教育成就统计资料（1949-1983)》[M]，北京：人民教育出版社，1984 年。

194. 中华人民共和国教育部计划财务司，《中国教育成就统计资料（1949-1983)》[M]，北京：人民教育出版社，1984 年。

195. 中南军政委员会教育部编，《高等教育文件及参考资料》[M]，武汉：中南军政委员会教育部出版，1950 年。

196. 中南区高等学校院系调整委员会办公室编印，《中南区高等学校院系调整学习参考资料》[M]，武汉：中南军政委员会教育部出版，1953 年。

197. 中南区高等学校招生工作委员会办公室编，《中南区高等学校情况介绍》[M]，武汉：中南军政委员会教育部出版，1954 年。

198. 中央教育科学出版社编，《中华人民共和国教育大事记（1949-1982 年)》[M]，北京：教育科学出版社，1983 年。

199. 中央教育科学研究所，《中国现代教育大事记（1919-1949)》[M]，北京：教育科学出版社，1988 年。

200. 中央教育科学研究所编，《老解放区教育资料》[M]，北京：教育科学出版社，1991 年。

201. 中共中央文献研究室编，《毛泽东思想年编》[M]，北京：中央文献出版社，2011 年。

202. 中共中央文献研究室，《建国以来重要文献选编》》[M]，北京：中央文献出版社，1992 年。

203. 中央教育科学研究所编，《中华人民共和国教育大事记（1949-1982)》[M]，北京：教育科学出版社，1984 年。

四、英文著作

1. Andy Green. *Education and State Formation: The Rise of Education Systems in England, France and the USA* M. New York: St. Martin Press, 1990.

2. Cass R. Sunstein, Academic Freedom and Law: Liberalism, Speech Codes, and Related Problems, In Louis Menand (ed.), *The Future of Academic Freedom*, Chicago: The University of Chicago Press, 1996, pp. 93-118.

3. Clifford Geertz. *The Interpretation of Cultures: Selected Essays*. New York: Basic Books, Inc., 1973.

4. Karl Popper: *The Open Society and Its Enemies* M.London: Routledge and Kagan Paul, 1970.

5. Kerr Calrk, Marian L. Gade. *The Guardians: Boards of Trustees of American Colleges and Universities*. Washington, DC: The Association of Governing Boards of Universities and Colleges, 1989: 39.

6. Louis Fischer, David Schimmel. *The Rights of Students and Teachers: Resolving Conflicts in the School Community* M. New York: Harper & Row, Publishers, 1982.

7. Suzanne Pepper. *Radicalism and Education Reform in 20th-Century China: The Search for an Ideal Development Model* M. Cambridge (England); New York: Cambridge University Press, 2000.

8. Timothy Cheek. *The Intellectual in Modern Chinese History* M. Cambridge University Press, 2016.

9. Yuh-shin Li. *John Dewey and Modern Chinese Education: Prospects for A New Philosophy* M. The Ohio State University, 2000.

五、期刊文章

1. 包丹丹，〈1952年院系调整再解读〉[J]，《教育学报》，2013年第2期。

2. 陈冰，〈新中国成立后两次高等学校院系调整及其哲学分析〉[J]，《高等农业教育》，2005年第1期。

3. 陈辉，〈1952年中国高等院校的院系的调整——以苏联为师的后果〉[J]，《当代中国研究》，2003年第3期。

4. 陈学飞、展立新，〈我国高等教育发展观的反思〉[J]，《高等教育研究》，2009年第8期。

5. 董美英、董龙祥，〈对中国20世纪50年代院系调整的异域审视〉[J]，《河北师范大学学报（教育科学版）》，2008年第8期。

6. 顾明远，〈论苏联教育理论对中国教育的影响〉[J]，《北京师范大学学报（社会科学报）》，2004年第1期。

7. 管致中，〈从五十年代院系调整中的遗留问题谈高校改革〉[J]，《江苏高教》，1988年第2期。

8. 龚育之，〈周恩来和建国以来党的知识分子政策〉[J]，《中共党史研究》，1998年第2期。

9. 胡建华，〈关于建国头17年高等教育改革的若干理论分析〉[J]，《南京师范大学学报（社科版）》，2000年第4期。

10. 黄明喜，〈中国近代大学经学学科的建构及终结〉[J]，《复旦教育论坛》，2015年第4期。

11. 黄新宪，〈教会大学与文化变迁〉[J]，《高等教育研究》，1996年第1期。

12. 江沛、王洪学，〈50年代高校院系调整述评〉[J]，《当代中国史研究》，1998年第3期。

13. 焦金波、李宝玉，〈建国初期我国高校院系调整的得与失〉[J]，《南都学坛（哲学社会科学版）》，2000年第2期。

14. 金宗美，〈苏联知识分子的属性和内部构成问题〉[J]，《苏联问题参考资料》，1982 年第 2 期。

15. 李心光、詹能宽，〈调整与改革专业设置，主动适应社会与经济发展的需要〉[J]，《高等教育学报》，1989 年第 4 期。

16. 刘茗、王鑫，〈建国初期高等教育学习苏联的历史回顾与思考〉[J]，《辽宁教育研究》，2003 年第 11 期。

17. 龙杏云译，〈苏联综合大学简介〉[J]，《苏联问题参考资料》，1980 年第 4 期。

18. 邱雁、杨新，〈解放初院系调整大事记（1949-1953）〉[J]，《辽宁高等教育研究》，198 年第 4 期。

19. 邱雁，〈关于一九五二年的高等学校院系调整问题〉[J]，《天津师院学报》，1982 年第 2 期。

20. 邱雁，〈三十年来我国高等学校专业设置的变化发展〉[J]，《辽宁高等教育研究》，1983 年第 5 期。

21. 曲铁华、梁清，〈我国 50 年代院系调整及其反思〉[J]，《邢台职业技术学院学报》，2002 年第 3 期。

22. 苏渭昌，〈高等学校的接管——公立高等学校的接管〉[J]，《高等教育研究》，1987 年第 1 期。

23. 苏渭昌，〈高等学校的接管——私立高等学校的接管〉[J]，《高等教育研究》，1987 年第 2 期。

24. 苏渭昌，〈五十年代的院系调整〉[J]，《高等教育学报》，1989 年第 4 期。

25. 李江源，〈略论我国 50 年代的院系调整〉[J]，《机械工业高教研究》，1999 年第 1 期。

26. 任一明、熊明安，〈新中国成立 50 年间高等学校几次重大调整简论〉[J]，《西南师范大学学报（哲学社会科学版）》，1999 年第 5 期。

27. 段丽华、韩国海，〈略论我国 50 年代院系调整〉[J]，《辽宁教育学院学报》，1999 年第 6 期。

28. 马永斌、董冰，〈院系调整与我国的高等工程教育〉[J]，《清华大学教育研究》，1998 年第 4 期。

29. 卢立菊、付启元，〈1990 年代以来关于五十年代高校院系调整研究综述〉

[J]，《南京社会科学》，2003 年第 12 期。

30. 李杨，〈五十年代的院系调整与社会变迁——院系调整研究之一〉[J]，《开放时代》，2004 年第 5 期。

31. 李刚，〈大学的终结——1950 年代初期的"院系调整"〉[J]，《中国改革》，2003 年第 8 期。

32. 李刚，〈20 世纪 50 年代初期"院系调整"的历史考察〉[J]，《南京晓庄学院学报》，2005 年第 1 期。

33. 黎汉基，〈金岳霖的思想改造〉[J]，《新史学（台湾）》，2002 年第 1 期。

34. 李琦，〈建国初期全国高等学校院系调整述评〉[J]，《党的文献》，2002 年第 6 期。

35. 李涛，〈关于建国以来中苏教育交流史研究状况的综合评述〉[J]，《北京联合大学学报（人文社会科学）》，2005 年第 2 期。

36. 李立匣，〈建国初期教育制度变迁与私立高等教育消亡过程〉[J]，《清华大学教育研究》，2005 年第 1 期。

37. 孙丹，〈建国初期知识分子思想改造运动研究述评〉[J]，《当代中国史研究》，2008 年第 3 期。

38. 时伟，〈论学科发展与院系调整〉[J]，《江苏高教》，2007 年第 5 期。

39. 苏利军，〈西方关于新中国思想改造运动的研究述评〉[J]，《党史研究资料》，2003 年第 4 期。

40. 王久长，〈50 年代院系调整的得与失〉[J]，《辽宁高等教育研究》，1995 年第 2 期。

41. 王红岩，〈20 世纪 50 年代高等教育改革中私立大学命运探析〉[J]，《西北工业大学学报（社会科学版）》，2003 年第 2 期。

42. 王红岩，〈20 世纪 50 年代院系调整中的浙江大学〉[J]，《丽水学院》，2007 年第 3 期。

43. 王璞，〈对我国 50 年代高校院系调整的得失分析〉[J]，《理工高教研究》，2001 年第 6 期。

44. 王文，〈建国初期知识分子思想改造运动〉[J]，《中共党史资料》，1998 年第 6 期。

45. 王先俊，〈建国初期的社会变迁与党对思想文化的整合〉[J]，《当代中国史研究》，2003 年第 3 期。

46. 巫春华，〈略论我国 50 年代的院系调整〉[J]，《中国高教研究》，2001 年第 4 期。

47. 吴全华，〈意正心诚中的激越与褊狭——1950 年代我国教育以俄为师解析〉[J]，《现代教育论》，2014 年第 6 期。

48. 吴全华，〈我国教育改革发展须祛除的苏联模式〉[J]，《教育现代化》，2015 年第 2 期。

49. 吴丽娜、余娟，〈建国初期学习苏联教育经验的回顾和反思〉[J]，《中山大学研究生学刊（社会科学版）》，2011 年第 4 期。

50. 徐东，〈毛泽东与建国初期我国高等学校院系调整〉[J]，《毛泽东思想研究》，2006 年第 23 期。

51. 余天佐，〈上世纪 50 年代我国高等学校院系调整综述〉[J]，《新余高专学报》，2007 年第 6 期。

52. 向东、侯德础，〈20 世纪 50 年代四川院系调整〉[J]，《乐山师范学院学报》，2010 年年第 2 期。

53. 夏杏珍，〈建国初期对知识分子思想改造的历史必然性〉[J]，《红旗文摘》，2014 年第 21 期。

54. 笑蜀，〈知识分子思想改造运动说微〉[J]，《文史精华》，2002 年第 8 期。

55. 谢莹，〈建国初期知识分子思想改造学习运动始末〉[J]，《党的文献》，1997 年第 5 期。

56. 谢毅敏，〈我国近代私立高等教育的兴起、发展和消亡〉[J]，《煤炭高度教育》，2000 年第 5 期。

57. 熊明安，〈我国高等学校几次重大调整的回顾与评价〉[J]，《高等教育研究》，1995 年第 4 期。

58. 熊明安、张金福，〈1949-1965 年间我国普通高等学校课程改革述评〉[J]，《高等 57 教育研究》，1998 年第 2 期。

59. 杨东平，〈中国高等教育的苏联模式：关于 1952 年的院系调整〉[J]，《东方》，1994 年第 3 期。

60. 姚春林，〈新中国初期高校人文关怀的基本特征〉[J]，《哲学文史研究》，2015 年第 10 期。

61. 叶哲铭，〈20 世纪 50 年代浙江普通高校"院系调整"研究〉[J]，《杭州师范大学学报（社会科学版）》，2009 年第 3 期。

62. 余立，〈上海高等教育发展的历史经验〉[J]，《上海高教研究丛刊》，1984 年第 12 期。

64. 杨友吾，〈革命哲学家的一生——纪念陈唯实同志逝世十周年〉[J]，《华南师范大学学报（社会科学版）》，1984 年第 2 期。

65. 朱九思，〈九十忆往夕——在九十岁祝贺会上的讲话〉[J]，《高等工程教育研究》，2006 年第 2 期。

66. 张宝昆，〈对五十年代我国高等教育改革的反思〉[J]，《云南教育学院学报（社科版）》，1988 年第 3 期。

67. 张翠，〈1949-1956 年中国高等教育制度变迁的历史启示〉[J]，《高等教育研究学报》，2009 年第 3 期。

68. 张俊洪，〈建国后教育实行"以俄为师"的历史教训〉[J]，《教育评论》，1989 年第 1 期。

69. 郑刚、余子侠，〈20 世纪 50 年代湖北省高校院系调整及其影响〉[J]，《高等教育研究》，2005 年第 6 期。

70. 张玲，〈20 世纪 50 年代福建省院系调整及其影响〉[J]，《教育与考试》，2012 年第 2 期。

71. 赵安东，〈对五十年代初苏联高等教育经验进行教育改革的初步看法〉[J]，《上海高教研究丛刊》，1981 年第 1 期。

72. 朱九思，〈历史的回顾〉[J]，《高等教育研究》，1992 年第 4 期。

73. 周蕖，〈美苏高等教育经验与我国高等教育的改革〉[J]，《中国社会科学》，1984 年第 3 期。

74. 周川，〈新一轮院系调整的特征与问题〉[J]，《高等教育研究》，1998 年第 2 期。

75. 周裔，〈给知识分子以革命的政治教育〉[J]，《中华教育界》，1950 年第 6 期。

76. 周玉良，〈教育体制改革中应该研究的几个问题〉[J]，《高等教育未来与发展》，1986 年第 2 期。

77. 朱有钰译，〈十月革命和苏联知识分子〉[J]，《苏联问题参考资料》，1981 年第 1 期。

78. 朱有钰译，〈苏联第一个五年计划时期的知识分子（1928-1932 年）〉[J]，《苏联问题参考资料》，1981 年第 1 期。

六、学位论文

1. 陈红，《1949-1952 年高校教学改革研究》[D]，上海：华东师范大学，2011 年。

2. 韩戍，《时代变动下的私立大学——光华大学研究（1925-1951）》[D]，上海：华东师范大学，2016 年。

3. 何光全，《1949-1981 年中国教育批判研究》[D]，重庆：西南大学，2010 年。

4. 黄晶晶，《建国初期广东高等学校院系调整研究》[D]，广州：暨南大学，2013 年。

5. 黄启兵，《我国高校设置变迁的制度分析》[D]，南京：南京师范大学，2006 年。

6. 姜超，《上海中苏友好教育宣传运动研究（1949-1965）》[D]，上海：华东师范大学，2005 年。

7. 孔卫，《大学组织结构：变革、原因与模式》[D]，济南：山东师范大学，2007 年。

8. 苗素莲，《中国大学组织特性历史演变研究》[D]，上海：华东师范大学，2004 年。

9. 李芳，《建国后教会大学的改造与调整：以齐鲁大学为例》[D]，济南：山东大学，2011 年。

10. 李学丽，《中国大学模式移植研究》[D]，济南：山东师范大学，2014 年。

11. 刘一砖，《建国初期院系调整改革预期目标及其实现的研究》[D]，长沙：湖南师范大学，2010 年。

12. 庞青山，《大学学科结构与学科制度研究》[D]，上海：华东师范大学，2004 年。

13. 任卫东，《地方经验与国家政策——全国高校统一招生的上海地方实践（1949-1059）》[D]，上海：华东师范大学，2015 年。

14. 佘远富，《合并高校发展战略研究》[D]，南京：南京农业大学，2004 年。

15. 宋旭峰，《建国以来江苏高等教育结构发展分析》[D]，南京：南京师范大学，2005 年。

16. 万力维，《控制与分等：权力视角下的大学学科制度的理论研究》[D]，南京：南京师范大学，2005 年。

17. 闫亚林，《高等教育层次和科类结构研究》[D]，上海：华东师范大学，2005 年。

18. 李朝军，《大学毕业生统一分配制度研究（1950-1965）一以上海为中心的考察》[D]，上海：复旦大学，2007 年。

19. 张德芹，《新中国成立以来两次院系调整的比较研究》[D]，南京：南京师范大学，2008 年。

20. 张伟，《新时期师范院校专业设置与调整研究》[D]，重庆：西南大学，2012 年。

21. 郑刚，《二十世纪五十年代湖北高校学习苏联教育经验得失论》[D]，武汉：华中师范大学，2007 年。

22. 郑利霞，《我国高等教育布局结构及其分析》[D]，武汉：华中科技大学出版社，2009 年。

23. 郑璐，《中国共产党的知识分子政策研究（1949-1956）》[D]，西安：西北大学，2012 年。

24. 朱艳，《制度视角下中国高等教育结构研究》[D]，大连：大连理工大学，2012 年。

附　录

附录 1：中山大学现状[1]

人事：伪校长张云于本月十四日晨携学校关防仓惶逃港，同行者有秘书宋嘉贤、陈思惠二人，教务长兼农学院院长邝实仪，理学院院长徐贤恭，工学院院长罗雄才等，则于十二日广州情况紧张时离校赴港。医法学院院长钱清廉，离校已有一月，其余文学院院长岑麟祥，医学院院长刘璟，师范学院院长罗睿暨总务长李文尧，训导长郑师许登现尚留校。而张云临行时，曾委托郑师许代理校长职务。

经费：本半学期内，学校日陆续向伪国库领到七八九三个月经费，并清发各该月份教职员工薪饷，十月份经费，并未领导，十月初学校就在疏迁费项下移挪壹万肆仟元（银元券）凑足七八九月份薪俸节余款，垫发十月份员工薪饷，其经费预算额大约如次：1. 薪饷四万七千余元（银券）2. 办公费伍仟玖佰余元，而实际开支情形薪俸约支三万一千五百元，工饷约支六千五百余元，办公费则原额不敷开支，其超出部分系在薪饷节余项下挪用，办公费项下最大支销者为水电厂燃料及行车汽油两目，仅水电厂燃料一目，月需二千元以上，汽油支出，其数也约在一千元以上，就目前金融情形言，全校每月需开支 1. 教职员薪俸及工饷港币一十一万余元，教员五百余人，职员三百余人，全部约九百五十人，另工友五百余人。2. 办公费，包括水电厂燃料费及行车汽油，约三千元（港币），闻该校奉伪行政院核报疏迁费四万元（银券），开支情形为次：1. 购置疏迁木箱及由石牌迁至文明路旧校平山堂运费等约支一万九千元 2. 垫借十月份员工薪饷壹万肆仟元 3. 海口办事处开办等费七千

1 中山大学现状，广州市：广东省档案馆藏档案，档号：211-1-9-1 19490126。

元（张云临行携此支票带港），现查学校自广州解放后，库存银元券二千九百余元，港币一千五百元，连日来收支结果，现尚存银元券玖佰玖拾元，港币壹仟七百余元。

图书仪器等重要设备：全校重要设备，除理、农两学院图书仪器等仍装箱封存，石牌本校各该院外，其余文、法、工、师四院则分别装箱，运入市内文明路旧校封存安置，医学院部分，因远在市区范围，并未迁移。一般说，各项重要设备现仍保存，（水电机器虽留石牌，也无破坏）。惟另处传言，天文台及生物系一小部分仪器设备有秘密迁移香港，海口消息。事实如何，尚待负责人（理学院院长徐贤恭）返校后始可调查明白。又传图书馆总馆有将关于孙中山革命文献资料发数十箱迁出石牌，是否事实，或迁至何处，也在进一步调查中。

一般财产公物：该校一般财产公物，尚能妥为保存，唯十四日校警撤离石牌后，有附近歹徒集众到学生宿舍，教职员宿舍及教授住宅区等处抢掠家具什物，闻床板、凳、自修桌椅等被掠甚多（确发尚未统计，半校正分别调查中），又农场牲畜不及运入市内旧校者，有种牛、猪、羊等十余头也被掠去，农场林木，陆续被歹徒砍伐也多。

员生情形：全部员生已于解放前夜迁至文明路旧校或市内住宅区，现留住文明路旧校大钟楼学生约三百余人，教职员大部分住平山堂，西堂及两操场各宿舍，目前学校已在石牌恢复办公，唯因所领十月份生活费行将用罄，亟待接济，学校库存乏款，均望军管会早日派人接管，使学校日趋安定与发展。

其他：附中、附小现均回复上课，大学部新生尚未注册，各级学生也未上课。

附录 2：1949-1950 年中国高等学校地区分布表[1]

行政区	总数（所）	分　布
华北	28	北京 16 所，天津 10 所，河北省 1 所（保定），山西省太原 1 所。
东北	17	辽宁 9 所（沈阳 5 所，抚顺、鞍山各 1 所），吉林省 3 所（长春 2 所，延吉 1 所），黑龙江省 5 所（哈尔滨 4 所，北安 1 所）。
华东	73	上海 36 所，江苏省 14 所（南京 4 所，苏州 4 所，无锡 2 所，镇江、南通、丹阳、崇明各 1 所），安徽省 3 所（芜湖、怀远、洞山各 1 所），浙江省 4 所（杭州），福建省 7 所（福州 6 所，厦门 1 所），山东省 9 所（济南 8 所，青岛 1 所）。
中南	36	湖北省 11 所（武汉），广东省 12 所（广州 10 所，海南 2 所），广西省 4 所（桂林），湖南省 2 所（长沙），河南省 2 所（开封、焦作各 1 所），江西省 5 所（南昌 4 所，上饶 1 所）
西南	42	四川省 36 所（重庆 15 所，成都 10 所，巴县 4 所，自贡、乐山、万县、江津、南充、三台、康定各 1 所），云南省 3 所（昆明），贵州省 3 所（贵阳）。
西北	9	陕西省 5 所（西安 3 所，咸阳、武功各 1 所），甘肃省 3 所（兰州），新疆省 1 所（乌鲁木齐）。
总计	205	

根据下述资料统计整理：《1949 年全国高等学校一览表》[A]，刘英杰，《中国教育大事典：1949-1990 年下》[Z]，杭州：浙江教育出版社，1993 年，第 1115-1118 页；行政区划网，中华人民共和国行政区划沿革（1949-1957），EB/OL.http://www.xzqh.org/yange/index.htm。

1　《1949 年全国高等学校一览表》，刘英杰：《中国教育大事典：1949-1990 年》，杭州：浙江教育出版社，1993 年，第 1115-1118 页。

附录 3：《中南区 1953 年高等学校院系调整迁运旅差费开支及领报暂行办法》

一、开支项目及标准

1. 所有仪器设备、器具及其他公共财物迁动所需之押运费、包装费、起卸搬运费及运输所需汽油费等，准按实支搬置报费销。

2. 教职员工迁动（包括家属）所需之私人书籍、行李、部分必须搬迁的家具及学生行李超过免费重量之搬迁费总据实报实销。

3. 同一市区内调整者，所有公共财物，应由校车自行迁运，所消耗汽油费，应×能在所嵌入学校教学行政费内报销。如确有困难，则将不敷部分列入开支预算内。

4. 教职员工学生及家属调动所需旅差费据以下标准开支：

   （1）按职别等级之不同分为甲乙丙三种待遇：

   甲种待遇人员包括专科以上学校校长、独立学院院长、大专院校筹备委员的正副主委。

   乙种待遇人员包括高等学校秘书长、教务长、××长、院长、系（科）主任、教授、副教授等。

   丙种待遇人员包括除上列甲乙种待遇以外的教学行政人员,工医及学生等。

   （2）车费：享受甲乙种待遇人员可乘火车软席，丙种待遇人员乘火车硬席／甲乙中待遇人员夜间运乘坐火车者，准购软席卧铺。丙种待遇人员中属于行政人员及工欲乘坐火车够二十四小时者，准购硬席卧铺。学生在旅程两天以上者准购买卧铺学生人数2%、五天以上10%的硬席卧铺，以备旅途临时病号之用，所有火车费一律凭据报销。

（3）轮船费：享受甲种待遇人员可乘坐头等舱，乙种待遇人员乘坐二等舱，丙种待遇人员中属于行政人员乘坐三等舱，学生及工友乘坐四等舱。轮船费一律凭据报销。

凡规定乘坐火车硬席及轮船三、四等舱的人员，如因病痛、年老、残疾、怀孕等特殊情形，据单位首长批准者，可坐火车软席及提高以及舱位乘坐轮船。

（4）住宿费：调动途中无法向当地机关学校借住必须住旅社者，甲种待遇人员住头等房间；乙种待遇人员住二等房间；丙种待遇人员住普通房间，全部开支实报实销。

（5）市内交通费：以乘坐公共汽车及轮渡为原则，不通公共汽车及轮渡地方可乘坐其他交通工具，按实报销。

（6）旅途补助费：旅途中徒步或乘车船经一日旅程者，所需之伙食补助费、行李装卸费等补助依下列标准包×支给：享受甲种待遇人员每人每日补助一万四千院；乙种待遇人员每人每日补助一万二千元，丙种待遇人员每人每日补助一万元。凡旅途未满一日但必须在途中用餐者，在不超过上项根据一半的范围内，可酌情予以补助。在同一市内调动者，不待报支伙食补助费（×商搬运至工作人员不受此限）

（7）员工家属补助费：经批准同意调动的员工直系或供养的家属补助车船费。乘坐标准与本人同。

二、报领办法

1. 所需院系调整税费全部列为调入学校五三年追加预算，开支后亦由调入学校并入月份计算机年度决算内报销（勿须专案报销）。

2. 预算派遣内容除了根据院系调整，调动人数规定标准项目及按中央财政部规定表式办法外，并需按以下内容形成附表作为我会审核制根据，即：

何校调来（或调整至何校）调动院、系、组或专业别，调动学生数、
员工数（其中甲乙丙各种待遇人数）员工家属人数，起讫地址、时间、
途中经过天数等。如调动丙种待遇人数中因故在某些开支上也应提高
待遇报销者亦应在附表内详加说明。

3. 预算编造手续：首先由调出学校按上述内容编成调出经费预算邮寄有
关调入学校，再由调入学校档编全部预算报请我会核拨。

4. 省属高等学校院系调整所需经费应由省教育厅档转我会核拨。

附录 4：《院系调整中若干有关经费问题的处理办法》

一、学生是否集中搬迁？已请假回家者是否集中搬迁，差旅费如何报销？

原则上应集中搬迁。

请假回家的是否集中搬迁由调出学校自行决定，但不集中搬迁的学生一定要严格遵照调出学校的通知，在规定期限内往新校报到，且应按原校规定，办妥一切离校手续。不集中搬迁的学生准按规定标准凭车据报销由家到新校的旅费，但由家至新校途程远于原校至新校途程者，只准凭车据报销由原校至新校距离的部分旅差费。

二、请假回家教职员工是否集中搬迁？

为了能够集中学习有关院系调整文件，研究并讨论院系调整有关问题，一般应集中搬迁，个别因特殊情况经原校领导同意不集中搬迁的员工准按规定标准凭车据报销自原校至新校的旅费，并按上调第二点办理。

三、院系调整中因病在校休养学生如何处理？

（一）半休学学生除个别病况比较严重不宜迁动者外，一律随系科专业搬迁。

（二）全休学生根据中央指示的精神应按以下原则处理：

　　1. 有家者尽可能动员他回家。

　　2. 无家可归者留校休整。

　　3. 经济特殊困难者发给助学金。

（三）依照上述原则部分须留校修养的学生按以下不同情况办理：

1. 肄业学生的学籍一律随系科专业转移调入学校，轻病应进行搬迁，病重经医生检查不能搬迁或新校疗养室无法全部接纳者，暂留原校休养，所需助学金及疗养经费由新校按原校标准经呈发原校统一掌握开支。

2. 已毕业学生因病暂不能分发工作者留原校修养，所需经费可具报此类学生人数统计表，由中南高教局教育局按原校标准追加各校预算。

四、院系调整各校调入员工工资一定有些参差不齐现象是否应及时调整？

由于新校调入员工彼此尚不够了解，且中央伍叁年无统一调整工资的规定，因此不应普遍调整，但个别确有严重不合理的现象大多数人认为应即调整者，可申述理由专案报经中南高教局、教育局批准后予以调整。

五、下学期由于调入学校房舍限制，原住调出学校的员工眷属不能搬迁，其房租、水电、房租津贴费如何开支？本人外调如何保证其不致受工资分值差额的影响？

（一）房租、水电及房租津贴由原校按照原办法在特种资金内收支。

（二）本人外调而眷属仍住原校者可按两地中较高的分值标准发放其全部工资。

六、调出工友脱离原有副业生产，因而生活发生困难如何解决？

估计调出后困难不大的工友，可在资源的原则下调至新校，新校对其生活应在职工福利费及其他方面予以照顾。

七、院系调整分会办公费如何开支？

武汉、长沙、南昌、桂林及政法财经分会所需办公费，可分别在原武大、湖大、南大、西大及重大政法财经学院元至九月份教学行政费结余内开支。不够时，报经我会另行追加。

八、广州广西北调的师生员工由于气候较冷，其棉衣、棉被费如何解决？

一般应自行解决，个别确因经济困难无法制备者，员工可在职工福利费内予以照顾，或由调入学校暂时借款制备，分期扣还，学生可在助学金内予以补助。

九、由于院系调整，子女就学调入者多，附属小学须扩充班次或名额，所需经费如何解决？

可在原属学校经费结余内予以开支，不另行追加。

十、本年度不搬的眷属以后再搬，其搬迁费是否仍准报销？

凡属调入学校房舍限制本年度暂住原校不能搬迁的员工眷属今后个别搬迁时所需搬迁费（包括本人回院校接眷属所需往返旅费）仍准按我会伍叁年规定的标准报销。

十一、上学期师范生内有部分请调的小学教师，自五月份起才改按调动学生待遇，因此助学金内每人每月三万元的图书仪器费来不及全不开支，是否可转移师范学院继续使用？

同意作为原校保留数转移师范学院按规定办法统一掌握（不得发给个人）继续支用，但仍应以原校名义办理报销。

附注：以上所称原校中／湖大、南大、西大由于学校改变性质，上述有关事项应由华南、江西、广西师范学院负责代管。如院系调整遗留下来的问题所需经费在旧校移交特种资金收支结余内不够开支时，可在原校保留预算数内调剂。

附录 5：十个重要事项[1]

（私立岭南大学一九五零年四月填报）

（一）你校接管后变动情况

本校因属私立性质，故解放后尚无经过接管步骤，但校方为适应目前需要，于一九五零年二月起增设电机工程学系，以冀早就国家急需之技术专才。关于行政组织上之一大改革，即各种会议逐渐加各方面之代表。例如校务会议，原由学校只主要行政人员及教授推举之代表组成之，解放后则增派讲师助教代表职员代表工友代表及学生代表等。各学系之系教务会议原由系内之教员组成之，现亦有邀请学生代表参加者。学习委员会为新添的组织，其任务在统筹与推进全校教职员之工友、学生的政治思想之改造。

（二）你校的重点学院和学系及系的重点课程

本校现有四学院中文、理工、农三学院共分十五个学系，医学院不分系。从图书仪器的设备，现有教授阵容及学生总人数三者合说，理工学院似乎先进一步。但文、农、医三学院亦各有其特出之处。在文学院中，以经济学系人数为最多，以中国文学系之图书设备及师资较为齐整。在理工学院中，以土木工程学系之教师及学生为最多。在农学院中则以主修农艺学系者为最多数，以畜牧兽医学系之设备及师资为较强。就各学系的情形说，中国文学系之中国方言研究、外国语文系之英文，社会学系之社会调查，教育学系之中等教育，物理学系之××××学，土木工程学系之测量，畜牧兽医学系之兽医研究或设备较为充实，或师资较为优良，皆各有可取。

---

1 岭南大学：《十个重要事项》，广州：广东省档案馆藏档案，档号：038-003-1-017~049。

（三）贵校政治与业务的学习情况

广州解放的时候，本校已上课月余，各项正规课程，不易中途更动，教职员及学生的政治学习皆自动组成，在课外举行，且多属上课性质，尚未办到学期总结及民主检查这一步。本学期之政治学习，约可分为二种。第一由学校组织一学习委员会，计划及推动全校教职员之政治学习。现有十九小组，每组自十至十五人不等，每星期各小组分别讨论一次，星期日则各组组长汇同作总结报告，讨论各小组不能解决之问题。日前，以社会发展史为讨论中心。第二位政治课，暂设新民主主义论及马克思主义选读。因师资缺乏，讲授人不够，暂定为文学院必修，其他学院的学生也有选修的。新民主主义论由政治历史、经济、社会三系的六个教员共同负责，每周上大课三次，全班分为若干小组，以新民主主义青年团员为各小组的核心，负责领导各小组学习。其他各种功课亦设有小组讨论会，以求业务上收最大效果。

（四）响应政府号召的各项运动的推动情形及其结果

广州解放之初，本校员生曾赴广州市及学校附近四乡宣传政府政策，结果经过良好，使人民对政府的信心增加不少。广州与香港距离不远，故港币对于人民券价值有莫大影响，本校员生响应市政府之号召，赴市区对人民宣传。一方面拒用港纸，一方面新人人民券。现在兑换港币之地下钱庄已告绝迹。

本校为顾及清贫同学起见，设助学金及工读生二种制度。凡经济困难者，皆可向助学委员会申请。此种委员会由教授及学生代表组成之。申请方式，先由委员会索集材料，然后哦由所有申请人共同开会。用民主评定方法，将评定结果交回委员会。改会再根据各学生经济状况及学业成绩作最后决定。本学期得助学金者共三零二人。此外，学生可请求工读，任实验助理抄写及阅卷等工作，每月工作四十八小时者，所得报酬相当于一月之膳费。本学期工读学生约四十余人。

本校职工员生对于第一次折实公债之购买，共得一万余分。其中有将所得二月之薪金全不购买公债者，亦有将个人所属物品如手表、自行车、衣服等公开义卖，将其所得全部购公债者。中国文学系尚为购公债事特别举行书画展览会一次，书画家即席挥毫，而将所得润金全购买公债。妇女会为响应购公债事，曾举行音乐会一次。

最近本校之经济、社会及教育学系接收广东省市政府之委托，整理并统计广州商业调查表格万余份。三系全体教员、学生停课一周参加工作。

（五）你校业已取消赞同增开或减轻分量的课程及其原因

本学期新增功课有新民主主义论，马列名著选读，政治经济学理论，新民主主义教育，合作社，新中国财政问题，苏联经济建设，社会主义经济学，俄文等科目。其目的，一方面加强学生对新民主主义及马列主义之认识，而使其思想有所改造。他方面对苏联之文字及经济等特别研究，以作借镜。

解放后，原有之三民主义及伦理学两科，业经取消，文学院原定必修二年英文亦减为一年，俾学生有余时选读俄文。其他课程之精简，现正全部计划。

（六）员工的评薪标准办法

本校员工的薪金之规定，根据学历、经验、服务成绩及年资等为标准。分别由聘任委员会及职工人事委员会审查后，交校长决定。本学期学校总支出中教职员工友薪金约占百分之四十。

（七）业余补习教育的计划及实施状况

本校除大中小学及儿童工艺所、护士学校外，尚有专为附近村落之农工子弟而设的补习学校多种，兹分述如下：

1. 青年会小学，设在本校怀士堂，日间上课、分六年级，学生二百余人，收费极微，有专任教员五人，其余二十位教员，都是本校同学义务担任的。

2. 附中同学主办的义学，设小学一二三四年级，每日下午四时起上课，完全免费。

3. 青年会民众夜校，分识字班、专修班和初级小学四班，学生共二百人，义务教员四十余人。经费全由该校和青年会筹募。

4. 乡村成人夜校，设高级中级初级三班，招手日间从事农工职业的男女承认，完全免费。

5. 乡村工作队，分医疗和教育队，都属流动性质。每周轮流到各村工作授课，内托儿所，每日下午专为工友的幼年子女而设，完全免费。

（八）全校性的迫切问题

1. 经费困难。本校并无基金，故经费常成问题。目前，因学生（包括大、中小）人数与私人及团体之捐赠减少，学校经费更成问题。

2. 课程精简。过去课程不合理，应即刻统筹精简，俾员生得有余时作政治学习与为人民服务。

3. 政治课教师缺乏。我们认为学生之思想改造必需有良好而又经验之政治教师作领导，现本校原有之政治课教员实感不敷，而广州又一时不易找得适当的教员。

（九）你校今后改进的意见

我们觉得今后本校改进的方向应从下面几点着手：

1. 要加强教职员工友同学间之密切联系，院与院、系与系之间的联系，使大家关心全校问题。

2. 教导方面应加改革使造就出来的学生，不但有专门而适合国情的学问，还要有正确的人生观。

3. 本校一向与华侨有特殊关系，应积极设法使华侨子弟来校受新民主主义之教育，发挥其爱祖国、为人民服务之精神。

4. 目前本校教授除授课外，虽间有受政府委托从事特种问题研究者，但仍觉为数不多，今后应发动教授，特别注意目前政府急待解决之问题，而加之研究，并将其所得供献政府当局。

（十）经费来源，校董会沿革与现况及对学校只作用

1. 本校日前之经费来源分为（1）国内捐赠（2）国外捐赠（3）学生学费（4）杂费收入及（5）暑期学校诸项。

2. 校董会沿革。本校初由国内外基督教人士发起筹办，事在公元一八八四至一八八七年嗣开校于沙基（即今六三三路），取名格致书院，办理三年，以事停办。一八九八年，设校于广州四牌楼，次年，即庚子迁校于广州之花地，七月复迁澳门，更名岭南学堂。一面在广州康乐购得校地，以一九零四年迁到广州之现址。由是时起，本校正式成立迄今四十余年。一九二七年本校开一新纪元，是即国人完全接收自办也。现实一九二五年本校旧同学召集会议，要求由国人自办，提议向政府立案。十年十一月由国人组织私立岭南大学校董会，于一九二七年一月成立，宣布本校为私立的、中国人主权的。是年三月，校董会、××一案，举钟荣光博士为首任校长，自是全校××××于国人矣。

3. 组织现状：初期校董会章程系于一九三零年六月十日校董会会议修正，人数之规定为十五人至三十人，设主席一人，副主席二人，书记一人，

司库一人，执行委员会委员五人，财政委员会五人，及产业委员会委员五人。一九三六年三月二十四日，再行修正规定人数为十五人及设置以下职员（甲）董事长一人（乙）副董事长一人（丙）书记一人（丁）司库一人（戊）董事长、书记、司库及校董二人为常务委员。本会于一九四八年秋改为私立岭南大学董事会（原称校董会），并不设副董事长。（附现任各董事，姓名履历表）

4. 本会之作用：（甲）于年会时选任董事会及本会职员（乙）选聘本大学校长（丙）对于本校经费之筹划（丁）对于本校预算及决算之审核（戊）对于本校财产之保管（巳）对于本校财政之监督。

5. 本校行政组织系统

特种委员会下设：聘任委员会、课程委员会、招生委员会、助学委员会、体育委员会、学习委员会、预算委员会、购置委员会、住宅委员会、治安委员会、水电委员会、交通委员会、校景委员会、职工人事委员会。

附设机关设：附属中学、附属小学、儿童工艺所。

总务处设：医务组、出纳组、会计组、庶务组、文书组。

教务处设：注册组、生活指导组、体育组、图书馆。

医学院设：院务会议，院务会议下设：不分系、博济医院——护士学校

农学院设（1）院务会议，分设农艺学系、园艺学系、畜牧兽医学系（2）植物病理研究室、柑橘研究所、农场

理工学院设（1）院务会议：分设生物学习、化学系、物理学系、数学系、土木工程学系、电机工程学系（2）自然博物采集所、工业研究组、岭南科学杂志编委会

文学院设（1）院务会议：分社设中国文学系、外国语文学习、历史政治学系、教育学系、经济商学系（2）中国文化研究室、西南社会经济研究室、岭南学报编辑委员会

研究院：设经济研究所、生物研究所、化学研究所、物理研究所。

后　记

所有艰难的思考和训练、痛苦和纠结，最终都会化作一种不可思议的平静和轻松。这是一个夏日的午后。我站在窗口，看着满天乌云密布，听着雷声阵阵，竟忘却了广州夏天的闷热粘腻，感到前所未有的清爽和舒心。

2020 年，我马上 30 周岁了，在广州生活第 9 年了。我很喜欢这座城市，它缤纷的霓虹，酣畅淋漓的大雨，图书馆门前高大的木棉，还有精致悠闲的早茶点心、轻松快捷的交通、客客气气的粤语。在华师，我遇到了很多温暖诚恳的老师，机智幽默的同学；我在图书馆静静地阅读罗素的《西方哲学史》，也读了于谦的《玩儿》；我和同门师兄弟一起爬过白云山，也和朋友一起去三站路的棠下村喝胡辣汤；我和舍友一起追过网飞的剧，一起摆弄功放音响听音乐。我总是想起袁老师上课给我们提出的问题"你怎么确定现在不是在做梦？"想起走出研究生院看着蓝蓝的天，周遭一切都恍然不存在了的通透和明朗。感谢老师们给我的那道灵光！但是，他们当初给我多少灵光，我现在就要承受多少痛苦，那些来自平庸生活的痛苦。可也正是这些痛苦让我更加珍惜求知、思考、体悟带给我的朴实的快乐。

黄老师说"谨言慎行！"，感谢他的言传身教，让我受益匪浅。袁老师说"坚持！坚持！"感谢他带给我的平静和力量。感谢论文开题时，郑航老师、马早明老师、吴全华老师以及陈伟老师给我的意见和建议，他们的儒雅风度让人如沐春风！感谢肖黎明师兄、刘娟师姐、杨永炎师兄、杨可师弟给我的论文初稿提出中肯意见！感谢在我的论文写作过程中，给我提供帮助的广东省档案馆、中山大学（南校区）图书馆和校史馆、华南理工大学档案馆、广州市档案馆以及中山图书馆和华南师范大学档案馆的工作人员，他们不遗余力地给我提供了档案资料和热情的帮助。这些对我论文的写作、修改和完善很重要！我还要感谢我的师姐王鸿英、师兄李斌、师弟白雪松、杨玉龙，以及我的同学潘元良瑞、胡英芹等，他们的陪伴和鼓励是广州湿冷冬天里的一抹温暖阳光！支持和帮助过我的人还有很多，有些名字我愿意默默记在心里。

张文敬

2020 年 8 月于广州